Harald Seubert

Der Frühling des Missvergnügens

BIBLIOTHECA ACADEMICA

Reihe

Politikwissenschaft

Band 3

ERGON VERLAG

Harald Seubert

Der Frühling des Missvergnügens

Eine Intervention

ERGON VERLAG

Umschlagabbildung:
© ecarql – iStockphoto

Bibliografische Information der Deutschen Nationalbibliothek
Die Deutsche Nationalbibliothek verzeichnet diese Publikation in der Deutschen Nationalbibliografie; detaillierte bibliografische Daten sind im Internet über http://dnb.d-nb.de abrufbar.

Gedruckt auf alterungsbeständigem Papier.
Satz: Matthias Wies, Ergon-Verlag GmbH
Umschlaggestaltung: Jan von Hugo

www.ergon-verlag.de

ISBN 978-3-95650-388-7 (Print)
ISBN 978-3-95650-389-4 (ePDF)
ISSN 1866-5063

Für R.

Inhalt

Anhang

Vorwort

Ist die Wiedergängerei der Geschichte ein Zufall? Vor einigen Jahren schrieb Timo Vermes seine subkutane Hitler-Satire ‚Er ist wieder da‘, die überraschend oder nicht, zu einem Bestseller wurde und die Kassen klingeln ließ. Auch die Kinoverfilmung erwies sich als überaus erfolgreich. Der wiederkehrende Hitler passte, wie man mehr oder weniger erstaunt feststellen konnte, vielleicht etwas allzu gut in die postmoderne Bundesrepublik der 2010er Jahre, ihre Medien- und Prominentenszenen. Der grausige Redivivus konnte in sein Weltbild – das war der harsche Komikeffekt, den Vermes erzielte, wie selbstverständlich die neuen Umstände integrieren. Hatte sich gar nicht so viel verändert? Das schreckliche Untier nach dem Untergang, der gleichfalls cineastisch versiert inszeniert worden war, nahm sich auch deshalb apart aus, weil in der deutschen Medienwelt nach 2000 alles mehr oder weniger Ironie und Inszenierung war.

Eine Hitler-Besetzung, ja – Besessenheit, wie sie auf diversen Nachrichten - und Geschichtskanälen bestimmend gewesen war, Infotainement, leichter Schauder, mochte diese Sicht der Dinge inspirieren. Doch sie zeigte, dass bei allem Zeitenabstand die Vergangenheit noch sehr, noch allzu präsent war – und nicht vergehen will.

Es mag kontingent sein, doch dass im richtigen politischen und öffentlichen Leben ‚Mein Kampf‘ seit Mitte 2016 wieder in den Buchhandlungen ausliegt, die Rechte frei sind zu beliebigem Nachdruck – und die Ausgabe des ‚Instituts für Zeitgeschichte‘ fast wie eine Klassikerausgabe präsentiert wird, ist nicht erfreulich. Wenn man einen Blick in das vergiftete Werk tut, sieht man, wie der blanke Hass Mobilisierungskräfte entfaltet. Durch Kommentare ist das Gift wie eingehegt. Dennoch erkennt man auch, dass die neue Ressentiment-Politik hierzulande mehr mit Hitlers Strategie und Massenpsychologie der Zu- Kurz-Gekommenen zu tun hat, als man für möglich halten möchte. Auch das beliebte Muster von Verschwörungstheorien, die immer aufgehen – weil sie geschlossene Wahnsysteme bilden, kehrt wieder. Ich habe mich, nicht nur hier, in den letzten Jahren eindeutig revidieren müssen. Vor wenigen Jahren hätte ich noch die Neuauflage des unsäglichen Buches für bedenkenlos gehalten. Allzu sehr schien es ein für alle Mal in den Orkus gesenkt, schien die Demokratie auf deutschem Boden stabilisiert. Demokratieerziehung, auch wenn sie reichlich leidenschaftslos und ritualisiert wurde, hatte, sollte man meinen, einen Point of no return erreicht. Die Faszination vor dem Bösen gehörte also wohl endgültig vergangenen Zeiten an. Die jüngere Konfiguration der Lage lässt mich darüber anders, besorgter denken. Das ‚Mein Kampf‘ –Syndrom ist letztlich ein Syndrom der stereotypen Aussage, man werde doch noch sagen dürfen. Dies reicht bis in ein depraviertes oder sich depraviert fühlendes Bürgertum. Was man noch sagen dürfen soll, hier öffnet sich ein Abgrund, aus dem vieles herausströmt und der keine klaren Grenzen kennt.

Solche innenpolitischen Verwerfungen haben eine komplexe, teilweise verstörende außenpolitische Gemengelage zur Entsprechung. Migrationsströme bringen seit 2015 die weltpolitischen Fehlleistungen und den Aufstieg neuer, wie aus dem Off kommender Terroreinheiten auf die internationale und nationale Agenda. Peter Scholl-Latour nannte sie in seinem letzten Buch den ‚Fluch der bösen Tat'. Das demokratische Europa ist, um seine Ordnungspolitik durchzusetzen, auf „Demokraturen" verwiesen: auf Putin und das neo-islamistische Erdogan Regime in der Türkei. Diese Verflechtung spielt auch innenpolitisch eine massive Rolle. Dass man mit dem Erdogan-Regime in einer geradezu unheimlichen Weise verzahnt ist und was dies bedeutet, wurde bei dem Putsch in der Türkei im Juli 2016 und den anschließenden massiven Eingriffen in Grundfreiheiten und Grundrechte deutlich. Im Jahr 2017 wurde vollständig deutlich, dass Erdogan sich nicht einhegen ließ und dass Verhaftungen mit der stereotypen Anklage des Terrorismus auch deutsche Staatsbürger betrafen. In diesem Klima vermehrten sich Positionen eines Rechtspopulismus, der mittlerweile auch Koalitionen zwischen den verschiedenen europäischen Nationen eingeht. In Deutschland führt er, auch aufgrund der tiefen Wunden der Vergangenheit und der Unmöglichkeit, in Unschuld zu definieren, was bewahrt werden soll, was nicht, zu Verwerfungen einer „neuen Rechten", die alles andere als unproblematisch sind.

Für mich bedeuteten die Monate seit Anfang 2016 eine Zeit teils der Klärung. Dies galt gerade auch für meine politische Haltung: Die Erwartung, mit einer konservativen Orientierung, die den Besitz für immer, das „ktema eis aei" von Thukyides als konservatives Credo und den Kreuzungspunkt von Herkunft und Zukunft, ins Zentrum von Philosophie und Bildung setzte, sich mit den Institutionen und Personen des verfassten Konservatismus und erst recht einer ‚neuen Rechten' verbinden zu können, sehe ich heute als ganz und gar untragbar an. Die Erfolge jener Rechten und ihre Revisionsversuche machen sie indiskutabel. Als unabhängiger Philosoph und Publizist zugleich eine konservative Confessio abzulegen, ist mir im Zwielicht dieser unerbetenen Nachbarschaft unmöglich. Deshalb zog ich mich aus dem Präsidium des Studienzentrums Weikersheim zurück, nicht nach und nach, sondern mit einem Mal und kappte auch andere Verbindungen in diesen Rayon. Eine Position jenseits des Mainstream, die in Nüchternheit und Klarheit Fragen zu Ende denkt, ohne konturlos oder unpolitisch zu werden, möchte ich in Kenntnis des alten und neuen Konservatismus auf den folgenden Seiten skizzieren. Dabei werfe ich kritische Innen- und Außenblicke auf die ‚neue Rechte'. Gerade in ihren kalkulierten Tabubrüchen, nicht zuletzt ihrem latenten, oder gar nicht so latenten Antisemitismus, bezieht sie Positionen, die es jedem denkenden Menschen verbieten, ihre Nähe zu suchen. Dies bedeutet aber keinesfalls, dass der Mainstream im unbefragbaren Recht wäre. Dissonanzen werden in den Jahren nach der Bundestagswahl 2017 wieder ausgetragen werden müssen. Politisch und im geistig-öffentlichen Diskurs. Dabei sind Positionierungen unvermeidlich, für mich auch ein Denken gegen mich selbst.

Verstehen sollte man dieses Buch als Provokation vermutlich nach verschiedenen Seiten, von denen sich die ,pro-vozieren', also aus der Reserve rufen lassen werden, die eine freie Debatte suchen und sich nicht in den bleiernen Zeiten des Ideologischen einmauern. Apperzeption verweigernde Ideologen beider Richtungen werden es nicht verstehen. Provokation kann es schon deshalb sein, weil es differenziert, nicht Like und Non like einander gegenübersetzt, sondern auch die Übergänge, die dazwischenliegen, mit thematisiert.

Die Position, die nicht links und nicht rechts fixierbar ist, nehme ich, auch aus dem freundschaftlichen Gespräch mit Michael Stahl, und seinem Entwurf einer „anderen Moderne" auf, wissend, dass diese Sicht der Dinge nicht ungefährlich ist. Einerseits kann sie mit unreinen Mischungen identifiziert werden, in denen die extreme Rechte wieder in die Linke umschlägt und umgekehrt. Ein „Les extrêmes se touchent" ist aber nicht gemeint. Und: Die ,Neutralisierung' der politischen Richtungen war nicht zuletzt auch eine NS- Taktik, und sie wird heute von der AfD programmatisch genutzt. Andrerseits ist es soziologisches und politologisches Proseminarwissen, dass je nach der Beobachterperspektive ein Blickpunkt immer entweder „rechts" oder „links" sich ausnimmt – nicht nur nach der Sitzordnung im Plenarsaal, sondern auch nach der Verankerung der Positionen, die jeweils eingenommen werden.

Diesen Band durchzieht daher die Einsicht, dass die heute gängigen neuen rechten Verlautbarungen und Bewegungen nichts beitragen zu dem, was wirklich und in Wahrheit erinnernswert ist, nicht nur als Wahrung der Asche, sondern als Freisetzung der Glut.

Gemeint ist deshalb mit der Verneinung der politischen Himmelsrichtungen eine Positionierung, die sich an Grundlinien des Bewahrenswerten, Habituellen und damit zugleich Künftigen orientiert. Diese Position wird am Ende in wenigen Grundlinien umrissen – als tiefengrammatischer Bestand des in der pluralen Welt zu Wissenden. Modellhaft wird dies an Heidegger und seiner Verortung in den Chronotopoi der Moderne aufgewiesen.

Die drei Kapitel des Buches bilden eine lose Argumentationskette: Im ersten Kapitel charakterisiere ich das Missvergnügen, das die neue Rechte gerade auch aus einer konservativen Grundhaltung heraus bereiten muss. Im zweiten skizziere ich Elemente der eigenen Biographie, um anzuzeigen, wie ich zu einem Konservatismus – und auch zu einem Irrtum – kam. Im dritten Kapitel gehe ich von einer normativen Skizze dessen aus, was ,konservativ' dauerhaft meinen kann; und schärfe sie an Fragen, die sich heute jedweder politischen Grundhaltung stellen, nicht zuletzt auch der konservativen, die besonders darauf bedacht ist, ihre Verbindung zur Realität zu betonen.

Reminiszenz, Erinnerung, Reflexion, Polemik wechseln in diesem Buch einander ab. Es ist eine ,Wegmarke', und eben ein Point of no return. Und es schreibt sich in eine Zeit ein, in der buchstäblich alles möglich ist, politisch und gesellschaftlich.

Obwohl es in diesem schmalen Buch immer wieder auch um intellektuell-geistesgeschichtliche Zusammenhänge geht, verzichte ich, soweit nur möglich auf Nachweise und Fußnoten. Sie sind an anderen Orten, auf die ich gelegentlich verweise, ausführlich angezeigt.

Harald Seubert Nürnberg, Basel, München November 2017

Erstes Kapitel: Konservatismen und Rechtsausleger. Ein Querschnitt

Das Elend des Deutschen Konservatismus

Was er ist: Einige Grundlinien

Nach 1945 fehlte es im öffentlichen Bewusstsein an einer umfassenden, tiefgreifenden Rechenschaft über das, was geschehen war. Die Shoah, die große Katastrophe, wurde, bei allen Schrecklichkeiten, die die Weltgeschichte bietet – auch und gerade in der Moderne, in Deutschland unbestreitbar verdrängt. Dem haben sich Konservative und erst recht neu Rechte niemals wirklich gestellt. Dies bleibt ein Skandal, der ihre moralische und ideologische Kritik an den 68ern ins Zwielicht taucht.

Die Verdrängung war vermutlich in die Breite der Bevölkerung ein Überlebensimperativ. Die klaffenden Wunden und die Diskontinuität, die durch die NS-Verbrechen und den Massenmord aufgerissen worden sind, wurden eher verdrängt. Die erinnerten und mahnten, waren nicht gerne gesehen: die Skala reicht von Fritz Bauer bis Adorno. Ihr Andenken, das Andenken an jeden Versuch, den Gemordeten Stimme zu geben, darf nie revidiert oder geschmäht werden. Das Leitmotiv, dass man im Haus des Mörders nicht vom Strick sprechen dürfe, ein Wort von Golo Mann, war Lebensrealität im ersten Jahrzehnt der Bundesrepublik. Einer der integersten deutschen Philosophen des 20. Jahrhunderts, Karl Jaspers, der seiner jüdischen Frau die Treue hielt – anders als viele Eliteangehörigen sonst und der mit Lehr- und Publikationsverbot belegt wurde, hielt als erste Vorlesung an der Universität Heidelberg seinen großen Diskurs zur Schuldfrage in jenem Winter 1945/46. Jaspers kategorisierte in einer Weise, die bis heute vorbildlich bleibt. Schuld ist zunächst immer ein individuelles Phänomen. Von der *kriminellen Schuld*, die vor Gericht gezogen und geahndet werden muss, ist die politische Schuld zu unterscheiden. Von ihr können sich mündige Staatsbürger nicht exkulpieren. Dass es zur legalen Machterschleichung durch Usurpatoren kommt, dass ihnen Wähler eine Mehrheit sichern, präzisiert ein kollektives Versagen. Umso größer bleibt das Verdienst derjenigen, die sich widersetzen – wie der Sozialdemokrat Otto Wels, ein einfacher Mann, der, wie manche Sozialdemokraten, als es darauf ankam, Anstand wahrte. Die Dramatik der Sitzung in der Kroll-Oper hätte größer nicht sein können. Exil, Verfolgung, auch der Tod drohten. Wels' Exilsgeschichte ist bitter und traurig.

Ganz individuell, aber auf Intersubjektivität bezogen, ist die *moralische Schuld.* Mit Paul Ricoeurs Sozialphilosophie könnte man noch weiter gehen: Menschen handeln für sich selbst verantwortlich. Man orientiert sich gemäß dem Sittengesetz oder in seiner Verkennung. Der Rassenwahn war von vorneherein Aushebelung und Pervertierung auch nur des Ansatzes von Moral. Er trat in eine a- und anti-moralische Gespenstergesellschaft ein, die in Himmlers antimoralischem Moralkodex der SS paradigmatisch erkennen kann. Dass der Spuk nicht sogleich durchbrochen wurde, sondern als Massenphänomen reüssierte, bleibt eine schwere Hypothek der Deutschen. Auch der Anstand Einzelner ändert nichts am Grundbefund von „Hitlers willigen Vollstreckern".

Schließlich unterscheidet Jaspers eine *metaphysische Schuld.* Sie ist erstmals in der vorsokratischen griechischen Philosophie, im Wort des Anaximander wiedergegeben worden, und sie ist in der griechischen Antike wie in den vedischen Texten eine Grundkategorie aller Ordnung und allen Lebens. Alles hat seinen Ort und schuldet allem, allein durch sein Dasein, Tribut. Wer das Gleichgewicht zerstört oder mutwillig verletzt, vergeht sich am Ganzen. Ähnlich appelliert auch das Talmud-Wort, dass wer einen Menschen rettet, so die Welt rette und wer einen Menschen töte oder zerstöre, dies mit der Welt tue, an die metaphysische Schuld. Mit Jaspers' Unterscheidungen kann man Klärung in verwirrte und verwirrende Begriffsverhältnisse bringen. Es ist für Moral und Recht gleichermaßen ein unauflösbarer Standard, dass nur der Täter oder der und diejenige, die billigend unerhörtes in Kauf genommen haben, belangt werden können. In diesem Sinn führt die Rede von „Kollektivschuld" in die Irre. Sie kann vielmehr, worauf Michael Wolffsohn gelegentlich aufmerksam gemacht hat, selbst eine Art von Rassismus zur Folge haben. Sie kann Stereotypen so zuschneiden, dass sie zu tödlichen Waffen werden – namentlich wenn von „Opfer"- und „Tätervölkern" die Rede ist: Jargon einer Rechten, der wieder vermehrt zu hören sein wird. Doch die Zugehörigkeit zu einer Nation in der gemeinsamen Zeitbürgerschaft, wie Goethe das nannte, führt zu einer Teilhabe an politischer Schuld, wenn man sich ihr nicht ausdrücklich widersetzt. Es gibt Situationen, in denen bleibt nur die Wahl, zu emigrieren oder politisch mitschuldig zu werden. Davon, dieser Schuld nicht gerecht geworden zu sein, kann man ein Gros der in der NS-Zeit lebenden Deutschen nicht freisprechen, auch wenn man als Nachgeborener nicht berechtigt ist, sich als Ankläger aufzuschwingen- und man sich hüten sollte, den ersten Stein zu werfen.

Die *„metaphysische Schuld"* überwölbt ersichtlich die vorausgehenden Schuldformen. Sie ist Teil der eigenen Conditio humana, auch wenn man sich schon durch die „Gnade der späten Geburt", wie Helmut Kohl das 1985, viel kritisiert nannte, nichts vorzuwerfen hat. Als Deutscher kann man das Geschehene nicht ignorieren. Der Wunsch aus der Kinderhymne Brechts „und nicht über und nicht unter andern Völkern wolln wir sein" – kann ein guter Wunsch für die Zukunft sein. Es hätte in den fünfziger Jahren vermutlich keine bessere Nationalhymne für die Deutschen gegeben. Da bin ich mit Wolf Biermann einer Meinung. Aber das singuläre Verbrechen der NS-Zeit dementiert diese Erwartung zugleich. Einfach ein Volk wie die anderen werden die Deutschen nicht sein.

Das vielberufene Wort des ersten Bundespräsidenten Theodor Heuss von der „Kollektivscham" trägt zur Klärung nichts bei. Denn Scham, ‚aischyne' auf Griechisch, die in Platons Gorgias eine Art Elementaraffekt der Ethik ist, eine Grundstimmung, die ethischem Urteilen vorausgeht, ist immer auf die einzelne Person bezogen. Kollektive können als Teil ihrer Identität lernen, in einen Schamzusammenhang einzutreten. Doch im Sinn der antiken Analogie zwischen Polis und Seele müssen zu diesem Ende erst einmal die Individuen scham-fähig sein.

Auch wenn man im Einzelnen Werke wie Daniel Goldhagens seinerzeit viel Aufmerksamkeit auf sich ziehendes ‚Hitlers willige Vollstrecker' (1996) historisch quellenkritisch kritisieren und handwerklicher Mängel überführen konnte, auch wenn die Wehrmachtsausstellung des Reemtsma-Instituts in den neunziger Jahren Korrekturen und Teilrevisionen vornehmen musste, eine weitergehende und tiefere Erforschung der NS-Zeit, auch im internationalen Rahmen, hat unstrittig eine stärkere Akzeptanz und Beteiligung weiter Bevölkerungsteile zutage gefördert als man sie zuvor wahrhaben wollte.

Auch Institutionen, an deren Reinwaschung und Ausstellung von Persilscheinen viele jahrzehntelang interessiert waren, die deutsche Wehrmacht voran, waren ungleich stärker involviert als zunächst wahr sein durfte und man zugeben wollte: Kaum etwas blieb von dem Sog frei: Die verfassten Kirchen trotz Bekennender Kirche und manchen Märtyrern, die Universitäten, die Industrieunternehmen. Quälend lang die Liste der Teilaufarbeitungen, die bis heute andauert.

Dass man der Maxime vom Mörder und dem Strick folgte, ist also gerade bei näherem Hinsehen allzu verständlich. Das Land lag in Schutt und Asche. Auch Europa war in einem tiefen Desaster. Die Ausmaße des Verbrechens ließen aus einem kollektiven Massenrausch erwachen. Es gab viele Selbstmorde in den Jahren nach 1945. Von Krieg oder anderen Verwicklungen schwieg man oft nach Jahrzehnten. Wer hätte das nicht an seinen Verwandten erlebt? Die Scham und der Überlebenswille verschlossen die Münder. Erst sehr spät, oftmals erst wenn das eigene Leben zu Ende ging, konnte jene Generation sprechen. Abspaltung, Selbstentzweiung – man kennt sie aus spektakulären und zeitweise prominenten Fallgeschichten wie jener des Dr. Hans Schwerte, der seine zweite Identität als linksliberaler Aufklärer und Initiator der Nürnberger Gespräche nahm. Seine erste Identität war die des SS-Mannes Hans Ernst Schneider gewesen, jahrzehntelang nicht aufgedeckt, von manchen aber erahnt, von seinen Förderern vielleicht sogar gewusst.

Die spruchreifen Fälle reichen weiter als die gut-böse-Unterscheidung es wahrhaben will. Wie tief die Verstrickungen reichten, wurde aber erst im nahhinein deutlich. Es gibt nicht nur den Fall des einstigen Marinerichters und späteren, durchaus effizienten und wertkonservativen baden-württembergischen Ministerpräsidenten Hans Filbinger. Von ihm muss im Kontext des Studienzentrums Weikersheim noch die Rede sein. Eher noch beunruhigender sind die über Jahrzehnte verschwiegenen Parteimitgliedschaften von linksliberalen Elitebürgern, die oftmals bis ins Stereotype vor der Wiederkehre des Vergangenen gewarnt hatten: Peter Wapnewski, Walter Jens, die 2006 enthüllte SS-Mitgliedschaft von Günter Grass. Wenn man so alt ist wie ich, konnte man die ganz Ambivalenz erkennen: hoch renommierte Professoren, meist zwischen 1910 und 1927 geboren, die in das stille Auditorium hinein, dem fast der Atem gefror, sagen konnten, dass sie einmal überzeugte Nationalsozialisten und Wehrmachtssoldaten gewesen waren, wie ich es von Karlheinz Ruffmann in meinem ersten Semester hörte! Eine Art Beichte coram publico, durch die im Ost-West-Konflikt beruhigte prosperierende bundesrepublikanische Situation etwas entschärft. Danach ging es weiter, als wäre nichts geschehen. Doch wenn man hören konnte, hörte man in den weltpolitischen Analysen derselben Personen nicht selten die alten Stereotypen heraus. Ich erinnere mich an eine unkritische Etymologie von Slaven und Sklaven eines Erlanger Mittelalterhistorikers. Der Sklave von Natur war nicht weit. Oder von den Weiten Russlands war die Rede, und den Großordinarien schien es selbstverständlich, dass es dort keine Aufklärung gegeben hatte und auch keine klaren Gedanken.

Widersprochen hat die Mehrheit der Studierenden nicht, die auf gute Examina und Karrieren in nicht mehr ganz glatten Zeiten hofften. Die Wider- und Einsprüche kamen von ideologisch aufgeheizten Marxistischen und K-Gruppen, deren Sprache schon eine ideologisch gestanzte, Gespräch und Gedanke abblockende Inhumanität verbürgte. Dass die K-Gruppen, bei all ihrer sonstigen Widerlichkeit hier ein Prius haben, ist ein eigenes Problem.

Gerade die Generation der um 1967 Geborenen war keine Widerspruchsgeneration in ihrer Mehrheit. Die Kompensationstheorie von Odo Marquard, deren weiteres konservatives Herkommen wir nicht befragten, war kein Instrument der Kritik. Dieser konservative Abglanz Kritischer Theorie formte die bescheidenen Bestandstücke, mit denen sich Studentengruppen beim Hochschulstreik 1988/89 artikulierten. Dies bedeutete zu wenig Konzeption – auch für die Sicherung der Geisteswissenschaften.

Hermann Lübbe hat mit menschlicher Noblesse und philosophisch pragmatischer Klarheit immer wieder betont, dass man anders gar nicht hätte überleben und erst recht nicht wieder erfolgreich und zum schnellen Aufstieg kommen können. Die Verdrängung war also menschlich-allzu menschlich. Doch sie war zugleich Komplizenschaft mit dem unsäglichen Verbrechen. Lübbe ging noch weiter: Die späteren Eliten waren häufig durch die NS-Elitezentren geprägt worden, gerade die NAPOLAS. Nur wenn man dies mitbedenkt, wird klar, dass Lübbe nichts beschönigen wollte, dass er nur den Vorhang wegzog. Die Kehrseite aber ist, dass das Nachkriegsdeutschland ein unheimlicher Ort war. Gespenstisch war und blieb es, dass die Leichen in den Kellern vieler Familien verborgen waren. Man rührte nicht dran – und wenn, wie im Sog von '68 es doch geschah, so wurde es ein Tribunal, ein klassisches Stück zwischen Vätern und Söhnen – und von beiden Seiten eine Abspaltungs- und Sündenbockerklärung des Anderen. Wie verdienstvoll war nach mehr als vierzig Jahren die Analyse von Götz Aly ‚Unser Kampf', die die Affinitäten von 1933 und 1968 bei aller Unvergleichlichkeit auf den Punkt brachte. Auch sie hätten von Selbstermächtigung geträumt, so die Lektion. Davon, Gewalt auszuüben über die Väter. Jene Affinität ist übrigens gerade jüdischen Professoren und Intellektuellen schon im Jahr 1968 aufgefallen,

Raymond Aron zum Beispiel, Ernst Fraenkel, Helmut Kuhn, gegen die sich manche Attacken besonders aktiv richteten. Ein prosperierendes, gespenstisches Land, das zugleich hoch traumatisiert war und dessen Traumata sich bis in die einzelnen Familien hinein fortsetzten.

Die enge Verbindung des radikalisierten Teils zu Palästinensercamps und Befreiungsbewegungen sprach eine eigene Sprache. Man konnte gegen „zionistischen Imperialismus" votieren und für die Befreiungsbewegungen eintreten – der alte Antisemitismus war ins Globale transformiert sehr präsent.

Altkonservative

Was kann in dieser bekannten deutschen Lage Konservatismus sein. Und was bedeutet dies für die alte und neue deutsche Rechte? Was vor allem bedeutet es in einer Situation, in der diese Tendenzen wieder Wirkung gewinnen?

In dem alten Konservatismus waren eine Kontinuitätssicht deutscher Geschichte und ein entsprechendes Verdrängungspotential gängig. Die ‚neue Rechte', die sich in mehreren – meist verfehlten Anläufen nach 1990 zu sammeln und auch intellektuell zu konturieren begann, ging angriffig mit den Vergangenheiten um, leugnend, „Konservative Revolution" oder gar „Faschismus" zu ihrer Ahnenreihe erklärend. Björn Höcke, nicht die Scheinsicherungen der Frauke Petry ist für sie charakteristisch. Einmal abgesehen davon, ob die Divergenzen nicht auf das Good Guy- bad Guy-Spiel hinausläuft.

Das alte Verdrängungspotential zeigt sich in standardisierten Selbstdefinitionen des ‚Konservativen', das Macht- und Staatsinteressen vertrete. Die Auflösung vom Staat in die fluktuierenden Kräfte der Gesellschaft, diesem dezidierten Moderneprojekt, wird damit widersprochen. Die Schuldhaftigkeit des Menschen und seine Unterworfenheit unter die Erbsünde ist ein weiteres immer wieder genanntes Kennzeichen nach dem Selbstverständnis dieses Konservatismus. Der aufklärerischen Erwartung eines allmählichen Fortschritts des Menschengeschlechts, einer Perfektionierbarkeit wird damit entschieden widersprochen.

Etatismus und ein düsteres Bild vom Menschen entsprechen in altkonservativer Sicht einander zumeist. Als Ahnherr dieser Verbindung wird Thomas Hobbes zitiert. Der derart fehlbare Mensch muss eingehegt und vor sich selbst geschützt werden. An jenem älteren Muster fällt auch auf, dass der Altkonservatismus Kontinuitäten der deutschen Geschichte betont, die die Zäsur, die sich mit Hitler verbindet, marginal erscheinen lassen. Hitler läge dann immerhin noch in einem politischen Kontext, der mit Friedrich dem Großen und Bismarck begann. Er habe, so liest man, zunächst noch deutsche Interessen definiert. Dann habe er es, ich karikiere die Beschwichtigungsrhetorik nur unwesentlich, aber erheblich übertrieben. Wenn man sich von der NS- Zeit abwandte (und das tat man durchaus!) dann im Sinn eines antitotalitären Konsenses. Der ist nicht falsch. Ob er ausreicht, ist aber zu fragen. Man war auch interessiert, konservative und vor allem preußische Positionen gegenüber der nazistischen Ideologie abzugrenzen. Wenn man freilich in die Gemengelagen der ausgehenden Weimarer Republik blickt, wird deutlich, dass diese Grenzziehungen nicht so leicht aufgehen. Die sogenannte „Konservative Revolution“, die von der Neuen Rechten seit den neunziger Jahren neu zur Ehre gebracht werden sollte, hatte die Hitler-Bewegung in der Anfangszeit eher rechts überholt. Sie war ihnen als Partei bereits zu sehr Establishment. Wenn man auf eine Eigenständigkeit jener Bewegung blicken will, so geht es um genau diese Überbietungsstrategie. Dass die Pläne der Moeller van den Bruck und ihresgleichen nicht realisiert wurden, wird man nicht bedauern, wenn man ein wenig politische Common sense-Vernunft anlegt.

Jener alte Konservatismus im Zwielicht der Konservativen Revolution, hat auch eine entschieden mittelständische Ausrichtung. Er vertrat in der starken Orientierung an der freien Marktwirtschaft die mittelständischen Unternehmer, wandte sich deutlich gegen übersteigerte sozialstaatliche Interventionen. In all dem lag auch ein wohl verstandenes Eigeninteresse, dem Überintellektualität fern war. Burschenschaftliche oder Kartellverbindungen mit ihrem Lebensbundprinzip waren ein wesentliches Instrument der Tradierung einer konservativen Grundhaltung von einer Generation in die nächste. Auch wo nichts selbstverständlich war, lebte man eine gewisse Selbstverständlichkeit.

Die alte Rechte, die bis heute Institutionen wie das Studienzentrum Weikersheim trägt, sah sich im Zentrum des Bürgertums. Sie hatte im Spektrum der C-Parteien ihre politische Heimat. Ihre Protagonisten bestätigten das Diktum von Franz Josef Strauß, dass es rechts der Union keine parlamentarische Mehrheit geben durfte. Doch über die Dimensionen der Rechtsauslegerei war damit noch nichts gesagt.

Es war selbstverständlich weniger der kühle auf ungebrochenen Traditionen beruhende britische Konservatismus zwischen Burke und Oakeshott und auch nicht die Haltung der amerikanischen Verfassung, die hier durchschlugen. Sie waren wie aus einer anderen Welt. Man dachte sehr deutsch und nationzentriert. Es war eher ein preußisches oder habsburgisches Ideal. Wenn es preußisch war, dann eher im 19. als im 18. Jahrhundert beheimatet – und vielleicht am allernächsten dem Tag von Potsdam.

Hier kommen persönliche Reminiszenzen ins Spiel. Wenn man abends mit Altkonservativen zusammensitzt, wird es sehr schnell zu Selbstenthüllungen kommen. In solchen Gesprächen wird rasch das Bild einer formierten, autoritären Gesellschaft umrissen werden. Jeder Konservative muss sich die Frage stellen lassen, was er bewahren will. Ist es einfach die alte Bundesrepublik der fünfziger und sechziger Jahre, mit ihrer Prosperität und weitgehend unpolitischen Färbung, so wäre es auch ihre Vergangenheitsverdrängung, ihre Ignoranz gegenüber den Leichen im Keller. Wie weit reicht das Faszinosum einer „formierten Gesellschaft“, wie der Schmittianer Rüdiger Altmann es Ludwig Erhard ins Redemanuskript schrieb? Lagen dahinter nicht hierarchisch-ständestaatliche Strukturen,

Othmar Spann und der Austrofaschismus? Doch wenn der Trollinger die Zunge von selbst ernannten Altkonservativen löst, so verglimmen die demokratischen Bekenntnisse, übrigens auch die christlichen, die meist eher funktionalen Sinn haben. Es brechen dann Einheits- und Autoritätsvorstellungen wieder auf, die antitotalitär motivierten Verurteilungen Hitlers, die man am klaren Tag sehr wohl erbringt, werden schwächer. Die Macht in der Mitte Europas hätte man gerne ohne Grenzen. Es sind keine Antifa-Erfindungen, dass zwischen diesen verschiedenen Stockwerken Korrespondenzen bestehen.

Denn rasch brechen Idiosynkrasien auf: Die Geschichtsschreibung von Hellmut Diwald (1924-1992), bei dem ich studiert habe und der für Generationen von Studenten ein im Umgang liberaler, nachdenklicher akademischer Lehrer gewesen war, kam vom Ressentiment von Flucht und Vertreibung nicht los. Die Isolation, in die Diwald am Ende seines Lebens geriet, war tragisch. Er starb unter schwerer, schrecklicher Krebskrankheit. Knochen- und Lungenkrebs summierten sich. Die Rede vom „Schatten seiner selbst" wäre euphemistisch. Jahre zuvor war seine Frau Susanne, eine bedeutende Orientalistin, die in Würzburg einen Lehrstuhl innegehabt hatte, nach jahrelanger Lähmung im Rollstuhl gestorben. Diwald hatte sich mit Anstand um sie und eine behinderte Tochter gekümmert. Er war ein liebenswürdiger Mensch, von dem man Reflexion über Geschichte – terminologisch entlastet von dogmatischen Begriffsschulen und wahrnehmungsfähig differenziert lernen konnte. Man konnte auch lernen, hinzusehen und eine Sprache zu finden, die die Dinge erfasst. Doch derselbe Diwald kam selbst aus seiner Befangenheit und seinen Black Boxes nicht mehr heraus. Dass er seine „Deutsche Geschichte" antichronologisch erzählte: War es ein literarisches Experiment von einem gewissen Reiz – oder war es eine Identitätserzählung, die Bruch und Verbrechen nivellieren wollte? Jedenfalls nahmen sich die deutschen Verbrechen unter Diwalds Deutung weniger einzigartig aus. Ich brauchte zu lange, um dies zu erkennen.

Später ließ er sich auch mit Auschwitzleugnern ernsthaft ein. Nach dem Tod des Admirals Dönitz gab er im ZDF Ingeborg Wurster ein Interview, das noch heute auf dem youtube-Kanal zu sehen ist. Dönitz sei „ein Brauner" gewesen, „aber kein schlechter". Man muss zwei Mal hinhören. Was sollte das im Dezember 1980? Konnte man es sich so einfach machen? Die Anchor-Frau Ingeborg Wurster intervenierte. Auch das kann man nachsehen. Plötzlich waren Strick und Henker sichtbar. Ich nehme spät endgültig Abschied von einem Lehrer, den ich in meinen frühen Studienjahren und lange darüber hinaus platonisch geliebt habe. Und das von einem Mann, der Polyhistor war, allseitig interessiert, mit dem man ohne Bornierung über das japanische Nô-Theater und die Tanzavantgarde des 20. Jahrhunderts sprechen konnte.

Diwald war der Schüler und Assistent bei einer der eindrucksvollsten konservativen Gestalten der Nachkriegszeit, dem deutschen Preußen und Konservativen Hans-Joachim Schoeps (1909-1981), eines nie ganz assimilierten Juden und in früher und riskanter Zeit bekennenden Homosexuellen. Schoeps hat ein großes, polyhistorisches Werk hinterlassen: Geistes- und Preußenhistoriker, methodisch in vielem auf die spätere Mentalitätsgeschichte vorausgreifend, durch eine verunglückte Ehe in die Mendelssohn-Dynastie eingeheiratet, schrieb er zugleich über Judentum in der Barockzeit und lange vor Jacob Taubes und der weltweiten philosophisch jüdischen Relecture eine in den Kontext des rabbinischen Judentums zurückverweisende Paulus-Interpretation. Sie ist ihrer Zeit weit voraus. Schoeps sah den jüdischen und den christlichen Weg als zwei parallel verlaufende und gleichermaßen berechtigte Wegbahnen. Sie würden sich in der Unendlichkeit, oder in der eschatologischen Zukunft Gott erst schneiden. Dem christlichen Antisemitismus und jedem Antijudaismus war die Grundlage zu entziehen.

Die Manuskripte, die Grundlage für sein Oeuvre waren, brachte er aus dem Exil in Schweden mit, wo er hatte überleben können. Sein später, ad personam geschnittener Lehrstuhl für Religions- und Geistesgeschichte in Erlangen war auch ein überfälliger Wiedergutmachungsakt gewesen. Generationen von Erlanger Studenten gingen durch Schoeps' Vorlesungen. Die Jahre 1967/68 erst stürzten Schoeps aus dieser Popularität. Auch in Erlangen wandten sich die neuen Robespierres gegen einen wie ihn. Er war in vielfacher Hinsicht ein Fremder. Wäre er, mit wievielen Verdrehungen auch immer, in der Linken verortbar gewesen, so hätte man mit ihm umgehen können. So wie man mit dem schillernden Jacob Taubes, dem Philosophen und Weltrabbiner, umging! Wie er aber war, war Schoeps ortlos – und nach allen Seiten unerträglich. Ihm ging es mehr noch als anderen konservativen Juden, wie Helmut Kuhn, die in besonderer Weise den Protest der linken Kadergruppen auf sich zogen. Es gibt sehr unschöne bleibende Patterns eines linken Antisemitismus, der in die palästinensischen Camps und in Vernichtungsvisionen der Hamas führt. Man findet daneben auch einen gesamtdeutschen Patriotismus bei Rudi Dutschke, der auf Blockfreiheit und Neutralität zielte. Bei seinem Adlatus Bernd Rabehl oder bei Horst Mahler, neben Otto Schily Strafverteidiger der RAF-Terroristen, zeichnete sich eine andere, eine irrwitzige Entwicklung ab. Sie führte in eine extreme Rechte. Wie Rabehl zugibt, der sich längst selbst als Rechtsextremist verortet, sei er heute radikal rechts, weil es keine Linke mehr gebe. Das Kapitel: Juden und 1968 ist noch nicht in extenso geschrieben – Joachim Schoeps würde in seinem Zentrum stehen müssen.

Mit Nachdruck zitierte er Martin Bubers Rede vom Januar 1933, kurz bevor die Lichter für immer ausgehen, in der Buber die Christen aufgefordert hatte, christlicher, die Juden jüdischer zu werden, zueinander hinblickend, *ungetrennt und nicht geeint*. Doch Schoeps hat sich über die eigene Hypothek seiner Jugend nie in der Klarheit Rechenschaft abgelegt wie es nötig gewesen wäre. Er hat diese wahnwitzige Taktik, als junger Mann jüdisch zionistischen Jugendverbänden geraten, eine Art eigene Kampffront zu bilden, nach dem Vorbild von SA und SS und die Hitler-Bewegung rechts zu überholen, sich zeitlebens als Schuld angerechnet.

Historisch war die Bezeichnung vom „jüdischen Stoßtruppführer" einerseits absurd. Doch sie war eben nur so absurd wie die Schoeps'sche Position selbst es seinerzeit gewesen war. Darunter litt er bis zu seinem Tod. Doch der offenen Rechenschaft war er nicht fähig.

In den älteren konservativen Zusammenhängen fallen, manchmal spät am Abend, auch Masken. Es ist beschämend, dass solche Kreise wenn sie unbeobachtet sind, den Zerrbildern, die sich ideologisierte radikal Linke von ihnen machen, erstaunlich genau entsprechen.

Wenn nach einigen Trollingern die Rede auf Opferzahlen kommt, wird es unappetitlich. Hier wären die Regularien bürgerlicher Höflichkeit aufzukündigen gewesen, wenn Dresden gegen den NS- Massenmord aufgerechnet wird, bis zu geflüsterten Revanchismus-Tendenzen, bei denen man nur den Tisch verlassen kann. Das geschieht dann, wenn altkonservative pensionierte Obersten ihren jungen Zuhörern raten, das Mobiltelefon auszuschalten. Es gibt eine Reihe von jüngeren Historikern wie Walter Post oder Stefan Scheil, die dieses Mythologiepotential mit ihren Forschungen bedienen. Geht es hier um ein unideologisches Verständnis dessen, was eigentlich gewesen ist: Die Wirklichkeit ist einfacher. Das NS-Regime soll post festum legalisiert werden, der Monstrosität entrissen, in die es erst von den „Siegermächten" katapultiert worden wäre. Solche Historiker rühmen Hitlers Sozialstaat – frei vom Kontext, sie halten nach wie vor die Präventivkriegsthese aufrecht und sie sammeln positivistisch Belege für die hohen Standards an Technologie und sozialem Leben in der NS- Zeit.

In altkonservativen Zusammenhängen kommen bestimmte Standardargumentationen immer wieder: Man möchte unmittelbar aus der Geschichte lernen, Normativität beziehen. Vergangene Epochen der großen Männer, der Autoritären, sind exempla vitae, so als gebe es Brüche und Desavouierungen der Geschichte nicht. Religion, Künste oder auch Philosophie sind allenfalls funktionell von Interesse, nicht um ihrer selbst willen. Man beruft sich auf sie zwar, doch die politische Revision ist das eigentliche Ziel. Altkonservative neigen eher zu einer bürgerlich-spießbürgerlichen Auffassung von Kunst und Schönheit. Sie muss Mitte und Erbauung liefern. Natürlich gilt das nicht für alle, und es besteht die Notwendigkeit genauer Perzeption und Differenzierung. Doch das ‚Überhaupt' ist erschreckend genug. Altkonservative neigen mithin auch zu einem Mangel an Aufklärung und Bestandsaufnahme der entzauberten Welt. Transatlantisches Profil, eine Grundsympathie für die USA , die Bejahung Israels, die Perzeption des europäischen Einigungsprozesses als großes Friedensprojekt: all dies ist nicht integraler Bestandteil der altkonservativen Wertehaltung.

Wenn man wohlwollend ist, kann man finden, dass die Stärke des Konservatismus in der *Diagnose* besteht, nicht so sehr in der *Therapie.* Ideengeschichtlich ist daran manches dran. Man kann in Skepsis und Realismus seine besonderen Ressourcen finden. Doch sie werden nicht selten eingetrübt durch bewusst gegen

Aufklärung und Humanität gewendete Tendenzen, den Wunsch, wie unter einer Glasglocke eine vergangene Zeit zu konservieren.

Das gerontokratische Ausrichtung und die Innovationsunfähigkeit sind bei jüngeren Altkonservativen ein ebenso habitueller Mangel wie ideologische Borniertheit und engstirnige Trampligkeit bei jüngeren Linken. Ich habe viele junge Leute, Männer vor allem, mit vortrefflichen Manieren erlebt. Doch wenige hatten Biss, die Begabungen eher überschaubar, die Interessen auf Altes und Traditionspflege begrenzt. Oftmals leben sie, wenn ein Vermögen oder Besitz da ist, schon früh wie Pensionisten. Sie verbrauchten es, verloren sich an verschiedene altkonservative Gruppen und Grüppchen Dem martialischen Sprachgestus anderen gegenüber korrespondiert oft eine Opfermentalität und -inszenierung im Selbstbild. Es ist keine sehr einnehmende, keine intellektuell bestechende Klientel. Die Alten genießen eine gerontokratische Verehrung. Niemand muss solche Gruppen fürchten, schon ihrer Schwäche wegen nicht. Indes: der geistige Habitus ist bedenklich.

Wie wäre es, wenn man gegenüber dem Kokettieren mit der menschlichen Schuld und der Notwendigkeit sie zu hegen, mit der menschlichen Würde rechnen würde! Wenn man der Gegenwart, neben allem Vergangenen, ihre eigene Würde zuwiese! Und wenn man dabei doch, in aller Desillusionierung, nicht aufhörte, auf die bescheidene Besserung des Menschen zu setzen. Wenn man die Verwicklungen der Brudermorde zur Kenntnis nähme, dabei aber das Doppelgebot der Liebe als die eigentliche conditio humana auffasste.

Zu dem Aufklärungsdefizit des klassischen Konservatismus kommt der blinde Fleck in der Unterscheidung der geschichtlichen Wege, die noch möglich sind und jener, die es nicht mehr sind. Womit ich ein Votum von Joseph Ratzinger, Benedikt XVI., in Auschwitz gesprochen, aufnehme. Nichts davon ist in altkonservatives Kalkül eingegangen.

Es wird – auch in nüchternem Zustand – im besten Fall so politisiert wie in Fontanes ‚Stechlin'. Es ist die alte Logik, dass der Kaiser Soldaten brauche und dass sich die Mächtekonstellationen so und anders entwickle. Man bewegt sich zwischen Generalität, einem gedachten Kaiser (Gerhard Schröder hatte mehr Sympathien in jenen Kreisen als der späte Kohl), und einem Mächtekonzert, wie es mehr oder weniger immer existierte.

Diese mangelnde Moderne- und Gegenwartssensibilität ist ein gravierender blinder, oftmals braun-blinder Fleck.

Geradezu fatal ist das Unvermögen der älteren Generation, die, die sich ihnen anvertraut haben, zu fördern und von sich selbst, die aus dem Grauen kamen, aber beachtliche Karrieren machten, abzusehen. Dass diese verschiedenen Clubs sich wie protestantische Sekten immer weiter aufgesplittet haben, ist keineswegs Zufall. Es hat mit der Diven-Mentalität der Alten zu tun, mit den jeweiligen Wegen und Sonderwegen, die dazu führen, dass man sich zerstreitet und verwirft. Es kann im Blick auf die undemokratischen Wege und Sonderwege letztlich ein Glücksfall sein, dass ein konservatives Netzwerk nicht zustande kam.

Die Logik war, dass man die, die sich einem anvertrauten, bevor sie etwas wurden, verheizte. Es wurde eine Art Überbietungswettbewerb in Radikalität veranstaltet. Gewonnen hat ihn die jetzige neue Rechte. Im ersten Akt werden jüngere, auch begabte Leute ermutigt, sich „deutlich“ zu exponieren. Wenn sie verbrannt sind, werden sie auch von den eigenen Leuten fallengelassen. Es gibt auch die umgekehrte Tendenz, dass jüngere Intellektuelle, die etwas abseits des Mainstream denken, die mitunter mehr und besser denken, als andere und die, sei es wegen ihrer konservativen Orientierung, sei es aufgrund des üblichen Hazardspiels, durch den Rost der Karriereplanung fallen, weitergehend in die altkonservativen Fallen tappen. Sie werden eine Zeit lang hofiert. Doch langfristige Perspektiven werden ihnen nicht geboten: aus Unfähigkeit und Unwilligkeit. Bitterkeit und Radikalisierung gehen dann in solchen Biographien Hand in Hand. Die christlichen Signale trägt man vor sich her. Doch letztlich ist es eine vergebungslose Bitterkeit und eine Zuspitzung auf den Freund-Feind-Modus, die die Weltbilder prägt.

So konnte man Volten auf die, sicher im einzelnen befragungswürdige, Flüchtlingspolitik der Bundeskanzlerin lesen, die mit sachlicher und differenzierter Kritik nichts zu tun haben. Sie wird als „Verrückte“ oder als „Rasende“ bezeichnet. Die Grenze vom Statement zur Verschwörungstheorie ist flüssig. Es ist teilweise ähnlich wie mit den an Linksterrorismus grenzenden extremistisch linken Positionen der sechziger und siebziger Jahre. Was „Ordnung“ scheint oder „System“ gilt schon dadurch als delegitimiert. Dies ist der Stoff, aus dem zerstörerische Radikalitäten kommen. Die demokratischen Institutionen versteht man dann eher als Schein und Hülle, hinter denen aber ganz andere totalitäre Kräfte am Werk seien. Es gibt in diesem Umfeld einiges an Tragik: Ein Soziologe schreibt zu Demographie. Er überspitzt, er lässt durchschimmern, dass er eine Krise heraufziehen sieht. Doch er hat – beileibe – noch nicht den Grund der Verfassung verlassen. Dann wird er von Antifa-Gruppen attackiert. Er wird ohne jede Differenzierung zum Nazi erklärt. Niemand sieht genauer hin. Die auf problemlose Abwicklung von Verwaltungsabläufen konzentrierte Bürokraten-Universität, Rektorate, die vor allem Bewegung und Ärger vermeiden wollen, setzen sich mit dem Fall gar nicht näher auseinander. Der Mann wird fallengelassen. Er verliert auch weitere Beratungs- und Vortragstätigkeiten. Rückt immer weiter in ein rechtes Publikationsfeld, wird dort herumgereicht, bis man ihn gehört und sein Schicksal in die eigene Martyrologie integriert hat. Er muss sich auf diese Weise verengen. Irgendwann denkt er gar nicht mehr daran, dass es noch ein anderes Milieu gäbe.

Märtyrer gibt es viele. Wie unterscheiden sie sich von „gescheiterten Existenzen“? Denen, die in unterschiedlichem Lebensalter in Kellern hocken und eine Scheinexistenz führen?

Auch Altkonservative sehen ständig die Apokalypse, „Überfremdung“ und ein korrumpiertes Gemeinwesen. Die Neue Rechte sucht diese Zerstörungen dann in der Folge selbst herbeizuführen. In den Texten und Reden von Günter Rohrmoser oder Bernard Wilms dominierte bis ins Unangenehme hinein ein Alarmismus. Das Ausrufezeichen wird zur gängigen Signatur. „Der Untergang des Abendlandes" ist die Leitmaxime. Dies führte schon bei dem alten Konservatismus zu Allianzen jenseits des „langen Weges nach Westen" – vor allem mit mehr oder minder soliden russischen oder serbischen oder kroatischen Gruppierungen. Der Aktionismus war gemeinsam. Sehr spezifische, an Reichsideen orientierte Europakonzepte waren es auch.

Internationalisierung, Europäisierung, die Preisgabe der eigenen Währung werden als solche Unteragngsszenarien beklagt und angeklagt: Sie verstoßen damit nicht selten gegen den Hegelschen Grundsatz des eigentlichen Realismus, dass man dort springen solle, wo Rhodos gerade liegt. Dass man die eigene Zeit in Gedanken zu fassen versuchen solle. Was auch sonst.

Die alten sehr gesetzten Herren liebten indes eine harte verhärtete Kampfsprache. Ihre Texte und Traktate setzten viele Ausrufeziechen. Der neuen Rechten war dies zu bourgeois und letztlich harmlos. Sie sprach vom „Beschwichtigungskonservatismus". Das Epitheton „konservativ" gab man gerne zu Gunsten von „rechts" auf.

Die „neue Rechte": Anatomie in nuce

Dass sich in den neunziger Jahren das Odium einer ‚neuen Rechten' verbreiten und bis in das Frühjahr 2016 durchschlagende Kraft gewinnen konnte, hat auch und nicht zuletzt mit dem Überdruss angesichts von saturierten Alt 68 er- Bonzen zu tun, die ihre Positionen nicht mehr begründen mussten und deren ‚Marsch durch die Institutionen' sehr erfolgreich gewesen war. Vor allem in den Schulen und Hochschulen war man in irgendeiner Weise ‚links', wenn man der mittleren oder jüngeren Generation angehörte. Dies erforderte keine Begründungen. Die amorphe Links-Haltung konnte sich in einem Spektrum von marxistischer Radikalität bis zu relativem Liberalismus ausdehnen. Sie verband sich zur Not auch mit der Benennung von Menschenrechten und Toleranz im Sinn von Rawls und Mill. Die auf Gymnasialniveau heruntergebrochene Philosophie des späten Habermas war allgegenwärtig, eben weil sich die ungebrochene Achtundsechziger-Identität kaum mehr begründen musste – und weil sie dies auch nicht tat. Je länger je mehr wurde sie selbstverständlich. Auch der sprachliche Jargon und der Kanon, den man nicht mehr lesen musste, um ihn zu kennen, die Mehrheit der Arrivierten war auf dem langen Marsch durch die Institutionen theoriefaul geworden – sprühte keinen sonderlichen Glanz mehr aus.

Deshalb konnte eine Literatur und Theoriebildung, die anders war, die die Abgründe des Daseins aufriss, die ins Tragische und Tiefe leuchtete, hinter Goethe zurück, die den inneren Menschen beschwor, durchaus intellektuell faszinieren. Sie konnte für Nach-Achtundsechziger-Generationen sogar zur Primärerfahrung werden. Jene nachdenkliche Haltung selbst darf keineswegs schon mit der

‚neuen Rechten' gleichgesetzt werden, auch nicht, wenn man deren Begriff sehr weit fasst. Der Roman ‚Der junge Mann' von Botho Strauss (1985), aber auch ein Teil des Romanwerks von Peter Handke war von diesem anderen Zuschnitt. Vor allem gegen einen funktionalistischen Literaturbegriff, der in den verstaubten neomarxistischen, feministischen und Vokabularien unterging, erhob sich hier ein anderer Blick. Doch dabei ist ungleich genauer hinzusehen: Peter Handkes große epiphanische Romane, die nach Depressionsattacken die metaphysische Dimension des Lebens feierten, galten zu Recht als Exempla einer neuen Lebensdimension. Es geht um eine Abgründigkeit, die im Wesentlichen aufzuklären sucht! Dass gerade Handke für die faschistoiden und tief belastenden Züge der deutschen Vergangenheit ein feines Sensorium hatte, dass sich sein sprichwörtlicher Furor gerade hier entzünden konnte, ist das eigentlich Bemerkenswert-Faszinierende an ihm! Auch Martin Mosebachs glanzvolle Essays zumal über die Formkraft des Katholizismus, die Renaissance von Denkern wie Joseph Ratzinger (Papst Benedikt XVI.) und Robert Spaemann um das Jahr 2000 ist Anzeichen einer bemerkenswerten Revision der säkularen immer inhaltsleereren Mainstream-Konzeptionen.

Neben Brecht rückte Gottfried Benn als großer Lyriker des 20. Jahrhunderts in den Fokus; natürlich auch er ein melancholisch sentimental ins Abgründige Treibender. Botho Strauss beschwor diese Dimension in einem SPIEGEL-Essay 1994 unter dem Titel ‚Anschwellender Bocksgesang' und einer damals jungen Schriftsteller- und Intellektuellenelite gelang es, um diesen Bocksgesang eine renommierte Phalanx unter dem Titel ‚Die selbstbewusste Nation' zu versammeln. Günter Zehm und andere DDR-Dissidenten spielten damals im Feuilleton der WELT eine maßgebliche Rolle.

Ob diese Autoren um Zehm, oft sehr respektable und hochbegabte Personen wie Ulrich Schacht, nach dem Sinn von Axel Springer gewesen wären, wird man indes bezweifeln können. Denn zwei Parameter aus dessen Weltbild waren hier keineswegs mehr klar. Einerseits die transatlantische Verankerung, auch wenn die Partnerschaft immer wieder in die Krise geriet; andrerseits die Verbindung zu Israel, dessen Existenzrecht besonders betonen zu müssen, selbst schon absurd ist. All das stand nicht primär auf der Agenda der Vertreter selbstbewusster Nation. Die politischen Wirkungen schienen durchaus auf einen umgekehrten Marsch durch die Institutionen hinzudeuten oder eher auf einen raschen Staatsstreich. Wie meist, fehlte dann die Fortune. Es gab wieder einmal Veteranen – diesmal aus den Jahren nach der Wende, 1990 ff.

Auf einem anderen viel niedrigeren Niveau als George Steiners, eines großen jüdischen Intellektuellen, Beschwörungen der „realen Gegenwart" und selbst als Botho Strauss' ‚Anschwellender Bocksgesang' bewegen sich Feuilletondebatten der Jahre nach 2000, die den linksliberalen Mainstream in Frage stellen. Sie hatten eine gewisse werbende Attraktivität – und sprachen in dem Tenor „Hilfe, ich bin konservativ!" Jan Fleischhauer trug als SPIEGEL-Redakteur dazu bei, Lorenz Jäger durchgehend in der FAZ. In Zeitungsrubriken wurde eine Debatte zumindest angedeutet, manchmal auch nur simuliert.

Doch die neue Rechte, die sich allmählich ausbildete, hatte einen anderen Kanon. Ernst Jünger, Carl Schmitt, auch Heidegger in einer gewissen Lesart taugten ihr. Weil ich zu Heidegger und Platon publiziert hatte, weil ich einen reflektierten christlichen und antik-philosophischen Kern nicht nur als historistisches Relikt in meinem allmählich Form gewinnenden Denken zuließ, war ich wohl für diese Kreise allmählich interessant geworden. Man muss im Rückblick aber deutlich sagen, dass alles, was Geist und Intellektualität war, letztlich nur eine Vorwandfuktion für ein machtpolitisches Leitinteresse einnahm. Man wollte Positionen wieder besetzen, die geräumt worden waren. Man wollte letztlich den Bürgerkrieg der zwanziger Jahre wieder ausfechten, vor dem Horizont des 21. Jahrhunderts. Das „stählerne Gehäuse" der Hypermoderne nahm man durchaus zur Kenntnis. Doch die leitende Unterscheidung war die zwischen Rechts und Links. Alle anderen Fische waren totgebissen worden, die Verbindlichkeit, die aus den öffentlichen Institutionen geradezu programmatisch gewichen war, bis hin zur Vorstellung einer quasi-militärischen neuen Speerspitze sollte gewonnen werden.

Deshalb fanden die Seminare des „Instituts für Staatspolitik" von Götz Kubitschek und Karlheinz Weißmann in der deutschen Provinz statt; und aufgrund der intellektuellen Verbrämungserwartungen wurde ich dazu eingeladen. Das Rittergut, das Kubitschek mit seiner Frau und der Großfamilie bezog, mitten im Sachsen Anhaltinischen Niemandsland gelangte durch die Tabubrüche des Jahre 2016 immer stärker zu medienöffentlicher Präsenz. Man lud sich in den ersten Jahren mehr oder minder renommierte Referenten von außen, man bespielte in den Folgejahren ein „Curriculum dextrum", für eine künftige „rechte" Elite, die diesen Titel nicht abwehrte. Man zog junge Leute an, die hofften und erwarteten, in diesen Zusammenhängen mit Hochschullehrern oder Arbeitgebern zusammenzutreffen. Der Habitus war eher militärisch aktionistisch, teilweise auch langfristig akademisch taktisch.. Vor und zwischen den Vorträgen gab es „Sport". Ein höflicher zugleich knapper bis schneidender Ton war Usus.

Zusammenkünfte in Berlin zogen wie Räuber und Gendarmen-Spiele Antifa-Attacken nach sich. An diesem sehr stark 68er-Routinen nachgeahmten Klamauk nahm ich nicht teil. So wurde der Versammlungsort oft nur den Eingeweihten mitgeteilt. Ein angenehmes Feeling von Verschworenheit und davon, dass die Demokratie doch so demokratisch nicht sein könne, wenn sie dies nötig hätte, stellte sich ein.

Frauen waren im Auditorium im Regelfall nicht vertreten. Und wenn dann als „Corona", sie konnten durchaus intelligent sein, doch ihr Habitus hatte mütterlich zu sein. – Dieses Institut, ähnlich wie Dieter Steins Wochenzeitung ‚Junge Freiheit', verebbten nicht wie es viele der Altherrenkonservatismus-Initiativen der fünfziger Jahre getan hatten. Man legte Handbücher und Lexika auf, nicht dilettantisch, aber immer Partei. Was stets auffiel, war der Vorrang der Aktion. Die Politik habe in seinem Teich alle andern Fische totgebissen, notierte Bismarck einmal. In den Teichen der politisch aktiven neuen Rechten gab es nie andere Fische – und wenn, dann höchstens zum Schmuck.

Als die neue Partei, die besagte selbsternannte „Alternative für Deutschland", aufkam, bot sie ein hinreichend breites oder zersplittertes Spektrum, dass alle neurechten intellektuellen Positionen in ihr etwas sahen. Karlheinz Weißmann, der Spiritus rector von Schnellroda, ist ein gebildeter Mann, Gymnasiallehrer und leidenschaftlicher Führer der Jugend. Er ist Historiker, Erzieher, folgt dem Gehlenschen an Institutionen und einer Höherzüchtung des Menschen orientierten Kulturkonzept. Er ist auch evangelischer Theologe – überhaupt ein Mann der Gelehrsamkeit und der Bücher, wenn auch nicht der philosophischen Selbstinfragestellung, und eher der Sammlung von autoritativen Erziehungsquellen. Als evangelischer Theologe folgt Weißmann einer Verhältnisbestimmung, die von dem politisierten Neuprotestantismus denkbar weit entfernt ist: Luther und Fichte in der Deutung von Emanuel Hirsch liegen hier in enger Verwandtschaft. Daraus wird freilich ein Amalgam, das der Tendenz der Deutschen Christen nicht fernsteht.

Götz Kubitschek, der Taktiker, der nun aus dem Off auftaucht, ist ein anderer Typus: Ein Provokateur, der die Taktiken und Strategien der Achtundsechziger sehr genau zu kopieren suchte, bis zu Go Ins und Sit Ins. Die paramilitärische Ausrichtung zeigt sich auch in der schwarzen uniformähnlichen Gewandung von Kubitschek und den Seinen. Sie suchten, rechte und offen faschistische Auffassungen wieder zu einer Salonfähigkeit zu bringen. Die Paradigmata, an denen sich sowohl Kubitschek als auch Weißmann orientierten, waren weitgehend die Konservative Revolution und der Protofaschismus der zwanziger Jahre. Es scheint auf dem Rittergut von Schnellroda, auch in der Konzeption von Familie, eine Kontinuitätslinie suggeriert zu werden, als hätten irgendwo im Berg die heroischen Zeiten überdauert und als hätte es eine Machtergreifung 1933 und das massenhafte Morden nie gegeben. Den Teufel hielt man sich durch die abwegige These vom Leib, dass die NS-Ideologie ein „linkes Projekt" sei.

Kubitschek, der auf harte Verbindlichkeiten und eine neue Pädagogik drängt, auf eindeutige Identitäten überdies, ist eine schillernde Figur, an der kaum etwas nicht Inszenierung ist. Man kann sich aus seinem Potpourri herausnehmen, was man möchte: Den italienischen Faschisten aus der Mussolini-Frühzeit, den Identitären, den mit klingendem Spiel aufmarschierenden eigentlichen und genuinen Soldaten, der in keiner demokratischen Armee eine Karriere vor sich hat. Oder den rechten Achtundsechziger, der die Dinge wieder zurechtbringt und die Kulturhoheit wiedergewinnt: denjenigen, der sich nicht nur als Rechten outet, sondern der angriffig in Lesungen und Kulturveranstaltungen des mittlerweile weitgehend unbestrittenen linken Mainstreamestablishment vordringt. Mir gegenüber sprach Kubitschek 2004, als er mich noch umwarb, vom Zusammenspiel militärischer, eher paramilitärischer Härte und der Dichtung der Romantik vor allem Hölderlin.

Er hat ein Gehör für landsmannschaftliche Differenzen: Die sachsen-anhaltinische Härte mit Schnellroda gegen die schwäbische Weichheit mit ihrer lyrischen an sich haltenden Kraft. Die Welt wird im identitären Blick wieder kleiner, schmaler differenter als in den großen Abstraktionsräumen des Globalismus. Doch die Strategie ist politisch gestylt, mit der Absicht, Zersplitterungen zu überwinden. Nicht der sentimentale Duktus der Rede über „konservative Familien", sondern die Aktion ist dominierend. In jeder Hinsicht.

Zur Inszenierung gehört auch ein rechter Feminismus, den Ellen Kositza, seine Ehefrau und Kampfgefährtin, für Männer, die auf Blond in allen Facetten stehen, verkörpert als hätte sie nie etwas anderes getan: im Minirock, mit sieben natürlich hochbegabten auch im blonden Nornenoutfit gut aussehenden Kindern auf dem Schoss.

Die Legende war klar: Man kann gegen die Emanzipation sein und doch emanzipiert. Heute sind die Schnellroadaer Sondererscheinungen Teil des medialen Mainstream.

Das Öffentliche ist das Private, das Private das Öffentliche: Diese 68er Lehre zeigte sich auch in Schnellroda. Der dröge Kirchen-Feminismus hat weniger sex appeal. Hinter den Kulissen ging es harsch zu, als die Kinder irgendwann einmal – ich glaube 2004 im September – ins Bett gebracht wurden. Hier herrschte wirklicher Kasernenhofton. Man muss, denke ich, kein allzu schlechtes Gewissen haben, wenn man aus diesem inner circle etwas nach außen trägt. Dafür ist er schließlich da, darauf zielt er schließlich ab. Die Wiederkehr „des Führers", nicht im NS-Sinn, sondern in dem der ‚Konservativen Revolution' versteht sich, ist sein Projekt. Deshalb muss man auch die ethisch-ästhetischen Geschmacklosigkeiten nicht weiter verschweigen – vor allem den Gartenzwerg, der den Hitlergruß vollführt in Räumlichkeiten, die die Lebendigkeit einer Provinz suggerieren, die vielleicht nur die eine raison d'être hat, den Schoss zu symbolisieren, der noch fruchtbar ist und aus dem das kroch.

Es muss von hier her nicht wunder nehmen, dass es grundsätzliche Option dieser Form der Neuen Rechten ist, mit verschiedenen Gruppierungen zu sprechen, auch mit extrem und extremistisch Radikalen. Deren Namen tauchen im Frühling des Missvergnügens vermehrt wieder in Mainstream-Medien auf. Sie sind wie Wiedergänger durch die jüngere Geschichte der Bundesrepublik gegeistert. Am Anfang häufig mit grauslichen Nazi-Publikationsorganen, wie der Munierverlag oder die „Deutsche Gesellschaft für Publizistik", die den Grund der Verfassung, des Anstands permanent verlassen. Andere wandern von der extremen Linken in die extreme Rechte. Rechte bewundern die Frontfrau der Linken Sahra Wagenknecht, weil auch sie gegen das Kapital und die vermeintlich amerikanisch(-jüdische) Weltverschwörung antritt. AfD-Kreise und Wagenknecht sind in ihrer Rhetorik nicht weit voneinander entfernt. Wenn schon nicht Horst

Mahler, so wird Jürgen Elsässer mit seinem Pseudoparlament und der Einklage von Rechtsstandards gegenüber der legitim gewählten Bundesregierung wieder zu einer öffentlichen Person. Die Bürgerkriegsstrategie ist auf all diesen Seiten klar erkennbar. Man laviert mit taktischer Intelligenz um Haarbreite an der Volksverhetzung vorbei. Man spielt mit den Höllen – und wenn etwas einen gewiss oftmals langweiligen und mittelmäßigen demokratischen Grundkonsens legitimiert, dann diese Bürgerkriegsspiele.

Mit der Zeitschrift ‚Sezession' wurde der grundsätzlich legitime Versuch unternommen, eine Gegenkultur auf einem vergleichbar hohen Niveau zu begründen. Die gänzliche Ausblendung der deutschen Zäsuren legt aber den Verdacht nahe, dass dies eher Teil einer Gesamttaktik ist, in deren Zusammenhang auch Kontaktaufnahmen mit Rassisten, bekennenden Faschisten und NS-Gestalten unternommen werden können.

Das Interesse einer rechtsintellektuellen Phalanx auf einen gegenläufigen Kanon zu richten, war offensichtlich. In ihm kam die Gruppe 47, aber auch die ästhetisch westliche Moderne der Zwanziger Jahre nicht vor. In ihm blieben von der Musikgeschichte des abgelegten Jahrhunderts nicht mehr als Richard Straussss und Richard Wagner. Die Verbindlichkeit des so etablierten Kanons könnte man auch Indoktrination nennen. Nicht Bildung, sondern Heranzüchtung einer neuen Elite, die die Moderne zurücknimmt, war das Votum. Deshalb war es ein Fehler, der intellektuellen Patina zu folgen und in diesem Blatt zu schreiben.

Der Traum von „identitären" Volksgemeinschaften soll offensichtlich weiter geträumt werden. Durch einige Funde, einige intellektuelle Glanzlichter und durch eine inszenierte Lebensform schaffte es Schnellroda in die Feuilletons. Ein eigener Gesprächsband, der auch Redakteure der Jungen Freiheit 2016 mit in diesem Ambiente abbildete, gab der Inszenierung den letzten Hype. Letztlich wurde aber auch deutlich, wie düster, sinister und in einem dumpfen Sinn reaktionär diese Phalanx ist. Dies sollte in der Fasinationsgeschichte, die jetzt nach außen zu gehen wagt, nicht vergessen werden, und es ist zu bedenken, weil ein Blatt wie die ‚Junge Freiheit' in seinen Leitartikeln und in Äußerungen seines Chefredakteurs sich zunehmend kritisch-staatstragend gibt, politische Vernunft ansinnt und einen Weg in die Mitte nahelegt. Doch in der eigentlichen Kampfzone bleiben die anderen Stimmen, feindlich und wie Weißmann es in einer ganzen Rubrik einmal formulierte, „gegen Aufklärung" dominant. Auch Neugründungen, wie das Organ ‚Cato', ein Anti-Cicero, seit den letzten Monaten am Start, ist letztlich eine Maske.

Nicht minder fraglich ist ein neupaganer Ansatz der ‚Neuen Rechten'. Er ist in einem ihrer intellektuell führenden Vertreter, Alain de Benoist, zumindest zeitweise, mit einem aggressiven Antijudaismus und Antichristianismus verbunden worden. Mit jener Linie meinte man sich in der Folge Nietzsches zu sehen.

Was der eigentliche Ernst, das Zentrum, ist und was die Peripherie, changiert. Der Wolf frisst Kreide und bleibt darin doch Wolf, dem Menschen und anderen Wölfen.

Ich halte von heute aus Auftritte und Publikationen im Rahmen der ‚Sezession‘ und des ‚Instituts für Staatspolitik‘ für nicht vertretbar, und gehe mit meiner Bereitschaft, mit jedem und jeder zu reden, ins Gericht. Das sinistre Gesamtkonzept droht, jederzeit anders gerichtete Tendenzen und Bestrebungen mit in seinen Orkus zu ziehen. Man mag sie durchschauen. Man mag gegenüber medialen Vereinnahmungen eine klare Grenze ziehen. Die Wirkung, so schädlich sie sein mag, ist nur das eine. Das Konzept selbst ist intellektuell und moralisch unanständig. Es lebt aus Überformung und Funktionalisierung von Kultur in rechte Machpolitik, die im Ernstfall die etablierte Rechte noch einmal rechts überholt.

Die politisch-strategischen und –taktischen Planspiele sind nicht konturiert. Die Ausleger, die sich exponieren, zielen im Kielwasser einer vehementen Russlandliebe, etwa von Aleksandr Dugin auf eine eurasische Union und einer neuen Seidenstraße. Damit können sie Träume der Konservativen Revolution vom Dritten Rom und Moeller van den Brucks Visionen aufleben lassen. Das müsste dem, der in der klassischen deutschen Philosophie und Dichtung eine zeitübergreifende intellektuelle Heimat sucht, nahe sein, könnte man denken. Nichts wäre ein größeres Missverständnis. Die spekulativen Systeme um 1800 gingen, auch in ihrer romantischen Brechung, aus den aufklärerischen Vermessungen der Grenzen der Vernunft hervor. Sie sind ohne Kant gar nicht denkbar. Sie stehen in einem europäischen Zusammenhang, in dem auch Hume und Locke oder Rousseau mitsprechen, und legen, wenn man von Fichtes sinistren Überlegungen zum geschlossenen Handelsstaat absieht, eine kosmopolitische, weltstaatliche Dimension an den Tag. Die Konzeptionen, die mit Versatzstücken eines aggressiv aufgeladenen deutschen Idealismus, dem Traum von Deutschland und Russland als den beiden „metaphysischen Nationen“ aufwarten, möchten der „Westernization“ den Garaus machen, die aber nicht ein künstlicher Oktroy ist, wie die Verschwörungstheoretiker meinen, sondern ein Paradigma des europäischen Deutschland. Weißmann erklärte dezidiert, und in einer Fülle von JF-Rubriken, die Gegen-Aufklärung. All dies firmiert in dem vielsträngigen Sammelsurium des „Rechten“ oder „Konservativen“ oder, wenn man die existentiell dunklen Aphorismen von Gomez Davila nimmt, des „Reaktionären“ als mögliche Option. Die Ränder können auch deshalb so leicht bis in eine extreme Rechte ausgedehnt werden, weil man die Semantik nicht zu erklären, sondern durcheinander zu wirbeln sucht.

Dabei gibt es weitergehende seltsame Allianzen: der eurasische Traum weitet sich bis in iranische Berührungen. Die deutschen Dugin- und Putinverehrer, die das metaphysische Rad neu in Gang bringen möchten, unterhalten teilweise Verbindungen in iranische Intellektuellenkreise, bis in den unmittelbaren Umkreis von Ahmadinedschad. Dass auch darin Strahlungen mit weltpolitischen Ambitionen und Vernichtungswünschen, wieder mal und primär gegen Israel, gerichtet sind, versteht sich. Zunächst wird nur „mit Entsetzen Scherz“ getrieben. Doch die Mischungen sind alles andere als harmlos. Sie würden ihre Pfeile zunächst alle auf Israel konzentrieren. Daran ändert nichts, dass auch die Militärgeschichte Israels im Kanon der „Neuen Rechten“ vorkommt, so wie jeder Heroismus ihr besonderes Wohlgefallen findet.

*

Wie würde eine Welt aussehen, in der die Schnellrodaer Taktiker ihr Wort zu sprechen hätten?

Weißmann ist dabei weniger eindeutig zu verorten als Kubitschek. Die Maximen eines „konservativen Minimum“, die er aufstellte, haben eher die Anmutungen einer gymnasialen Erziehungsreform als einer durchschlagenden staatspolitischen Revision. Doch dahinter steht die grundsätzliche Abwehr der Wege einer europäischen Einigung und transatlantischen Bündnisverpflichtung, stehen Visionen von Erziehungsdiktatur und „geschlossenem Handelsstaat“, die von Rechtsintellektuellen, welche sich doch einiges auf ihren Realismus zugutehalten, erstaunlich naiv und kontextlos positioniert werden. Das ist eben der Zug zur „Sezession“.

Man wird auch den Sezessions-Kreisen zugutehalten müssen, dass sie das Andenken an den Widerstand gegen Hitler, an Stauffenberg und seinen Kreis und das Imago des Geheimen Deutschland hochhalten. Doch einer „rettenden Kritik“ im Benjaminschen Sinn führen sie diesen Strom nicht zu. Er wird konserviert und sogar – dann aber wird es böse und infam – nun als Gegenbild im Verhältnis zu demokratisch gewählten Regierungen und als Schutz gegen die Insinuierung, man selbst neige dem NS-Paradigma zu, eingesetzt.

Alle Autoren, denen nach 1945 der Status des Gefährlichen, der „Zerstörung der Vernunft“ (Lukács) zugesprochen wurde, wären kanonisch– und sie wären es exakt wegen dieser Radikalität, wenn Schnellroda über den neuen Kanon zu befinden hätte. Evolas rumänischer Faschismus, Nietzsche mit dem harten „Willen zur Macht“ und der Mythos vom Generalstreik des Georges Sorel, oft auch der Flirt zwischen den Fronten der extremen Linken und der extremen Rechten, der feindlichen Geschwister, die sich auf einer Ebene Saalschlachten lieferten, auf der anderen in ihrer Verachtung und Abwehr der Mitte identisch waren. Es wäre wohl eine Mobilmachungssituation. Eine ausgehende Weimarer Republik 2.20, mit preußischen, altprotestantischen Grundzügen. Die Habsburger Rechte würde den anderen Reichsmythos hinzugeben. In ihrem antisemitischen Ressentiment würden sie sich nicht viel nehmen. Dieses 2.20 lebte aus der Illusion, dass es die faktische Machtergreifung und die Kulmination der NS-Verbrechen nicht gegeben hat. Man hörte in früherer Zeit auch in historischen Seminaren, man dürfe bestimmte, kontaminierte Themen nicht aus der „Post-Auschwitz-Perspektive“ behandeln. Daran ist etwas epistemologisch Richtiges. Vergangene Zeiten müssen zunächst einmal immanent entschlüsselt werden; aus der Grammatik ihrer unmittelbaren Vor- und Nachgeschichte und ihren eigenen Erinnerungshorizonten heraus. Nicht zuletzt spielen dabei die Zukunfts- und Erwartungshorizonte der jeweiligen Epoche eine Rolle. Doch man kann unmöglich, absehend von dem epochalen Endzustand, dem Massenmord, in dem sich ein neues erwähltes Volk im Ariermythos konstituieren wollte, die NS-Geschichte begreifen. Mit dem Erbsündendogma verbindet sich in der Rechten stets der Skeptizismus über die Wesensnatur des Menschen. Er ist im Grunde schlecht und neigt dazu, sich selbst zu zerstören. Deshalb müssen ihm durch harte Institutionen Bänder angelegt werden. Arnold Gehlen hat dies in seiner Institutionentheorie machtvoll skizziert. Von Einsicht ist dabei nicht nennenswert die Rede, ebenso wenig von Personalität und Dialog. Sehr viel dagegen von Herrschaft, Zwangs- und Machtausübung. Deshalb sind solche Denkfiguren auch Legitimationen zu Bellizismus und Grausamkeit. Nochmals: In jeder veritablen politischen Konzeption muss der Machiavellismus und muss der Mensch in seiner bestialischen Natur, die alle Fortschrittssehnsüchte und -erwartungen Lügen straft, bedacht werden. Dies ist aber keineswegs eine Lizenz zur wohligen Bekräftigung der menschlichen „condition honteuse", seiner Rückführung auf eine Schändlichkeit, derentwegen ihm Würde und Wert nicht mehr zukommen soll.

„Junge Freiheit": Die Büchse der Pandora als Chamäleon

Auch das Profil der Wochenzeitung ‚Junge Freiheit' sollte vor diesem Hintergrund betrachtet werden. Aus der Innenperspektive und aus journalismusgeschichtlichen Außenperspektiven ist ihre Genealogie zu allen Jubiläen gekennzeichnet und resümiert worden – in Wertungen, die zwischen Helden- und Schurkenstück changieren. Es gab Abspaltungen, Richtungsirritationen, unterschiedliche Nähen und Fernen zu den strategischen Partnerschaften mit Weißmann und Kubitschek. Letztlich interessant ist dies nur für die Binnenperspektive. Mit dem Image des AfD-Organs flirtet sie heute. Mit der Förderstiftung und der Bibliothek des Konservatismus, an prominenter Stelle in Berlin, versucht sie auch in das intellektuelle und akademische Milieu einzuwirken. Der grundsätzliche Kurs der Zeitung, der ich, auch als ich als junger Privatdozent auf ihrem Monitor erschien und umworben wurde, vereinzelt Interviews gab und für sie schrieb, bestand lange darin, zu den teils sehr düsteren Frontkämpfergestalten der eigenen Redaktion kultivierte Federn aus dem bürgerlichen Bereich zu gewinnen. Das gelang in einem gewissen Maß. Vor allem elder statesmen der Publizistik wie Peter Scholl-Latour oder Wolf Jobst Siedler schrieben für die Zeitung. Dieter Stein war auch nicht ungeschickt darin, letzte Exponenten des Widerstands gegen Hitler und ihre Erben zu gewinnen. Dazu kamen altkonservative Autoren, die in diesem aus einer Schülerzeitung hervorgegangenen Blatt nun eine Art Heimat fanden: Klaus Hornung und Lothar Bossle waren seinerzeit bereits so marginalisiert, dass sie das neue Organ bespielten und dies für eine Form der Jugendförderung hielten. Durch die Interviews konnte der Einzugsbereich erweitert werden. Die späteren Kernautoren hatten anfangs durchaus in Publikationsorganen der bürgerlichen Mitte geschrieben, teilweise waren sie aber auch in extremes Fahrwasser geraten. In jener Zeit fiel dies noch nicht so auf. Vor allem waren sie, wie die Diven dieser Richtung meist, miteinander verfeindet. Das relative Gewicht der JF in der konservativen Szenerie, bei einer überschaubaren Abonnentenzahl von ca. 20.000, auch das Augenmerk, das der Verfassungsschutz auf sie richtete, Unvereinbarkeitsklauseln größerer und bedeutenderer Zeitungen für ihre Autoren, ließen das Organ immer wieder in Mainstream-Medien erscheinen und seinen Sammelbeckencharakter aufleuchten.

Die Junge Freiheit war und ist eine rechts- bis nationalkonservative Zeitung, von Anfang an. Sie war Melting Pot der verschiedenen konservativen Strömungen und sie gab sich zugleich als eine intellektuell zupackende, publikumstaugliche Plattform. Die schlimmsten Ausreißer in ein rechtsextremes Milieu hat Stein, das bleibt ihm zugute zu halten, aus dem Blatt verbannt. Die bad guys in der Redaktion sind aber unerlässlich, um die Erfolgsquote zu sichern.

Der Gerhard Löwenthal-Ehrenpreis, nach dem jüdischen und erzkonservativen Journalisten des Kalten Krieges benannt, führte Jahr für Jahr in der Zitadelle Spandau oder an anderen entlegenen Orten die Gegen-öffentlichkeit zusammen. Ich war über Jahre Teil der erweiterten Jury, die aber nur marginal befragt wurde. Der Preis wurde in der Regel mehreren prominenten Persönlichkeiten angetragen, bis einer ihn annahm. Bei dem dotierten Journalistenpreis war eine unmittelbare Kollision mit Anstellungsverhältnissen im eigenen Haus Usus. Man liebt unter JF-Lesern die Abenteurer, die meinungsstark von Krisenschauplatz zu Krisenschauplatz rasen und die vermeintlich rechtssatirischen Federn, die wie Michael Klonovsky das deutsche Absurdistan aus verschiedenen Blickwinkeln beschreiben und dabei die Erwartungshaltungen der Stammleser bestätigen. Bestätigt werden möchten die Altkonservativen und die Neuen Rechten gleichermaßen. Zwischentöne sind auch in diesem politischen Kampf scheinbar, wie Franz Josef Degenhardt vor einem Menschenleben von links sang, „bloß Krampf".

Die Autoren der mittleren Generation wurden häufig enger an das Blatt gebunden. Dann waren sie aber nicht mehr chic und irgendwann verbrannt. Diese im Grunde zerstörende Taktik muss Warnung sein. Dass nach Auffassung der entsprechenden Kreise nun der Wind sich dreht und sie wieder aus ihren Verließen hervorkommen, ist offensichtlich. Man sollte sich aber auch von dem wachsenden arrivierten Autorenstamm nicht täuschen lassen. Die Linie des Blattes wird trotz der staatsmännisch kühlen Haltung von Dieter Stein, trotz der mehr oder minder glanzvollen Gastautoren von der Tristesse des festen Redaktionspersonals gemacht. Seine Exponenten strahlen im persönlichen Umgang eine seltsame Verklemmtheit aus: Es hat noch immer Haut Goût und den Hauch des Verbotenen, Rechtsjournalist zu sein. Sie sitzen teilweise in den Stuben von Schnellroda und raunen die alt-neuen identitären Phrasen. Volksnational, konservativ revolutionär.

So ergibt sich der tief deprimierende Teufelskreis, dass die Autoren, die einmal von der Zeitschrift umworben worden sind, nach einigen Jahren glücklich sein müssen, noch in ihren Spalten ein Gnadenbrot zu finden.

Lorenz Jäger, der FAZ-Redakteur, der einige der literarischen und philosophischen Trouvaillen aus der Sezession und anderen rechtskonservativen Häusern aufnahm und besprach, veröffentlichte vor einigen Jahren eine Art Abschiedsglosse: „Adieu Kameraden!"

Dem kann ich mich anschließen, und tue es entschieden und öffentlich. Die Rede von den „Kameraden" würde ich mir freilich nicht zu eigen machen – und habe es aufgrund eines gewissen Pathos der Distanz auch nie getan. Ich halte es von heute aus gesehen für einen Fehler, mit zeitlosen und grundsätzlichen Themen zu Bildung, Philosophie, europäischem Ethos in der JF publiziert zu haben. Die Art, wie sie eine Art Bekenntnisblatt der Neuen Rechten wurde, war mir zunehmend unsympathisch. Die JF ist nicht, wofür man sie zunächst halten konnte: eine konservativ profilierte Wochenzeitung im bürgerlichen Milieu. Eine solche könnte und sollte es geben. Ein wenig im Sinn moderner Fortschreibung der WELT Axel Springers. Die JF ist vielmehr eine Pandora-Büchse mitdunterschiedlichen taktischen Ausrichtungen, deren Konzeption wie jene der AFD bewusst auf diversen Klaviaturen spielt – und teilweise mit Entsetzen Scherz treibt. Leitartikel Steins und Meinungsartikel anderer divergieren teilweise erheblich.

Deshalb werde ich für dieses Blatt- von verwandten anderen zu schweigen – nicht mehr schreiben. Es verfehlt die Aufgabe einer konservativen profilierten Wochenzeitung und reißt mutwillig Grenzen des Legitimen und Anständigen ein, die unbedingt zu wahren sind.

Der neue deutsche Antisemitismus

Dass wiederkehrt, was nie wiederkehren darf

Die Reflexionen zur Zeit müssen sich auf ein Phänomen richten, das in Deutschland in einer Weise um sich greift, die man bei klarem Verstand nicht mehr für möglich gehalten hätte und auf dessen grotesker Klaviatur die neue Rechte spielt. Dahinter werden tiefere mentale Prägungen sichtbar, die vermutlich niemals bewältigt werden konnten.

Das auslösende Skandalon ist, dass der rassistische und verschwörungstheoretische Antisemitismus des baden württembergischen AfD- Landtagsabgeordneten Gedeon in den verschiedenen, durch abstoßende Intrigen einander verbundenen Führungsgremien dieser Partei nur zu einem innerparteilichen Machtpoker verwendet wurde. Dass antijüdische und antiislamische Feinderklärungen in der Art Gedeons in sich selbst ein barbarischer Akt sind, der in keiner Weise, auch nicht in nächtlichen Stammtischbesäufnissen erduldet werden darf, kommt in den Afd-Statements nicht zur Sprache. Welche Reminiszenz der neu emanierende Antisemitismus weckt, schon gar nicht. Auch diejenigen, die in seiner eigenen Partei den selbst ernannten Philosophen Gedeon kritisierten, wie der Fraktionsvorsitzende Meuthen, verbinden sich ihrerseits mit Personen wie dem Geschichtslehrer Björn Höcke, der unter anderem eine Revision deutscher Erinnerungskultur um 180 Grad fordert. Unter der Codierung „Man wird doch noch sagen dürfen“ – wird auch hier erprobt, wie weit man die Duldsamkeit der öffentlichen Meinung verschieben kann. Es bedürfte des zeitdiagnostischen und denkerischen Ingeniums eines Karl Kraus, um diesen Mechanismus freizulegen. Er ist widerwärtig und bösartig und erfordert eindringlichen Widerspruch.

Wer humane Werte und menschliche Würde verteidigen möchte, wer für Rechtstaatlichkeit und Humanität, für die Bewahrung des Bewahrenswerten auch gegen technologische oder utopistische Furien des Verschwindens eintritt, wer in diesem Sinn konservativ ist und wer interkulturelle Gespräche zwischen Muslimen und Christen sucht, muss sich an der Frage des Judentums und nicht zuletzt an seiner Positionierung zu Israel messen lassen.

Von hier her kommt der Erfahrung des 90jährigen Claude Lanzmann, des Regisseurs des Shoah-Films, aus dem August 2016 eigene Bedeutung zu, dass im Telefonadressbuch des Berliner Hotel Adlon die Vorwahl verschiedener Länder aufgeführt sei, die von Israel aber gefehlt habe. Dies mag Zufall sein und irgendwie daraus erklärbar, dass es doch nur um eine Auswahl gehe. Eine qualité négligeable ist es nicht.

Der immer klandestine Antisemitismus

Antisemitismus tritt bekanntlich fast niemals offen auf, oder erst dann, wenn er es enthemmt tun darf. Auch hier gilt die duckmäuserische Haltung. Linker Antisemitismus, der im Radikalumfeld von Teilen der 68er Bewegung und dann innerhalb der RAF laut wurde und unmittelbar, wenn auch sich selbst nicht bewusst, an die Vernichtungsmentalität der Väter anknüpfen konnte, war nach eigener Aussage immer „Antizionismus" und nur allzu berechtigte Kritik an einzelnen politischen Haltungen des Staates Israel. Rechter Antisemitismus ist es nicht weniger und auch islamistischer Antisemitismus versteht sich so. Jeder Antisemit seit der NS-Führungsphalanx nennt einzelne Juden „liebenswert". Göring hatte seinerzeit dekretiert: „Wer Jude ist, bestimme ich". Auch die weltweiten islamistischen Terroraktionen bedienen sich desselben Schlüssels. Hisbollah oder verwandte Organisationen votieren in ihren Pamphleten gegen Israel. Doch in aller Welt werden jüdische Menschen, werden Synagogen und andere Institutionen zu Opfern schrecklichsten Terrors. Dass sich in Europa und zumal in Deutschland diese Tendenzen wieder Artikulation verschaffen, dass sie im Netz und auf verschiedenen Verschwörungsplattformen sich offen artikulieren, ist schlicht widerlich. Hier müssen Debatten schweigen. Damit ist auch die Frage aufgeworfen, inwieweit der deutschen Pazifizierung, dem antitotalitären Konsens und der Selbsteinsicht nach 1945 zu trauen ist.

Ist für weitere Teile verschiedener Altersgruppen der deutschen Bevölkerung der Firniss nicht doch noch dünn, hinter dem das Ressentiment lauert? Ist bei aller eingeübten Betroffenheit auch die eine Bereitschaft und Fähigkeit da, jüdisches Leben und Engagement zu schützen, wenn es darauf ankommt. Gegen seine Vernichter und Bedroher, von wo sie auch herkommen'? Dies sollte ohne Überidentifikation geschehen, die sich jüdische Gemeinschaften in der Regel ohnehin verbitten, und doch in Klarheit und Leidenschaft. Die Shoah, die große Katastrophe ist ein Weltkulturbruch. Vor allem in der deutschen Geschichte ist sie ein Bruch. Die Fortführung von Macht- oder Gleichgewichtsspielchen, als hätte es diese Zäsur nicht gegeben, ist schlechterdings zynisch. Überidentifikation ist schon deshalb nichts wert, weil sie den Lackmustest der Treue nicht aushält.

Für Juden und Nicht-Juden in der Mitte Europas, zumal in Deutschland, ist die Große Katastrophe von inkommensurabler Art. Sie ist aber für beide eben dies, wenn auch in ganz verschiedener Art: der große Bruch. Dies bedeutet nicht, dass es nicht Traditionskontinuitäten geben könnte, vielleicht sogar gemeinsame, bei denen man aber die Ermordeten und den Bruch mitdenken muss. Eine hermeneutische Selbstverständlichkeit kann nicht sein. Jüdisches Leben in Deutschland und die Rückkehr durch Traumata und Vernichtung hindurch zeigt, dass das Grauen nicht lähmen muss. Doch mitgedacht und empfunden werden muss es. Schmerzend, brennend, auch wenn es vernarben mag. Dies ist die Dimension, die Karl Jaspers mit „metaphysischer Schuld" bezeichnete. Sie bleibt. Und kann doch, fallweise und spezifisch, in Gesten der Freundschaft oder gar der Liebe vergeben werden. Denn wirkliche Vergebung ist, wie Derrida wusste, nur angesichts der eigentlich unvergebbaren Schuld geboten. Fast unmöglich ist das Gespräch zwischen Opfern und Tätern – und kann doch sein. Die Vergebungskraft christlichen Glaubens hat eben hier ihre strahlende Mitte.

Die Shoah ist nicht ein historisches Ereignis neben anderen, dem sich Gleichgewichts- oder Militärhistoriker zuwenden könnten. Sie ist auch nicht ein zu volkspädagogischen Zwecken erinnerbarer Mythos. Ein Mythos wäre weder historisch fassbar noch dem bewussten Diskurs zugänglich. Die Shoah ist blutende Realität, die normative Folgen hat. Wenn Adorno in seinen späten Frankfurter Ethik-Vorlesungen und als Vorübung einer Moralphilosophie, die er seines vorzeitigen Todes wegen, nicht schreiben konnte, die Maxime, dass Auschwitz sich nie wiederhole, als veränderte, vielleicht im 20. Jahrhundert allein gültige Form des Kategorischen Imperativs begriff, meinte er, dass der grundlegende metaphysische Selbsterweis menschlicher Freiheit an dieses Ereignis geknüpft werden müsse.

Neues Wörterbuch des Unmenschen: „Schuldstolz“ – „Schuldkult“

Publizisten der Neuen Rechten, die über das engere intellektuelle Feld hinauszielen, gefallen sich mit Wortschöpfungen wie „Schuldstolz“ oder „Schuldkult“, um den Bezug der deutschen Gedächtnis- und Erinnerungskultur auf die Vernichtungspolitik der NS-Zeit zu unterstreichen. Darin könnte eine von den Autoren meist nicht in erster Linie gemeinte Pointe eigener Art liegen: dass es eine Art umgekehrten übersteigerten Nationalismus geben könne, der sich nun nicht in der eigenen Überlegenheit und Hybris, sondern negativ in der eigenen Bußfertigkeit äußere. Die Lektion wäre dann – von jeher mit einer Schlussstrich-Annahme verbunden, ein Volk wie jedes andere, in Normalität, zu sein. Das aber ist unter den Bedingungen deutscher Geschichte nicht einfach möglich. Die Verursachung der Shoah, der massenhafte Mord im Namen eines ins letzte und Krankhafte gesteigerten Nationalismus bleibt eine untilgbare Schuld. Sie eignet sich eben deshalb auch nicht zur Funktionalisierung. Auch als Gründungsmythos eines freieren und demokratisch rechtstaatlichen Deutschland nicht, so wie Joschka Fischer einmal meinte. Man muss den Nicht-Ort, Todesort Auschwitz einmal betreten haben, nicht nur Lager und Todeszellen, sondern schon den Bahnhof, um diese Realität nie wieder zu vergessen. Noch leben Menschen, die der Fabrikation des Mordes entronnen sind, dem Tod, der ein Meister aus Deutschland war – und alle deutsche Meisterschaft von den Bauhütten bis zu den musikalischen Virtuositäten in Misskredit bringen musste. Solange sie leben, werden ihre Alpträume und Traumata sie begleiten. Und die Schründe und Narben des Schrecklichen werden, auch das ist gewiss, nicht mit einer Generation vergehen.

So wie die Toten im Gleichnis vom armen Lazarus und dem reichen Mann wiederkommen sollen, um die Lebenden ein für alle Mal zu mahnen, ebenso berichten Schriftsteller eindrücklich aus den Kreisen der Hölle. Von Barthelme über Primo Levi bis zu Jean Améry – oder in der Sprachmacht der am Verstummen wohnenden Sprachgitter von Paul Celan.

Die selbstherrliche Deklaration des „Schuldstolzes“ vergeht sich an dieser Dimension. Auf sie als auf ein unauslöschliches Schibboleth zu stoßen, sollte nichts mit irgendeiner recht-linken Konstellation gemein haben. Es desavouiert jede Rechte und jede Linke, wenn sie nicht vor diesem Erinnerungsort selbst erstarrt und sich aller Grenzen des Politischen inne wird.

Eine conditio humana wäre also, wenn man Adorno folgt, ohne das Gedächtnis an die große Katastrophe nicht möglich. Dies bedeutet nicht, dass nicht auch andere gravierende antihumane Aktionen, die das Menschsein des Menschen grundsätzlich in Frage zu stellen drohen, jeglicher Völkermord oder der Einsatz der Atomwaffe einem unbedingten Verdikt unterliegen. Doch die planmäßige Auslöschung jüdischer Religion und Ethnizität, die kaum voneinander zu trennen sind, die Gegenerwählung eines arischen Herrenvolks ist ein Verbrechen singulärer Art.

Heruntergebrochen auf die Ebenen operativer Politik, bedeutet dies, dass schon die gönnerhaften Reden über ein „Existenzrecht Israels“ von Grund auf verfehlt sind, als müsse man diesem bedrohten und umzingelten, einzig demokratischen Staat im Nahen Osten auch auf weitere Entfernungen hin eine Selbstverständlichkeit einräumen. So wenig man zum naiven Zionismus neigen sollte, so wenig hilfreich manche evangelikale heilsgeschichtliche Aufladungen Israels sind, so eindeutig muss die Positionierung geschehen. Und trivialerweise, überflüssig es zu betonen, wird diese Grundübereinstimmung keineswegs bedeuten, mit jeder Einzelposition israelischer Regierungen d’accord zu gehen.

Doch klar zu betonen ist auch, dass innerjüdische Zweifel und Kontroversen um den Staat Israel, die vielfachen Streitfälle, die er auslöst, nicht legitimerweise im Sinn seiner Infragestellung missbraucht werden dürften.

Dass die Versprengten, heimatlos Gemachten diese staatlich verfasste transitorische Heimat errichtet haben, ist selbst mit Kant eine Art „Geschichtszeichen“ – und es ist selbst eine partikulare Gründung von universaler Dimension. Es ist auch Lebenszeichen und Epitaph der Toten. Es ist – unreduzierbar.

Begriffe wie „Schuldkult“ und „Schuldstolz“ sind in Wahrheit und Wirklichkeit, in den entsprechenden Diskursen, nichts anderes als Instrumente der Vedrängung einer einmal gegebenen Schuld – und eines Bruches, der sich unzweideutig in die deutsche Real- und Ideengeschichte eingezeichnet hat. Und damit legitimieren sie infamerweise Politiken, die in nichts mehr zu legitimieren sind.

Ebenso ist oftmals vom „Gutmenschentum“ die Rede. Gemeint ist jene vor allem protestantische Grundhaltung, die alles und jedes in eine Gesinnungsethik hineinzieht. Diese Haltung ist selbst oftmals eine Entlastungsgeste, die im Volk der einstigen „willigen Vollstrecker“ aufkam und die eigene Generation von den Sünden der Väter zu exkulpieren sucht. Doch mit der Rede vom „Gutmenschen“ verbindet sich eine Abwehr von Moral und Compassio, Mitleiden, insgesamt, die alles andere als empfehlenswert scheint. Der Sensus Communis kann ohne eine elementare Form von Güte nicht bestehen.

Würden die Deutschen heute im Zweifel ihre jüdische Community schützen? Man kann Zweifel haben. Die sehr berechtigte Frage von Heinrich Böll nach dem Zweiten Weltkrieg, ob jemand bereit wäre, einen anderen zu verstecken, könnte sich heute zuspitzen. Zweifel sind auch angezeigt, ob die ritualisierte Empörung ausreicht. Darauf wiesen übrigens vor mehr als fünfzig Jahren Autoren der Gruppe 47 unterschwellig hin – und ohne dass ihnen allzu viel Gehör von Mitwelt und Nachwelt gegeben worden wäre. Peter Handke bemerkte in seiner furios gestotterten Einlassung auf der Tagung in Princeton 1966, die ihn zum Weltruhm bringen sollte auch, dass sich Auschwitz nicht zu Metonymie und Metapher eigne, dass es moralisch und in der Sache verfehlt sei, das Unsagbare mit mehr oder minder billigen Texthinweisen zu kodieren. Und Günter Grass wies bei seiner Israelreise in meinem Geburtsjahr 1967 darauf hin, dass es eine selige Erinnerung um Anne Frank gebe, die so ritualisiert sei, dass aus ihr politisch nichts mehr folge. Grass verschwieg seine SS-Mitgliedschaft. Doch er forderte – darin durchaus in einem übergreifenden Konsens mit Axel Springer, dass aus dem Gedenken auch Konsequenzen für die Bejahung und Unterstützung Israels gezogen werden müssten. Gegen manche APO- und Palästina-Ideologie der Zeit, die alle natürlich, nicht antisemitisch waren, sondern nur ‚israelkritisch‘. Mit dem Unterscheidungsmäntelchen, das sich jeder Antisemitismus immer wieder umhängte.

Was geht, was nicht mehr geht

Was Papst Benedikt 2006 in seiner Rede in Auschwitz festhielt, dass sich an diesem Ort entscheide, welche Wege gangbar sind und welche nicht, muss für die deutsche und europäische Politik und alle ihre Zielsetzungen gelten. Es muss auch für Islamverbände und jede Form von fundamentaler religiöser Selbstartikulation gelten – in einer Katharsis, die unerlässlich ist. Diese Zäsur ist ein scharfes Messer, das nicht nur grobe Verfehlungen anzeigt, sondern auch Vorbereitungen und Latenzen. Die Welt, so hat es Adorno formuliert, könne einem denkenden und fühlenden Menschen nach Auschwitz nicht mehr dieselbe Welt sein wie davor.

Übel an dem identitären vermeintlich „abendländischen“ Stimmengewirr ist, dass es von dieser klaren Linie im Ernst nichts wissen will, stattdessen in Verschwörungstheorien gräbt und die ‚Protokolle der Weisen von Zion‘ zu neuer Netzaktualität bringt und die Hetzer in den eigenen Reihen scheinbar problemlos erträgt.

Deutscher politischer nationaler Konservatismus oder was sich dafür hält, lamentiert über seine Einflusslosigkeit. Es ist ihm aber nicht gelungen, sich von Ressentiment und Rancune zu lösen. An AfD und PEGIDA zeigt sich, wie prekär diese Lage ist. Fraglich ist aber, ob ritualisierte Abwehrmechanismen reichen, ob nicht eine neue, frische, unideologische, parteien- und richtungsübergreifende Aufmerksamkeit erforderlich ist. Jene Bewegungen jedenfalls, die einen latenten oder offenen Antisemitismus, den man wohl noch äußern darf, favorisieren, haben mit dem möglichen Diskurs nichts gemein.

David Nirenbergs magistrales Werk, *Antijudaismus. Ein andere Geschichte des westlichen Denkens* hat die großen Linien der antijüdischen Weltsicht klar benannt. In der Mitte Europas kulminierten sie im Vernichtungsantisemitismus, der nicht auf die Person sah und alle traf, ohne die die europäische, zumal die deutsche intellektuelle Landschaft nicht zu denken gewesen wäre. Intellektuell sollte es aller Anstrengung wert sein, die Bezogenheit und die Spannung von, kürzelhaft, Athen und Jerusalem, neu zu buchstabieren. So erst wird man den metaphysischen Antijudaismus Heideggers, der keinesfalls eine nichtige Privatangelegenheit ist, und so erst die Freund-Feind-Relationen Carl Schmitts angemessen neu buchstabieren. Diese intellektuellen Desiderate fallen in einer Zeit besonders auf, in der in Deutschland wieder möglich wird, was doch unmöglich bleiben muss. Ein für alle Mal.

Symptomatik: Die neue deutsche Rechte

In diese politische Umbruchzeit, in der kaum etwas planbar ist und so gut wie alle vermeintlichen Sicherheiten schwinden, bekommt eine neue deutsche Rechte Aufwind und Öffentlichkeit, die einem keinesfalls gefallen kann. Die PEGIDA-Demonstranten, die seit gut zwei Jahren in unterschiedlichen Städten ihre „Spaziergänge" teils mit grölenden Parolen machen, überschritten Grenzen, die in Deutschland für unüberschreitbar hätten gehalten werden müssen. Sie optierten nicht mit Nüchternheit und Sachlichkeit. Ihr „Besorgtsein" hat nichts mit Cura, Sorge für das Gemeinwesen zu tun. Es ist aus Ressentiment, abgestandenem Nationalismus und einem Hass gewoben, der aus dem stumpfen Vorrang für die eigene Nation nichts zu sagen weiß.

Wenn man mit dem entlarvenden Blick eines Karl Kraus auf diese Zusammenhänge blicken würde, dann sähe man, dass der spießbürgerliche Bodensatz verschiedener Systeme nach oben gespült wird: Der DDR, die internationalistisch und fortschrittlich sein musste, deren Unbehagen an ihrer eigenen Kultur aber im warmen Nest und in den Nischen sich austobte. Die Weimarer Republik, die zwischen ihren Feinden zerrieben wurde, eine belagerte Civitas.

Aber auch der Opportunismus einer rechten Volksvergottung und ethnozentrischen Enge: Sie lebt einzig aus dem Ressentiment und der Logik von Einschluss und Ausschluss. All jene Strömungen brauchen Sündenböcke und die Beschwörung der eigenen Benachteiligung, um sich eine Identität zu sichern. Sie sind dabei apperzeptionsverweigernd. Man musste keine Ausländer oder Migranten kennen, um zu wissen, dass sie schädlich seien.

Das Studienzentrum Weikersheim. Ein Erfahrungsbericht

Gründerlegende: Hans Filbinger

Das Studienzentrum Weikersheim wurde 1979 von Hans Filbinger (1913-2007), dem im Jahr davor zurückgetretenen baden-württembergischen Ministerpräsidenten gegründet. Der Ort ist eine württembergisch-fränkische Ikone eigener Art: Ein langgestrecktes Barockschloss mit dem Rittersaal im zweiten Stock, großzügig, glücklich durch den Aufkauf dem Verfall entrissen. Es beherbergte und beherbergt bis heute eine Musikschule, aus deren Fenster man virtuose hochbegabte junge Musiker spielen hören kann. Filbinger hatte in die Gründung und zugleich in seine Stiftung Honoratioren einbezogen. Seine exzellenten Verbindungen in die mittelständische Wirtschaft Baden-Württembergs sicherten dem Studienzentrum in der Anfangszeit beträchtliche Aufmerksamkeit und ein stabiles Grundkapital. Das in den siebziger Jahren unstrittig berechtigte Anliegen lag darin, dass Filbinger einen konservativen Think Tank und zugleich ein öffentliches Forum mit staatspolitischem Zuschnitt formen wollte. Filbinger lud auch politisch Andersdenkende in den Rayon von Weikersheim ein. Er selbst war in der repräsentativen Ansicht des einstigen Ministerpräsidenten ein konservativer Demokrat, der Anstrengungen unternahm, das Studienzentrum in den Kielwassern der CDU/CSU fahren zu lassen. Dies war bis in die 2000 er Jahre gelungen. Filbinger holte eine bemerkenswerte Gruppe von Referenten nach Weikersheim von Max Müller über Hans Maier bis zu US-amerikanischen strategischen Denkern von hohem Rang. Daneben gab es seine eigene Entourage, Professoren des rechtsbürgerlichen Milieus, Klaus Hornung, Lothar Bossle.

Die Motive für die Gründung dürften vielschichtig sein wie im menschlichen Leben und in menschlichen Krisenzeiten so gut wie alles. Man sollte nicht vergessen, dass der Anfangsimpuls für Weikersheim aus der Terrorkrise des Jahres 1977 hervorgegangen war. Ein staatspolitisches Ethos, auf dem Weg der Institutionen, aber auch über eine christliche und auf die Nation bezogene Grundorientierung, sollte eine wehrhafte Demokratie begründen, die gegen ihre Gegner geschützt sein würde. Dieser Ansatz war im Auge des Sturms der damaligen Terrorbedrohung durchaus berechtigt. Er eskalierte aber und verformte die Staatsorgane, so dass sie immer mehr dem Feindbild ähnelten, das die extreme Linke sich von ihnen machte. Dem Sinn für eine moderne partizipatorische Demokratie lief Filbingers Staatsverständnis ohnehin diametral entgegen.

Filbinger suchte zugleich nach einem Forum für die Verteidigung seiner „Ehre“ und sicher nach einem Betätigungsfeld seiner Repräsentationsfähigkeit nach dem Ausscheiden aus dem hohen Amt. Rolf Hochhuths Anwürfe und die Fakten, die von dem „Marinerichter" in den letzten Kriegswochen zutage gefördert worden waren, eine auf menschliche „Tragödie" und Rechtspositivismus abgestellte Verteidigungsstrategie, verbunden mit der Selbststilisierung als Mann des Widerstands, brachten auch den Filbinger verbundenen Fraktionsvorsitzenden Erwin Teufel zu der kritischen Frage: „Wo haben Sie sonst noch herumgerichtert?" Filbingers Verteidigung war mehr als unglücklich. In den Augusttagen des Jahres 1978 war er nicht mehr zu halten, obwohl er noch wenige Monate zuvor nach einem eklatanten Wahlsieg als veritabler Kandidat für das Bundespräsidialamt gegolten hatte.

Filbinger versuchte in einem autobiographischen Buch und in mehreren in Auftrag gegebenen Gutachten nach seinem Rücktritt seinen Ruf wieder herzustellen. Die letzten fast dreißig Jahre seines Lebens galten im wesentlichen diesem Versuch.

Der Eindruck von dem alten Mann, mit dem ich ganz gut bekannt gewesen bin, war ambivalent: Ein Patriot, Demokrat in einem sehr konservativen Sinn, Zeitzeuge und -überlebender, der den Nachlebenden nicht ohne weiteres Deutungshoheit über „all das Vergangene" einräumen wollte, was nicht unverständlich ist. Auch ein gläubiger Katholik und ein liebenswerter, etwas paternalistischer Gesprächspartner. Filbinger hatte – wie intensiv immer – die Kreise des urchristlich katholischen Schriftstellers Reinhold Schneider in Freiburg während des Zweiten Weltkriegs berührt. Ich habe Filbinger aus einigen markanten Begegnungen und sonst aus der Ferne, auch wenige Monate vor seinem Tod, als Mann mit bemerkenswerter Neugier, Liebenswürdigkeit erlebt, die auch den am Parkett versierten Politiker zeigte. Noch im hohen Alter war er nicht lebenssatt.

Er antwortete auf Bücher und Aufsätze von mir, als ich junger Doktor und Privatdozent war, in einer Gründlichkeit und Zuwendung, die ich selten erlebt habe. Von politischem Personal schon gar nicht.

Aber, so wie man es von außen allenfalls wahrnehmen kann, mit sich und, was ihm noch wichtiger gewesen war, mit seinem Gott im Reinen war Filbinger vermutlich doch nicht. Denn er litt ersichtlich an dem einstigen Abstieg und an der Unmöglichkeit, seinen Ruf so zu sichern, wie er das intendiert hatte. Filbingers machtpolitische Selbstachtung war stark ausgeprägt, und es ist charakteristisch für ihn, dass er in der Rücktrittskrise auf den scheinbaren Trost, es gehe eben einmal hinauf und dann wieder hinunter, einmal antwortete: „Aber bei mir ist es immer nur hinauf gegangen". Wo es um die Restitution von Ruf und Ehre ging, war Filbinger bis zum Ende nicht saturierbar.

Eine auf Faktenmaterial und Filbingers umfassend nachgelassene Tagebücher gestützte Biographie steht nach wie vor aus. Ob der damit unter meiner Präsidentschaft betraute junge Historiker der richtige Mann ist, ist fraglich. Er konnte sich jahrelang nicht entscheiden, ob er das Filbinger-Opus als Habilitationsschrift vorlegen wollte oder nicht.

Nach Filbingers Tod wurde eine Strategie, die Filbinger selbst gelegentlich versucht hatte, vom Redenschreiber des Ministerpräsidenten Oettinger aufgenommen. Sie zog in der medialen Berichterstattung einen Skandal nach sich. Dies brachte das Studienzentrum weiter ins Schlingern, und es markiert das definitive Ende der Filbingerschen CDU.

Filbingers Etappenerfolge wie positive Voten zu seiner Autobiographie etwa von Golo Mann, der zugleich eingestand, Filbinger eigentlich nicht leiden zu können, und ein großer Geburtstagsempfang auf Schloss Solitude zu seinem 90. und die mehrfache Teilnahme an der Bundesversammlung und bei großen CDU-Parteitagen, wurden mit der Rede und ihrem nicht verantwortbaren eindeutigen Widerstandsepitheton mit in den Orkus gerissen. Bei heutigen Namensnennungen haftet Filbinger, auch bei den Nachgeborenen, die ihn kaum mehr kennen, das Epitheton des „Nazi-Richters" oder „blutigen Nazi-Richters" an. Es ist wie ein zweiter Name, flächendeckend gestreut.

Das Studienzentrum Weikersheim, das ohne Filbinger nicht existiert haben würde, war mit ihm in diesem Ruf gefangen. Wie sehr er ihm mit Bleigewichten anhaftete – und dies keineswegs nur seitens selbst unbelehrbarer, fanatischer Antifa-Kreise, erfuhr ich in der ganzen Drastik erst, als ich den Vorsitz übernommen hatte.

Was die eigene persönliche, die politische und die metaphysische Schuld angeht, um es noch einmal mit Jaspers zu sagen: Für Filbinger, so fulminant sonst sein Gedächtnis war, zerflossen die Konturen der Verteidigung und der historischen Realitäten wohl. Er war von seinem Habitus her kein Nazi, sondern ein Katholik der deutsch nationalen Spielart gewesen, aber er gehörte auch nicht und niemals dem Widerstand an. Filbinger schloss sich einer Geschichtsdeutung an, die in den alten konservativen Kreisen häufig begegnet: Die NS- Zeit sei zuerst „Deutschlands Tragödie" (Rohrmoser) gewesen. Die besten und eigentlich unkorrumpierten deutschen Traditionen seien von einer Verbrechergruppe gekapert worden.

Schon in den späten fünfziger Jahren unternahmen es Schriftsteller wie Günter Grass und Historiker der damals jüngeren Generation wie Martin Broszat, diese Opferthese zu durchbrechen. Doch Filbinger und seine Meisterdenker hielten daran fest. Die opportun karrieristische Perspektive hatte er in seiner Selbstdarstellung weitgehend ausgeblendet. Sie dürfte aber eine nicht unwesentliche Rolle gespielt haben. Bis zuletzt.

Weikersheim war auch ein Therapieinstrument, ein Privatinstitut zur Eigenverteidigung. Filbinger hatte dabei einen persönlichen Referenten und Adlatus an der Seite, der letztlich ein strikt deutschnationales Profil verfolgte. In der eigenen Lebensplanung und -gestaltung eine fast tragische Persönlichkeit, der nach der Filbingerzeit vieles misslang, der freie Hand hatte im Operativen, zugleich aber im Wesentlichen wie ein Lakai bei Hof behandelt wurde, ohne die Anrede ‚Herr'. Der geschasste Ministerpräsident war im Land nach wie vor hochgeachtet. Er konnte sich sein Weikersheim mit einer gewissen Noblesse einrichten lassen.

Diese Gossip-Stories sind nicht unwesentlich, um die Weikersheimer Schieflagen, die dieses konservative Forum von Anfang an begleiteten, zu begreifen.

Dass der langjährige Geschäftsführer als eigenständiger Publizist in Verlagen schrieb, die alle Grenzen zum Neonazismus und bösen Rechtsextremismus überschritten, machte die Sache nicht besser.

Von Anfang an waren eine Reihe von Personen in Filbingers Umkreis, die ganz sicher nicht „lupenreine Demokraten" waren. Sie gehören zu den Dauerbelastungen des SZW, und es ist nur berechtigt, wenn Kritiker darauf hinweisen. Es gab fragwürdige Kameradschaften, nicht zuletzt zu Paul Carell, einstigem Kriegsberichterstatter der Wehrmacht und im unmittelbaren Umfeld von Joseph Goebbels. Paul Carell, eigentlich Paul Karl Schmidt, war nach dem Zweiten Weltkrieg ein bekannter und vielgelesener Militärschriftsteller. Er erreichte sein Milieu und förderte später jüngere Historiker, die dezidiert ein rechtsextremistisches Geschichtsbild verfolgten.

Zwischen Carell und dem feinsinnigen Metaphysiker und Existenzphilosophen Max Müller, einem lebenslangen Freund Filbingers, erstreckte sich dessen Freundschaftslinie. Einige Spuren konnte man auch in Weikersheim finden. Auch der Rechtsprofessor Erich Schwinge, ein messerscharfer und zugleich hochbelasteter Jurist, gastierte regelmäßig in Weikersheim. Filbinger hatte die Fähigkeit, „seine Professoren", die er in die Rolle von Hofpersonal brachte und die sich selbst gerne in diese Rolle bringen ließen, gegeneinander auszuspielen. Das gab, verbunden mit dem Kuratorium, ein Spektrum, in dem ein legitimer, intellektuell valider Konservatismus sich mit Vergangenheitsfixierungen überschnitt. Nicht ganz zu Unrecht wurde diese Problemlage von den Gegnern unter die Rubrik der Grenzgänger zwischen ‚konservativ' und einem rechten Rand gebracht, wobei es anfangs eine vergleichsweise starke Medienpräsenz für Weikersheim gab. Man schien darin fast unerschöpfliche Ressourcen zu vermuten: Als ich zwanzig Jahre später, den Vorsitz übernahm, war davon nicht medhr viel zu bemerken.

Günter Rohrmoser: Die Rittersche Rechte

Es gab in dem klassisch konservativen Milieu intellektuelle Berater, die ihre spezifische Agenda mitbrachten und sich teilweise deutlich politisierten. Dies gilt für Bernard Willms (1931-1991), einen Rechtsausleger der Schule von Joachim Ritter, der in seiner Anfangszeit einige bemerkenswerte Arbeiten über Hobbes und Fichte schrieb und irgendwann auf den Gedanken eines „nationalen Imperativs" kam, der den kategorischen Imperativ ablösen sollte. Dafür warb er in den achtziger Jahren, und gemeinsam mit Hellmut Diwald, Jürgen Seifert und anderen in den frühen achtziger Jahren für ein neutral-blockfreies geeintes Deutschland. Willms endete in Verzweiflung, wohl auch in ost-westliche Spionage- und unlösbare Amourangelegenheiten verwickelt, durch eigene Hand, noch nicht sechzig Jahre alt. Der Sohn soll ihm Flüche ins Grab nachgerufen und, wie eine Legende will, sogar einen Stein nachgeworfen haben.

Ein „nationaler Imperativ" nach 1945 war tatsächlich eine Zumutung. Das Partikulare sollte das Universale definitiv und machtvoll überformen. Vermutlich war damit auch ein Gegen-Imperativ zu Adornos Umformung des kantischen Kategorischen Imperativs, dass Auschwitz „nie sich wiederhole", beabsichtigt. In jedem Fall liegen beide Forderungen blaupausig hart aufeinander und gegeneinander. Sie schließen sich aus. Sic aut non: Das Eine geht nur ohne das Andere und an ihm vorbei.

Günter Rohrmoser dagegen hatte mit solchen dramatischen Aufgipfelungen nicht viel im Sinn. Er war ganz Hegelianer. Aus dem Hegelschen Steinbruch holte er vor allem zwei zentrale Topoi hervor: Hegels Geschichtsphilosophie, Rechts- und vor allem Religionsphilosophie. Rohrmoser hielt sie für die gültige Analyse auch der Jahrhunderte, die darauf folgten. Und dies sowohl im geistes- als auch im realgeschichtlichen Umfeld. Rohrmoser war in seinen Anfangsjahren einer der wenigen Philosophen gewesen, die den Stier der linken, marxistisch-neomarxistischen Theoriebildung bei den Hörnern nahmen und Marx wiederum durch die Brille Hegels lasen. In der Tat vergaßen die orthodox marxistischen Theoretiker um 1968, dass die Analyse des Weltmarkts und der Entfremdung, einschließlich der Folgen der Französischen Revolution, schon bei Hegel zu finden sind, mit großem Realismus und in Kenntnis der Klassiker der Nationalökonomie von Smith und Steuart. Der „unaufgehobene Hegel" hatte, wie Rohrmosers Anfänge zeigten, eine erstaunliche Überzeugungskraft. Er konnte wie ein Wellenbrecher wirken, während „das Bürgertum", dessen „Feigheit und Inkompetenz" Rohrmoser später in immer denselben Vorträge geißeln sollte, den Sinn der Stunde nicht begriffen hatte. Der ließ sich nämlich nur durch die Hegelsche Optik verstehen. Richtig daran war, dass die eingeschliffenen akademischen Eliten intellektuell nicht in der Lage waren, die Vorlagen von 1968 aufzunehmen. Ihre Autorität war oftmals der Begründung nicht fähig, und zudem massiv durch die NS-Zeit und einschlägige Komplizenschaften kontaminiert.

Rohrmoser war, anders als jene Professoren, im Grunde ein unbürgerlicher Typus, der auch Agitator und politischer Redner hätte sein können. Ein Volkstribun, der auch auf die sozialistische Seite gepasst hätte. Die wissenschaftliche Neutralität, mit Webers Werturteilsfreiheit, und die Reflexion aus der Distanz waren seine Sache nicht. Seine analytische Kraft, gerade in den globalen Diagnosen, war aber bemerkenswert ausgeprägt. Dass mit dem Hegelschen Instrumentarium der RAF-Terror in seinen Grundzügen zu diagnostizieren war, zeigte Rohrmoser in kristalliner Analyse. Die unbürgerliche Attitüde trieb ihn aber immer stärker in einen deutschen Grobianismus hinein: Eine Überidentifikation mit jenen Zentralfiguren, Luther und Hegel, die in ihm, so mag er es selbst nur unwesentlich ironisch gebrochen, gesehen haben, wie zu einer Synthese verschmolzen. Vom Luthertum nahm er vor allem die Sünde, den in sich verkrümmten Wurm auf. Sünde, Schuld, Negation und dann die Negatio negationis waren ihm wohl auch Lebensrealitäten. Die Gottebenbildlichkeit und Größe des Menschen in seiner Endlichkeit, der heitere Auferstehungsglaube, der auch im christlichen Magnus consensus seinen Ort hat, lagen Rohrmoser eher fern.

Der antibürgerliche Affekt hatte etwas Jugendbewegtes. In Rohrmoser war lebenslang der lange nicht Arrivierte erkennbar. Seine Berufung ad personam auf einen Lehrstuhl in Köln war im letzten Augenblick durch einen der Ordinarien verhindert worden.

Die Stärke seiner mündlichen Rhetorik korrespondierte einer durchaus dramatischen Unfähigkeit zum niedergeschriebenen Text. So kokettierte er mit einem „Samisdat“, den auch die westliche Welt nötig hätte. Auch er, obwohl er fast nie reiste, ein furioser Russlandverehrer, der nach 1990 mit russischen Kollegen über den neuen Konservatismus hier und dort debattierte. Rohrmoser wollte Politik aus dem umfassenden übergreifenden philosophischen Begriff erfassen und prägen. Ein rechtshegelianisch antiquiertes Motiv, das durch ihn im 20. Jahrhundert ankam, Sein angestammter Partner, der ihm einen Lehrstuhl in Hohenheim errichtete, unter massiven Protesten, war Hans Filbinger. Rohrmoser kam im Jahr vor Filbingers Rücktritt mit fast fünfzig Jahren auf die höchste akademische Stufe. Er wurde Philosoph in einer eigentümlichen Situation, an einer Hochschule ohne eigentlich geisteswissenschaftliches Umfeld. Seine Hörer waren weitgehend Stuttgarter Bildungs- und konservatives Bürgertum. Ihnen interpretierte er in einem bestimmten Kanon, der auch Literatur einschloss, das große, Exemplarische- und dazwischen analysierte er, Verlust der Werte und des Bewahrenswerten. Diese Vorlesungen hatten etwas von prophetischer Emphase, und zugleich von Volkshochschule auf höherem Niveau.

Der antibürgerliche Affekt ging je länger je mehr auch in eine Selbstverwahrlosung über, eine Verweigerung von Form und Ästhetik im eigenen Leben, das sich nur dem Denken widmete, in einer Ausschließlichkeit, die selbst etwas Maßloses hatte. Die russischen Erleuchteten des 19. Jahrhunderts hätten ihn als ihresgleichen akzeptiert. Im Deutschen lügt man, wenn man höflich ist: hätte insofern auch Rohrmosers Lebensmotto sein können. Immer mehr verstrickte er sich dabei in Abwehrhaltungen und Polemiken, die oft das Einzige sind, was von ihm im Gedächtnis ist. Das ist ungerecht, und zeugt von der intellektuellen Dumpfheit einschlägiger Medienberichterstattung und der unzulänglichen Wahrnehmung eines Intellektuellen am Rande. Es ist aber angesichts der Art der Polemiken und in Berücksichtigung, worauf und wie Rohrmoser sich einließ, auch nicht unverständlich.

Gegen Gender und Transgender die Sittlichkeit zu predigen, gegen Homosexualität und Sittenverfall: Dies war entschieden unter dem Hegelschen und Ritterschen Niveau. Man mag andere Lebensformen beklagen, doch das ‚Hier ist Rhodos, hier springe‘ Hegels sollte gerade der Konservative beherzigen. Nach Habitus und Äußerungen nahm Rohrmoser eine eigene, anarchische Position unter den Schülern Joachim Ritters ein, die alle sonst mehr oder minder an Moderne und Demokratie festhielten, wenn man von dem unglücklichen Willms absieht. Er war sowohl Gegenfigur zu dem pragmatisch-nüchternen Hermann Lübbe, wie auch zu dem skeptischen Transzendentalbelletristen Odo Marquard. Ein Traditionsselbstverständnis altkonservativer Prägung aus kirchlicher Jahrhundertezugehörigkeit wie Robert Spaemann stand ihm nicht zur Verfügung.

Schon Rohrmosers germanistischer Lehrmeister, der Großordinarius Benno von Wiese, hatte in seiner Autobiographie bemerkt, Rohrmoser sei so begabt wie gefährdet gewesen. Dies wurde zum keineswegs glücklichen Lebensmotiv.

Ein Mann wie er hätte Wider- und Einspruch gebraucht. Seine Autorität konnte sich durchaus im Streitgespräch geistig legitimieren. Doch er konnte auch in Kaskaden von Beschimpfung sich selbst bestätigen. Am Ende hatte er nur noch mehr oder minder willfährige Hörer vor sich, die wie ins Theater kamen.

Sein Leben war schwierig: eine jahrelange quälende Krankheit der eigenen Frau, die auch unter seiner Kälte gelitten hatte, trübte alles ein. Ein im Grunde warmherziger Mensch, der sehr wohl einen Sinn für die Mitte hatte, wenn sie aus den starken Begriffen der Hegelschen Vermittlung hervorgingen, verfinsterte sich. Er war ein Mensch, der auch zu Lebensgenuss fähig war, doch die Geduld dafür letztlich nicht hatte. Selbst im Taxi sprach er rhetorisch monologisch fulminant über Fußball, Politik und Hegel. Immer verzweifelter versuchte er, die Anmutung des Rechten und Rechtsextremen von sich zu weisen, und den Konservatismus, übrigens auch in seiner ökologischen und verantwortungsethischen Dimension, davon abzugrenzen.

Präsident des SZW

Ich erhielt mit einigen meiner frühen klassischen Themen um das Jahr 2000 Vortragseinladungen des SZW. Dabei lernte ich zuerst Klaus Hornung kennen, wurde auch Filbinger vorgestellt und anderen damals notablen Mitgliedern. Die Nachwirkung der Antike, der Bildungskanon und die Bologna-Universität, aber auch Freiheit und Sicherheit waren Themen, zu denen ich sprach; vor dem Hochschulforum, das vielleicht, dachte ich, doch das Potenzial hatte, ein wirkliches akademisches Netzwerk zu werden, ein Forum zwischen Älteren und Jüngeren. Weikersheim hatte nach Filbinger wechselnde Präsidenten. Politiker aus der CDU wechselten mit Rechtsintellektuellen wie Klaus Hornung ab. Dabei entstanden innere tektonische Spannungen. Freiherr von Stetten, den Filbinger als seinen unmittelbaren Nachfolger eingesetzt hatte, nachdem andere, prominentere Namen absagten, war ein überzeugter und überzeugender Europapolitiker. Dies passte nur bedingt zu den neutralistischen nationalen Anliegen mancher seiner Protagonisten.

Stetten zog sich dann jäh zurück, auch wegen Querelen in Präsidium und Mitgliedschaft. Vor einer zu engen Verflechtung mit der CDU wurde von den intellektuellen gewarnt – mit der erkennbaren Absicht, einen Kurs unabhängig vom Establishment weiterzuführen. Lange noch zehrte übrigens das SZW vom Odium der Macht und des Geldes, die es in der Filbingerzeit tatsächlich einmal gehabt haben mochte. Es zehrte auch von anderen sehr unschönen und nationalistischen Umtrieben, die im STERN Mitte der neunziger Jahre vermerkt worden waren.

Ich erfuhr in der neuen Funktion auch, wie wenig Journalisten, auch arrivierte, recherchieren, wie dumpf altes Zeug reproduziert wird.

Erst nach und nach und sehr indirekt legte man mir nach meiner Übernahme des Präsidiums 2011 diese Befunde vor. Klaus Hornung amtierte nach v. Stetten. Er veranstaltete die durchaus interessanten Hochschulwochen mit jungen Menschen aus dem In- und Ausland: vordergründig und wenn man nicht zum Trollinger zur Nacht blieb, war das Forum bürgerlich und eher wertkonservativ. Dass Hornung in seinem publizistischen Wirken auch Grenzen überschritten hatte, dass er zunehmend in einen verbitterten Anti-Establishment- Kurs geriet ist unverkennbar. Ich habe dies in der Zeit einer Freundschaft über die Generationen hinweg, die human-schöne Seiten hatte, zu generös übersehen. Die „Tapferkeit vor dem Freund" ist nach Ingeborg Bachmann oft schwieriger als die gegenüber dem Feind. Nach Hornung übernahm wieder ein Europapolitiker, Bernhard Friedmann, das Präsidium. Er hatte sich als Unionspolitiker einen Namen gemacht, der schon in den achtziger Jahren im Sinn einer Neutralität und starken Affinität zu Russland die deutsche Einheit auf die Agenda setzen wollte. Helmut Kohl, der Bundeskanzler, war „not amused". Friedmann blieb eher ein Parlamentarier am Rand und in Ungnade, bis er nach Brüssel wechselte und Vorsitzender des Rechnungshofes wurde. All das sind heute Fußnoten der Geschichte. Der Einheitskurs prädestinierte ihn aber durchaus für Weikersheim, ebenso wie die haushalterische Integrität, mit der er die EU-Kommission seinerzeit vor Gericht brache.

Friedmann war beileibe kein Intellektueller. Er hatte, trotz der Honoraprofessur an der Universität Freiburg, eine geradezu antiintellektuelle Haltung. Ein Ehrenmann nach außen, in seiner engeren Heimat im Ortenaukreis gut vernetzt und, trotz beträchtlichem Wohlstand, geerdet. Er unterhielt Kontakte in Wirtschaft und Politik und setzte primär auf Wirtschaftsthemen. Die konzeptionelle Seite überließ er einer seltsam mediokren Figur, die dem Zentrum mit gefälschten Lebensläufen beigetreten war. Wie immer, jener Herr Schrumpf, Diplom-Theologe und Schrumpfstufe des Studienzentrums, hätte in einem Roman von Thomas Mann seinen Auftritt haben können. Stattdessen kam er mehrfach ins Fernsehen – auch als die missglückte Oettinger-Rede Filbingers Geschichte wieder in die negativen Schlagzeilen spülte und damit auch das Studienzentrum Weikersheim. Geschrieben hatte sie ein ehemaliger Rohrmoser-Adlatus, der in der Staatskanzlei untergekommen war. Er hatte damals Filbingers eigene Darstellung aufgenommen und die Widerstandslegende noch deutlich affirmativer wiederholt. Dies war eindeutig zu hoch und in die falsche Richtung gegriffen, und Helmut Schmidt hatte schon Recht, als er sich über das „notorisch gute Gewissen" des Ministerpräsidenten Filbinger mokierte. Oettinger und mit ihm auch

Friedmann verteidigten zunächst das „De mortuis". Günter Rohrmoser bemühte die sophokleische ‚Antigone', die Achtung vor dem Toten, die den Lebendigen Scham und Scheu eingeben könne. Doch Öttinger konnte am Duktus seiner Rede nicht festhalten, spätestens nicht, nachdem die Kanzlerin ihn einbestellt und zum Rückzug genötigt hatte. Damit war auch das Tischtuch zwischen Weikersheim und der CDU durchschnitten. Schön und sonderlich demokratisch waren die Rücknahmegefechte nicht. Sie waren eben merkelesk, doch die Oettinger-Rede war, das muss man festhalten, ein Fehlgriff gewesen, der auch nicht hätte durchkommen dürfen. Dr. Grimminger, der Autor, verschwand dann im württembergischen Landwirtschaftsministerium. Weikersheim seinerseits tauchte ab. Als die denkbar beste Leistung des vorübergehenden Vorstands galt eben das Kunststück, nicht mehr wahrgenommen zu werden, bis auf weiteres. Man veranstaltete noch Jahreskongresse, eher verschwiegen. Die Mitgliedschaft blieb im Wesentlichen identisch.

Präsidentenwechsel kamen eigentlich nie harmonisch zustande.

Friedmann trat zurück und aus, so wie ich knapp 9 Jahre später. Präsident wurde Herr von Diemer, ein verhetzt liebenswert preußischer Handlungsreisender, der alle Amtsgeschäfte selbst verrichtete, ein mäßig erfolgreiches, oft am Abgrund kreisendes Business betrieb und in keiner Weise die Souveränität hatte, den Club zu führen.

Ich hielt bei den verwirrt chaotischen Konsolidierungs-Versuchen einige Reden, die auf den konservativen Kern zielen sollten. Ich tat es immer in klarer Abgrenzung gegen die Phalanx der ‚Neuen Rechten', thematisierte den großen Bruch der deutschen und europäischen Welt, das NS-Verbrechen und die Shoah, in dem Sinn, dass kein Konservatismus irgend Legitimität habe, der sie vermindere, und dass es ein Verbrechen sei, an ihr zu rütteln und zu deuteln. Dies brachte mir die Berufung in den erweiterten Vorstand ein, und immer wieder Anrufe von Hornung und anderen, die den Tenor hatten, wenn ich nicht übernähme, werde es nichts mit dem Studienzentrum. So wurde ich, in Abwesenheit im Sommer 2011 zum Präsidenten des SZW gewählt. Vizepräsidenten wurden der Soziologe Jost Bauch und der damals noch sehr renommierte, vor allem mit Euroklagen und einer sehr respektablen Kantischen Rechtslehre hervortretende Karl Albrecht Schachtschneider.

Mir ging es darum, dass das Zentrum eigene Konzeptionen vorlegte, auf dem bescheidenen finanziellen Niveau doch ein Think Tank und ein Forum für öffentliche Diskurse über massgebliche Fragen der Gesellschaft werden sollte. Dann würden sich, meinte ich, auch weitere Kreise dafür gewinnen lassen. Erstmals seit eineinhalb Jahrzehnten gab es in meiner Ägide wieder Publikationen der Jahrestagungen. Wir haben sie um Fragen der Gegenwart – Deutschland, Europa, Gedächtnis, orientiert. Es war nie mein erstes Anliegen, wieder die großen Zahlen und die Gelder der Filbinger-Zeit zu generieren. Es wäre auch unmöglich gewesen, für einen Hochschullehrer, der nur mit der linken Hand dieses Schiff leiten konnte und nichts mehr von den alten Equipments besaß.

Permanent wurde in der Folgezeit von interessierten Mitgliedern an mir gezerrt, Quadraturen des Kreises permanent gefordert. So ist es in vielen Präsidien und Vorständen. Doch hinter den Personen, die zerrten und verlangten, wurden politische Kräfte sichtbar, die keineswegs unschuldig waren. Weikersheim sollte aus den Negativschlagzeilen herauskatapultiert werden, in denen es qua definitionem und von seiner Gründung her fixiert war, zugleich waren rechtskonservative, ja nationalistische Tendenzen Teil der Mitgliedstruktur. Ich wurde müde – fing es mit einer sehr präsidialen Leitung auf, der die Mitglieder alles in allem folgten. Man wollte aber einerseits, zumal als die neue Partei aufkam, eine stärkere Profilierung in die Neue Rechte, die ich abgelehnt habe. Später pochten sie immer vernehmlicher an der Tür, um die AfD oder eine ihrer Splittergruppen zu hofieren. Mit der bösen Neuen Rechten, die sich in Schnellroda um Kubitschek sammelte, wollten sie nichts zu tun haben.

Doch den altkonservativen Nationalismus konnte man in Weikersheim nicht loswerden. Und zugleich wollte man mehr Geld und positive Öffentlichkeit. Ja, wir beriefen wieder ein Kuratorium ein, sehr unterschiedlich zusammengesetzt. Die Jahrestagungen waren immer einem Kern von Mitgliedern zu akademisch, zu reflektiert. Die Attacken, die mich als „neu rechten Funktionär" brandmarken und auf diese Rolle reduzieren wollten, traten gleichwohl punktgenau ein. Rasch aufgeben mochte ich nicht. Auch wenn es wenig Freude machte und auf den einschlägigen Begegnungen Redeweisen und Slogans fielen, die mir bei nüchterner Betrachtung Kopfschmerzen verursachten.

Ich war nicht erfreut, dass Jost Bauch zunehmend die Nähe der AfD suchte. Dies hatte sich seit längerem vorbereitet. Nach üblen Attacken, die er wegen seiner JF-Artikel um 2000 erfahren hatte, trat er allmählich nur noch in rechtskonservativen Milieus auf. Im Kern ist er ein interessanter „Antisoziologe" aus der Schelskyschen Linie und eben auch ein Luhmann-Schüler, der Luhmanns Systemtheorie vor allem auf die Medizinsoziologie und insbesondere auf die Prävention hin spezifizierte. Doch Bauch verbohrte sich in dem Milieu, in dem ihn seine Ankläger haben wollten; vermutlich weil er wusste, dass er nicht mehr herauskam. ‚Endstation rechts': Schad um den Mann.

Die neue Partei schien nun, bei allem Chaos und allem Kruden, das sie vertritt, die Tendenzwende einzuläuten. Viele Weikersheimer sahen in ihr die politische Heimat; ob als Wiedererweckung der Adenauer-CDU, oder früherer Partei-Identitäten. Gewiss gab es auch intelligente, nachdenkliche Mitglieder des Clubs. Der Tendenzwende-Besoffenheit, die deutsche Konservative seit Anfang der siebziger Jahre treibt, konnten auch sie nicht entgehen.

Ich hatte und habe große Hochachtung vor Karl Albrecht Schachtschneiders Lebensleistung, seiner kantianisch durchformten Rechtslehre, seinem, oftmals bis zu juristischer Starrköpfigkeit reichenden Mut vor Herrscherthronen. Doch ich sah mit großer Skepsis, dass er im verschwörungstheoretischen Milieu des Kopp-Verlags publizierte, dass er Foren nutzte, die immer radikaler wurden. Ich unterstelle Schachtschneiders persönlicher Ehrbarkeit nichts. Doch die Auftrittsorte vom Koppverlag über die Akademien des Wanderers zwischen den Extremen Jürgen Elsässer bis zu den düsteren Orten, an denen die Verschwörungstheorien geformt werden, die die PEGIDA-Märsche aufheizen, schienen mir zunehmend indiskutabel. Wer sich als Redner und Berater in dieses Milieu begibt, darf nicht erwarten, dass er davon unbelastet bleibt und dass nichts auf ihn abfärbt.

Ich bin bei Schachtschneider mit der These, dass die Lektionen der bürgerlichen Freiheit überall gehört werden müssten. Aber es gibt Umgebungen, die dem kantischen Ethos zwingend widerstreiten. Sie nutzen die Berufung auf Republik, um der Demokratie den Garaus zu machen. Dorthin, wo das Ressentiment und die Dumpfheit regieren, darf man nicht gehen. Diese Tapferkeit, diese Missbilligung vor dem Freund auszusprechen, brachte ich nur bedingt auf. Ich versäumte es, mein Missvergnügen, das im Jahr 2015 immer massiver wurde, bis zum Risiko des Streits auszutragen. Und ich hielt dergleichen letztlich auch für vergeblich. Andeutungen hätten sie verstehen müssen. Die Hoffnung, dass man auf erwachsene Männer und Frauen grundsätzlich einwirken, sie nach dem eigenen Willen und Unwillen formen kann, lag mir fern. Wenn es nicht mehr geht, neige ich eher zu einem klaren Schnitt.

Zum Bruch kam es, als ich meinen Rücktritt mit sofortiger Wirkung erklärte und wirksam machte, in nicht erfreulicher Weise.

Es war eine große Bereicherung als Michael Stahl, gerade in Darmstadt als Professor für Alte Geschichte emeritiert, mit seinen schönen Überlegungen zu einer „Anderen Moderne“ hinzukam. Er entwarf dort ein anderes, wesentlich auf Schönheit gegründetes Verständnis des Bewahrenswerten, gespeist auch aus seiner Kenntnis der Antike. Stahl ist Verfasser des sehr gelungenen Buches ‚Botschaften des Schönen‘ (2008), einer Vergegenwärtigung griechischer Kulturgeschichte. Mit seiner Frau Katja wendete er in den folgenden Jahren viel Zeit und Engagement für das Studienzentrum auf; sie wurde eine menschlich empathische und zugleich unabhängige Geschäftsführerin. Er sah in Weikersheim eine Möglichkeit, dem bonum commune und seinen Wurzeln Zeit und Fähigkeiten zu widmen. Stahl federführend, und ich entwickelten eine Konzeption, die den rechts-links-Schematismus verlassen und das SZW im Grunde ganz neu tarieren sollte. Es zeigte sich aber rasch, dass dies mit den bestehenden Personen und Strukturen nicht möglich war. Die Jung-Weikersheimer und die ganz Alten erwiesen sich als hartleibig und starrsinnig. Ich suchte zu vermitteln – und gewann doch nur ein schlechtes Allgemeines, einen faulen Kompromiss, der weiter ermüdete. Es ging um Kleinigkeiten. Doch in ihnen zeigte sich eine Kleingeisterei, die für den alt-konservativen Habitus mehr als charakteristisch ist. Michael Stahl trat 2014 zurück, ich blieb. Zeitweise belastete dies unsere Freundschaft tief.

Weikersheim frisst seine Kinder. Es erwies sich zusehends als Mühlstein. Spätestens hier hätte auch ich gehen sollen.

Wenn ich versucht hatte, dem Namen, so wie es möglich war, eine neue Strahlkraft zu geben, so zeigte sich doch letztlich, dass er für mich zum Bleigewicht geworden war. Daraus zog ich, reichlich spät, mit der folgenden Erklärung die Konsequenz. Ich zog sie, als die PEGIDA- AFD-Dammbrüche im Zug der Migrationskrise immer stärker durchbrachen. Eben im Frühling jenes Missvergnügens 2016, der auf die Flüchtlingskrise im Herbst 2015 reagierte, als ich schizophren hätte werden müssen, um in einem Zusammenhang zu bleiben, der sich der „Bewegung“ der „besorgten Bürger“ anschloss. Hier noch einmal der Wortlaut:

„I

Mit sofortiger Wirkung bin ich Ende Juni als Präsident des Studienzentrums Weikersheim zurückgetreten.

Damit kam ein langer Erwägungsvorgang zum Ende, während dessen eine Dissonanz zwischen der Integrität meiner philosophischen und institutionellen Bemühungen mit der faktischen Interessenlage einer Mehrzahl von Mitgliedern und der Institution immer weitergehend deutlich wurde.

Ich sehe mit Besorgnis und Entsetzen, wie „Bewegungen“ wie die AfD und PEGIDA, unter Berufungen auf „Abendland“ und gesellschaftlich-ethnische Homogenität eine Unkultur von Ressentiment und Hass neu aussäen. Die widerlichste Ausgeburt dieser Tendenzen ist ein neuer oder gar nicht neuer deutscher Antisemitismus, der es natürlich nicht sein möchte.

Meine klare Linie, jedwede Berührung des SZW mit diesen Tendenzen eindeutig zu verneinen, ist bis in den engeren Kreis des Präsidiums hinein nicht geteilt worden, ohne dass ihr offen widersprochen worden wäre.

Diesen Grunddissens konnte ich nicht länger ignorieren.

II

Ich hatte im Juni 2011 das Studienzentrum, wissend um sein problematisches Erbe, übernommen, um daraus einen liberalen metapolitischen Thinktank zu formen, beste europäische Traditionen seit der Antike nehmend. Auch die, von Kant angemahnte, Verschränkung des Patriotischen mit dem Universellen, des Nationellen, nicht Nationalen, und des Globalen, sollte dabei eine Rolle spielen.

Einerseits hat diesen Versuch das Odium des SZW eingeholt. Es hat mit der mehr als ambivalenten Vita seines Gründers Ministerpräsident a.D. Prof. Hans Filbinger, ebenso zu tun wie mit der Unfähigkeit (nahezu) jeder konservativer Tendenz seit 1945, eine klare Zäsur zu dem nationaldeutschen Hexenkessel zu ziehen.

Erneuerungsversuche, die ich gemeinsam mit Prof. Michael Stahl 2013 versucht habe, sind an dieser Front zerbrochen. Sie sollten das Profil einer „anderen Moderne“, der Wahrung und Tradierung des ktema eis aei, des Besitzes für alle Zeit, sichtbar machen. Um der Wahrung des Konsenses willen habe ich seinerzeit mein Amt beibehalten – zum Unbehagen mancher Freunde, erst recht zum eigenen -.

Taktisch mag es blauäugig gewesen sein, das Studienzentrum Weikersheim in diesem Sinn umsteuern zu wollen.

Von heute aus indes kann ich nüchtern und gelassen das Scheitern dieses Versuches konstatieren.

III

All dies bedeutet keineswegs, dass ich die Frage nach einem philosophisch und religiös fundierten Ethos der Politik preisgegeben hätte. Es heißt keineswegs, dass ich die funktionalistisch bürokratische Austreibung des Geistes aus der Mainstream-Universität und die Bildungs-Indifferenz gutheißen oder mit ihr meinen Frieden machen würde. Es heißt erst recht nicht, dass ich der dumpfen, brutalen, selbst „linksfaschistischen" Antifa-Position irgend ein Recht geben würde. Deren Auftreten, soweit ich es an der eigenen Person bewundern konnte, ließ in mir den Abscheu vor jedwedem Opportunismus wachsen.

Es bedeutet aber, dass meiner Überzeugung nach die Liebe zum Eigenen die Universalität und die Zwiesprache mit Anderen mitdenken muss. Dass auch im christlichen und humanen Ethos jeder ideologischen Orientierung auf Freund-Feind-Positionen eine klare Absage zu erteilen ist. Und dass gerade von Deutschland her die Shoah und das massenhafte Verbrechen des Hitler-Regimes die große Zäsur bleiben, die in aller und jeder Reflexion mitzudenken bleibt."

Karl Albrecht Schachtschneider schrieb mir daraufhin einen Brief, in dem er wenig freundlich und eher ultimativ alle Bemerkungen strikt zurückwies und zu ihrer Rücknahme aufforderte. Ich antwortete, dass ich die Nähen, die Bauch und Schachtschneider zu der AfD gesucht hätten, nicht teilen könne und dass sich hier die Wege trennen müssten.Schachtschneider, zu dem ich bis dahin ein sehr gutes Verhältnis gehabt hatte, der meinen Denkansatz und die Fundierung der Rechtslehre in der platonischen Antike mehrfach gerühmt hatte, hielt mir in seinem Schreiben vor, die Freundschaft aufgekündigt zu haben. Tatsächlich tat er dies selbst am Ende jenes Briefes. Bauch insinuierte in den in der „Jungen Freiheit" kolportierten Äußerungen, dass er von mir enttäuscht sei und dass ich „private Gründe meiner Lebensführung" haben werde. Ich widersprach mit der nötigen Entschiedenheit.

Innerlich trafen mich diese Insultationen nicht mehr. Doch sie zeigten mir sehr deutlich, dass den Freiheitsreden der einstigen Weggefährten und ihrer intellektuellen Attitüde zu misstrauen war. Man wird wie von einer Sekte ausgespien, wenn man nicht mehr konform ist. Freundschaft reicht über Menschsein in der Partei nicht hinaus. Dies muss man nicht weinerlich beklagen, man sollte es aber nüchtern konstatieren. Nach Jahren der Angriffe und Insinuierungen von links war ich nun solchen von ‚rechts' ausgesetzt, die abstrus genug waren, mir 2017 eine Mitgliedschaft in der PDS zu unterstellen. Jedenfalls bei mir berühren sich die Extreme nicht.

Die JF stürzte sich auf die Debatten im „Think Tank" – mit der unter ihren Redakteuren gängigen geistfreien Eskalationsrhetorik. Implizit konnte man zwischen den Zeilen lesen, dass auch die Zeitung, das Gebetbuch rechtskonservativer Kreise und für sie der bedeutendste journalistische Coup, „enttäuscht" von mir war. Dass man mich gleichzeitig bat, meine vom rechten Mainstream abweichende Position weiter in Artikeln für diese Zeitung oder ein noch zu gründendes Nachrichtenmagazin zu verfassen, sollte ein Coup an Ausgewogenheit und Meinungsfreiheit sein. Ich ließ mich darauf natürlich nicht mehr ein. Der Schnitt ist endgültig.

Faktoren der Neuen Rechten

Dass in einer aufgewühlten Zeit, in einer Zeit mit massiven Problemen der Migration, Kriege und Bürgerkriege, in der der Fluch der bösen Tat oder Unterlassung Europa erreicht, eine neue Hysterie Deutschland erfasst, zeigt, dass Verdrängtes immer wiederkehrt. Lange wurde in den Jahren nach 2000 und vor gravierenden politischen und ökonomischen Veränderungen im Zeichen der Globalisierung nach Art Klima einer Konsensrepublik unter der Oberfläche laviert. Die politischen Eliten brachten in der Schröder- und Merkel-Ära häufig weder die Courage noch den Geist auf, explizite Auseinandersetzungen zu suchen. Die Verdruckstheit zeigt auch, dass man dem Volk noch immer – und vielleicht nicht ohne Grund – misstraute. Wie stabil war die Demokratie wirklich verankert?

Nach der Öffnung der Grenzen im September 2015 und dem Zustrom flüchtender Menschen brachen die Dämme. Die Marktschreier von PEGIDA gingen mit düsteren Parolen auf die Markplätze, die AfD gewann mit einem zu großen Teilen trüben Programm und noch trüberem Personal an Zustimmung. Zwei Möglichkeiten werden denkbar: entweder ein Verglühen; dann würde alles, was mit noch so vielen Differenzierungsversuchen dem Epitheton ‚konservativ' wieder einen Sinn zu geben sucht, auf Jahrzehnte desavouiert. Oder es kommt zu einer Aufhetzung bis zum inneren Bürgerkrieg und einer entsprechend tiefgehenden Spaltung der Gesellschaft.

Es hätte um der fragilen Vernünftigkeit deutscher Demokratie und Rechtstaatlichkeit willen soweit nicht kommen dürfen. Wenn man auch an den neuen Bewegungen eine negative Indikationsfunktion für Defizite der öffentlichen Diskurse erkennen kann, so bedeutet dies doch keineswegs, den Straßenparolen ihr Recht zuzugestehen. Sie sind weitgehend so krude, das Personal der AfD ist nach der sehr deutschen klinisch reinen Professorenszenerie um Herrn Lucke, der monothematischen Europartei, die sich medial gut präsentierte, aber die Herzen nicht zum Glühen brachte, ein solches Schauerkabinett, dass sich Überlegungen zu einer Wählbarkeit eigentlich verbieten. Unverzeihlich ist, wie diese Partei mit dem Antisemitismus umgeht. Mit allen taktisch politischen Wassern gewaschen, teilte sich im Stuttgarter Landtag im Sommer 2016 die Fraktion auf und meinte, auf diese Weise schlagkräftiger zu sein und den Erzantisemiten und -islamophoben Dr. Gedeon zugleich ausschließen und nicht ausschließen zu können. Dazu könnte man, wenn man nicht zu lange weggesehen hätte, nur mit Max Liebermann kontern: „Ich kann gar nicht so viel fressen, wie ich kotzen möchte".

Offensichtlich war es in den letzten Jahren mit der deutschen Demokratie wie mit Jeremias Gotthelfs schwarzer Spinne: Man nahm gar nicht mehr zur Kenntnis, dass ein Normalzustand, mit dem man wenig sorgsam umging, immer gefährdet ist. Nach der Bedrohung des vermeintlich Selbstverständlichen fragte man nicht.

Ein linksbürgerlicher Mainstream, der von ferne von 1968 und der grün-ökologischen Urszenen um 1980 seine Weltbilder bezog, der aber von dieser Herkunft allenfalls noch legendenhaft wusste und längst in der Mitte angekommen war, bestimmte weitgehend das Meinungsklima in Medien und in der akademischen Szene. Dieser bürgerliche Mainstream vom Gymnasiallehrer aufwärts (wobei sich die im Bologna Prozess gefangenen Professoren und Professorinnen zunehmend kleinbürgerlich auf das Level der Gymnasiallehrer begeben und die Rolle des öffentlichen Intellektuellen meiden) war unumstritten und unbedacht links. Die, verfassungspolitisch betrachtet, problematische und politisch lähmende zweimalige Neuauflage der Großen Koalition befestigte diesen Mainstream, der im Wesentlichen die rot-grüne Agenda nach 2000 weiterführte. Solche Charakterisierungen sind zugegebenermaßen pauschal. Sie sind aber deshalb nicht falsch.

Es ist unschwer erkennbar, dass in jenen Jahren allenfalls in einigen „inner circles" größere Diskussionen über die Grundformationen der Gesellschaft geführt wurden. Massive Veränderungen wie die Abschaffung der Wehrpflicht und der endgültige Ausstieg aus der Atomenergie durch die zweifelhafte Analogie mit dem in Fukushima explodierenden Reaktor im Frühjahr 2011, wurden kaum oder gar nicht zu Gegenständen öffentlicher Diskussion. Eine bleierne Glocke des *End of history*, so als habe Fukuyama doch Recht behalten, breitete sich über die Bundesrepublik jener Jahre. Die Nation drohte, frei nach Plessners Diktum, wieder einmal zu spät zu kommen. Zu den pauschalen Gedankenlosigkeiten, auf die aber kaum eine prägnante und zugleich verantwortliche Diskussion folgte, gehörten exemplarisch die Dikta eines an privaten Hausfinanzierungen gescheiterten Bundepräsidenten, wonach der Islam zu Europa gehöre. Thilo Sarrazins, des SPD-Mannes der Zahlen, Buch über die Selbstabschaffung der Deutschen wurde zum Bestseller, auch wenn die Kanzlerin es für „wenig hilfreich" erklärte. Ressentiment und Analyse vermischten sich hier bis zur Ununterscheidbarkeit.

Das „Durchregieren" und die „Schmiermittel der Demokratie", von denen Angela Merkel sprach, noch bevor sie Bundeskanzlerin wurde, wurden zu einer Art Grundhaltung, die von Sacherwägungen und -problemen nicht mehr zu trennen war. Ein Wider- und Einspruch zu spezifischen einzelnen Lösungsansätzen wurde sehr schnell als antidemokratischer Affekt registriert. Und unstrittig mischten sich Medien in dieses Unisono ein und verstärkten diesen bleiernen Echoraum. Eine protestantische Gesinnungsethik durchrieselte die Berliner Republik, ein Geist von Templin und von christlichem Humanismus, gegen den nichts zu sagen wäre, wenn er nicht allzu rasch die Diskursfelder von Politik und Moral miteinander verwechseln würde und wenn er nicht in freudloser Weise machiavellistisch wäre, dies aber nicht zugäbe. All das gefiel mir nicht. Ich hielt es für einen Defaitismus, der den Ansprüchen an demokratische Disposition nicht genüge. Auch deshalb übernahm ich die Leitung des Studienzentrums Weikersheim. Rebararisierungen wollte ich deshalb aber noch lange nicht hinnehmen.

Auch ideologische Neuprägungen wie das Gender-Konzept, das in seinen radikalisierten Formen einen Konstruktivismus auf die Spitze treibt und davon ausgeht, dass auch die geschlechtliche Identität des Menschen eine gesellschaftliche Konstruktion sei, wurden nicht auf die Waagschale eines öffentlichen Diskurses gelegt. Es wurde vielmehr zur unbedachten Leitwährung, in der man künftig, wenn einem die Karriere lieb war, forschte. Jene „Eliten", die darüber befanden, stellten sich nicht mehr gegenläufigen Stimmen. Wo immer solche Tendenzen eingeführt werden, ohne begründet zu sein, wo sich eine Glasglocke des tunlichst Nichtbefragbaren über sehr akute Fragen stülpt, wird letztlich an Stelle einer demokratischen Haltung eine Spießermentalität gezüchtet. Man sagt nicht so und nicht so, damit es am Ende nicht heißt, man habe so oder so gesagt. Und: Man streckt dann den Kopf aus der Deckung mit der Wendung, man werde doch wohl noch sagen dürfen. Diese Aussage war auch wieder viel zu hören, seit die AfD aufkam. Sie könnte geradezu als Epitaph über dieser Partei stehen.

Eine republikanische Demokratie muss aber ihre raison d'être erklären können. Sie muss, was allenfalls dem nachfolgenden Bundespräsidenten Joachim Gauck gelang, die Zweckhaftigkeit des Ganzen verdeutlichen – sonst verliert sie sich.

Wenn Unanständigkeiten und eine nur finanz-politische Selbstgenügsamkeit hinzukommen, so ist das Bonum Commune ernsthaft gefährdet. Die sofortigen Wechsel von Regierungs- in Spitzenpositionen der Wirtschaft, oftmals gerade in den Sektoren, in denen die entsprechenden Politiker zuvor tätig geworden waren, kann man nicht mit dem Hinweis auf abwegige „Neid"-Debatten bewältigen. Sie beruhen auf dem Verlust an Sinn für Recht und Billigkeit. Auch darüber wurde seit 1998 viel zu wenig diskutiert. Eine authentische Linke fiel ebenfalls aus. Die PDS, nach Biermann: Partei der Spitzel, hatte keine moralische Autorität. Sie verwendete ihre Ressourcen vielmehr für Gesinnungsschnüffelei und kostete es aus, nun Teil des Establishments zu sein.

Klassiker- Hermeneutiken der Vereinnahmung und Ahnenreihen

Ernst Jüngers Kälte

Bei rascher Hinsicht wird deutlich, dass die neue Rechte einen proklamativ anderen Kanon verfolgt als der von ihr verachtete, opportunistische Mainstream. Ernst Jünger ist für sie nach wie vor als letzter oder auch erster Epiker eines heroischen Zeitalters von Interesse.

Attraktiv ist diese Jüngersche Härte und stoische ‚Desinvoltura', also die programmatische Haltung, die christlicher Liebe und dem Szenarium des Mitleidens und der synousia diametral entgegengesetzt ist, auch wenn sich Jünger später taufen ließ und zur „Heiligen katholischen Kirche" zurück kam.

Dass der erste Weltkrieg noch einmal die Schlachtenphalanxen leuchten ließ wie in der ‚Odyssee' zog an, nicht der spätere Jünger der Erbaulichkeit von ‚Siebzig verweht'. Heidegger ist nur in den Zügen von Interesse, die gerade nicht Philosophie bei ihm sind. Insofern liest ihn die neue Rechte – normativ anders besetzt – ganz ähnlich wie seine ideologiekritischen Feinde, die in ihm einen NS- oder Nationalismus-Philosophen wähnen, die Jahrtausendperspektive seines Denkens aber überblenden. Entgegengesetzt sind nur die Beurteilungen. Entscheidung und Entschlossenheit bei Heidegger werden letztlich als Kampfkategorien zur Geltung gebracht. Genauso – nur eben kritisch ablehnend haben auch Interpreten einer selbsternannten Linken, die die viel kurzfristigere Bürgerkriegsmatrix des 20. Jahrhunderts über die großen und dauerhaften Problemata legte, die Heideggersche Textur gelesen. Kristallisiert werden damit spezifische Kriegs- und Bürgerkriegssituationen. Ausgeblendet wird eine Urteilskraft des Historischen, die im Sinn einer einigermaßen gerechten Positionierung unerlässlich ist:

Orientierend und hilfreich ist Reinhart Kosellecks Konstruktion der ‚verschränkten Zeiten'. Sie ist insofern gegen Historismus und überlieferte Geschichtsphilosophie gerichtet, als sie nicht eine künftige Verlaufsform in den Fokus nimmt, sondern die Verschränkung der Zeiten thematisiert. ‚Vergegen-Kunft' war der epische Terminus von Günter Grass. Heideggers ekstatischer Zeitsinn der ekstatischen Verschränkung von Gewesenem und Künftigem war davon nicht so weit entfernt. Wenn man vergangene Zeiten verstehen will, auch Philosophen und Dichter in ihrer Zeit – und nicht zuletzt dann, wenn sie in Richtungen gingen, die uns von heute her irritieren und abstrus erscheinen, so muss man versuchen, die Zukunft zu rekonstruieren, die sie sich jeweils imaginiert haben. Diese Zukunft kann uneingelöst geblieben sein. Oft ist dies sogar faktisch der Fall.

Ihr gemäß kann ein politisch zutiefst desavouiertes Denken doch zugleich im Benjaminschen Sinn einer „rettenden Kritik" seines Ungenügens geziehen und in bestimmter Weise bewahrt werden. Gerade an Heidegger möchte ich dies zeigen, da ich der billigen Verteidigung ebenso misstraue, wie der ebenso billigen Totalverwerfung. Dem Klassikerkanon der neuen Rechten darf Heidegger nicht überlassen werden. Lebensbiographisch bedeutete mein Cut mit jeder Berührung mit rechter Politik zugleich die Entscheidung, das Präsidium der Martin Heidegger-Gesellschaft zu übernehmen, keineswegs eine Inkonsequenz, sondern eine Klärung, die das was bleibt, von den anderen trennt.

Man wird zu einer klugen Beurteilung von Denk- und Verhaltensformen gerade im blutigen 20. Jahrhundert und wohl nicht weniger in den Irritationen des 21. erst gelangen, wenn man in Konsequenz dieses Verfahren übt. Unser Kanon der Moderne würde unvermeidlich zusammenschrumpfen, wenn er auf diejenigen begrenzt bliebe, die in den großen Kriegen und „Kälten", von denen Brecht schreibt, unbeschadet geblieben sind. Die Dimensionen des beschädigten Lebens umfassen auch ein Denken und eine Kunst, die man keineswegs wird preisgeben wollen. Die „neue Rechte" versucht jedoch seit Jahren eine Umerziehung und Umcodierung des Weltbürgerkriegs und bewegt sich innerhalb von dessen Fronten. Der „Faschist Benn" und der „Frontkämpfer Jünger", der metaphysische Antisemit Heidegger sind ihnen gerade in dem Sinn interessant, der jener Kritik bedürfte. Das, was nicht und um keinen Preis zu retten ist, wird dabei gerade in den Fokus gesetzt. Ähnlich artikulierte sich um den Philosophen Slavoj Zizek eine Art von Neostalinismus, halb Clownerie, halb blutiger Ernst, in der der „große Stalin" und der „große Mao" als einzige Retter aus einer immer uniformer und geistloser werdenden umfassenden ökonomistischen Politik evoziert wurden.

Dieser Scherz mit dem Entsetzen ist nicht zu einer verantwortbaren Kanonbildung geeignet. Zwar soll in der alleinigen Fokussierung auf die alte Frontstellung zur Linken ein neuer Gegenkanon errichtet werden. Dies ist „Counter-History", Gegen-Geschichte in Umkehrung des Sinns, in dem die Mühseligen und Geschlagenen der Weltgeschichte immer zum Gegenschlag auszuholen suchten. Doch die Mitte wird übergangen: Man sollte gerade nicht Cassirer preisgeben und in den Orkus des Vergessens werfen, um sich ganz Heidegger zuzuwenden. Man sollte auch nicht, und keinesfalls, einen neuen Kult um Stefan George verabsolutieren, und eine zerrissene ästhetische Moderne in ihren internationalen Verflechtungen, die sich längst vom Traum um verbindliche Kreise und umraunte Coenakel getrennt hat, preisgeben. Die Ambivalenzen sind in anderen Kulturnationen wohl leichter anzuerkennen. Sprichwörtlich ist in der Romania die Gesprächsmöglichkeit zwischen Rechter und Linker, auch in durch und durch politisierten Konstellationen, in denen sich die Gegensätze wieder begegnen können. Deshalb umwarb gerade Jean-Paul Sartre nach 1945 Martin Heidegger, zugleich setzte eine Tiefenprägung durch Heidegger in den fünfziger Jahren ein, die die „Nouveaux Philosophes" aus Frankreich von Derrida bis Lyotard tief bestimmte. Der Heidedggersche Nazismus in der Vielzahl seiner Deutungen stürzte deshalb die französische Kulturnation in tiefe Krisen. Gewiss, die

Versuche zur Totalrevision des Kanons und zu Heideggers Austreibung durchziehen auch die jüngere französische Geistesgeschichte, oftmals aber aufgeladen von diesseits des Rheins. Von einer bemerkenswerten, heute kaum mehr denkbaren Ambiguitätstoleranz ist schließlich die Art, in der Franz Rosenzweig, der große jüdische Philosoph, schon vom Sterbebett aus die Davoser Disputation zwischen Heidegger und Cassirer verfolgte. Der Humanismus Cassirers und dessen urbaner Habitus, auch seine jüdische Herkunft mussten Rosenzweig ungleich näher liegen als Heideggers Provinz. Vor ihr erschauerte Cassirers Frau noch im Memoirenwerk und sah darin einen Vorboten von Schlimmem. Doch der Umbruch, der sich mit Heidegger anzeigte, die neue Denkradikalität erkannte Rosenzweig als das Nähere, den Ansatzpunkt, an dem auch die jüdische Religionsphilosophie anzusetzen hatte. Die Einlassungen des jungen Walter Benjamin mit Carl Schmitt in der Weimarer Republik sind von ähnlichem Format. Sie taugen zur Schärfung des Begriffsapparates. Aber nicht dazu, eine intellektuelle Nobilitierung der neuen Rechten vorzunehmen. Erst in den achtziger Jahren hat Jacob Taubes darauf hingewiesen. Diese Gesprächslagen sind nach 1945 ohne Fortsetzung, ja sogar ohne Resonanz. Die zurückkamen, waren vom Grauen gezeichnet. Die Gemengelage der neuen Republik, bei aller Freiheit, war keineswegs so entspannt. Auch daran kann man erkennen, was unwiderruflich mit dem Jahr 1933 verloren gegangen war.

Ich begrenze den Fokus hier auf Philosophie und Theorie von Autoren, die von der neuen Rechten reklamiert werden, und zugleich deren Horizont weit überschreiten, auf Heidegger und Carl Schmitt.

Heidegger – Was wäre, wenn er endgültig verschwände? [1]

Das Bismarck zugeschriebene Wort, dass die Politik „alle andere Fische totgebissen" hätte, ist auch als Interpretationsschlüssel für die Hermeneutik der Neuen Rechten von zentraler Bedeutung. Wenn man in den Weißmann-Kubitschek-Kreisen über Nietzsche sprechen hört, dann ist nichts von der subtilen Kunst des Perspektivismus zu vernehmen, nichts von dem Sich-selbst-Entgegenblicken in verschiedenen Masken, die Nietzsches Denkcorpus formen. Vielmehr ist es noch einmal der Nietzsche Alfred Baeumlers, den Georg Lukács ein für alle Mal und ohne Rücksicht auf Differenzierungen zu nehmen, als „Zerstörer der Vernunft" austreiben wollte: Der Wille zur Macht als Daseinsprinzip, der Übermensch als faschistische Ikone und vor allem als Haltungs-Prinzip. Epigonen eines Rechts-Nietzscheanismus von Sorel bis Evola werden als die Fußnoten exponiert, vor denen der Nietzschetext erst lesbar wird.

1 Der Heidegger-Abschnitt beruht, mit Veränderungen, auf einem Essay, der in den SCHEIDEWEGEN 2016, S. 208-216 erschienen ist und einem in Nürnberg gehaltenen Vortrag im September 2016, publiziert in der Zeitschrift ‚Aufklärung und Kritik' 2017, Heft 4, S. 7-29.

Ernst Jünger ist primär als Frontkämpfer von Interesse, in der kalten stoisch harten Krieger-Pose seiner „Stahlgewitter"-Zeit. So kann man auch mit seiner politischen Publizistik sympathisieren, die bis in die dreißiger Jahre hinein den antietatistischen Faschismus der Bewegung propagierte und in ihrer a-humannen Grundhaltung eine Radikalitätsspirale entwickelte, die weit über den Hitlerismus hinauszugehen suchte. Der Hitler der dreißiger Jahre war Jünger zu zivil, zu sehr, wenn auch mit später gegenläufigen Behauptungen, im Partei-Establishment verankert. Diese Radikalität, by the way, sollte man auch bei der Entwicklung von Widerstandshaltungen in Jüngers späteren Jahren mit in Rechnung stellen. Unstrittig sind seine ‚Marmorklippen' eine große Parabel auf die totalitären Verdunkelungen, ist der junge Fürst Sunmyra Paradigma des Attentäters, der die Ordnung verteidigt. Und die spätere Mikrologie der Naturbetrachtung, die Überschreitung der Wahrnehmungsgrenzen durch Drogen und Rausch und das Tagebuchwerk ‚Siebzig verweht' – sie werden zwar bewundernd und weitgehend unkritisch wahrgenommen. Doch der Heroismus bleibt die bestimmende Grundlinie, auch in der Rezeption.

Heideggers Denken wirft ganz andere Probleme auf. Es kann – in keiner Weise einem Attentismus und einer Situierung in der rechten Weltbürgerkriegspartei überantwortet werden. Dann behielten die *terribles simplificateurs* Recht, nun aber unter umgekehrten politischen Vorzeichen, die eine geistige Dimension diesseits der politischen Sphäre nicht anerkennen und nicht zulassen möchten.

Die „rettende Kritik" ist als Kürzel für die erforderliche künftige Kunst des Verstehens auch deshalb hilfreich, weil sie eine zwingend benötigte, heute nicht immer geübte Mitte zwischen den alten Affirmationen, so dem Diktum „Heidegger kritisiert man nicht!" – und den neuen, nicht weniger unbedachten Dekonstruktionen, die manche Kinder mit dem Bade ausschütten, sichern kann.

In der Ideengeschichte gibt es Tötungen, Schlachtungen und den Ausruf der „damnatio memoriae" seit jeher. Auch eine Geschichte von Vatermorden durchzieht sie. Selten aber sind sie dauerhaft erfolgreich. Auch der schwächste, oder reduzierteste Gedanke, so postulierte Adorno einmal, kann nicht ungedacht gemacht werden. Und Rousseau wusste schon: Bei allem, was einmal gedacht wurde, muss sich auch wieder etwas denken lassen.

Der Regelfall sind allerdings nicht die großen Verdammungen, sondern schleichende, mit Karriere- und Modegründen erkaufte Paradigmenwechsel im akademischen Raum, die mit dem Aufkommen eines neuen Leitfossils ältere und vermeintlich weniger attraktive Denkformen und ihre Exponenten verblassen lassen. Sie werden dann nicht mehr gelehrt und zitiert. Damit ist ihr Glanz rasch verdunkelt, und alle Intepretationen und Positionen, die von diesem Glanz zehrten, wirken nach wenigen Jahren müde und abgestanden. So ging es innerhalb einiger Jahrzehnte Marx und den verschiedenen Spielarten des Neomarxismus, so ging es der sozialwissenschaftlichen Leitwährung der siebziger Jahre, den soziologisch-sozialwissenschaftlichen Deutungsmustern- und nicht zuletzt ging es der Systemtheorie und den zeitweise extrem faszinierenden, alles verändernden französischen Differenzphilosophien der sechziger und siebziger Jahre nicht anders.

Es kann sogar sein, dass eine Folgetheorie, die modernere Kleidung trägt, sich langer Fortdauer erfreut, während die Gründungsmarke, aus der sie hervorging, abgelegt ist.

In nicht-totalitären Zeiten ist es aber zumindest ungewöhnlich, dass ein Denken eine totale Destruktion erfahren soll. Es ist dabei weniger interessant und eher im Feld der Verschwörungen zu verankern, dass Teile der Kritischen Theorie sich schon vor fünfzig, sechzig Jahren schworen, „den" – gemeint war Heidegger- „auf Null" zu bringen. Die Chance steht gut, dass es nun so weit kommt.

Dennoch und all dies vorausgeschickt, ist die derzeitige Heideggervernichtung von besonderer Art.

Der Auslöser, die ‚Schwarzen Hefte' und ihre Ausfälle, auch die tiefreichende Aporetik, die sie enthalten, sind in nichts zu beschönigen. Zuzugeben ist auch, dass sie kein Randphänomen bilden. Der Text selbst verweist in eine besondere Nähe zu Heideggers innerster Sphäre. In diesem Teil des Nachlasses eine eigene Textart und vielleicht sogar den Schlüssel zu Heidegger ausmachen zu wollen, wie der Herausgeber Peter Trawny nahelegt, scheint allerdings nicht schlüssig. Die großen Konvolute seit den ‚Beiträgen zur Philosophie' (1989 als GA 65 aus dem Nachlass erschienen) haben in ihrer umkreisenden, annähernden und fragend redundanten Exposition der Seinsfrage das größere Gewicht. Sie sind allerdings weniger leicht greifbar. Trawnys Vermutung, dass Heidegger seinen ‚Antisemitismus' vor den Nationalsozialisten verbergen wollte oder sich vor der Nachwelt selbst desavouieren wollte, sind obsolete Spökenkiekerei. Manche Signale in seinen Vorlesungen und in anderen Konvoluten zeigen, dass er mit dieser Phalanx nicht verwechselt werden wollte. Eine Widerstandsstruktur ist daraus freilich noch lange nicht abzulesen. Was man den ‚Schwarzen Heften' entnehmen kann, ist ein fundamentaler Mangel an Urteilskraft und Aufgeklärtheit. Auch ein Mangel an Charakter. All dies kannte man von Heidegger indes, wenn auch nicht in dieser Tonart. Dass Heidegger die Urteilskraft im ethischen und politischen Sinn verloren gegangen sei, trifft die Wirklichkeit nicht. Eine solche Urteilskraft hat sein Denken, zwar in der formalen Struktur beschrieben, aber de facto nicht ausgebildet. Dies ist gerade angesichts seines Ausgangspunktes bei der situativen praktischen Philosophie des Aristoteles keineswegs ein geringer Mangel. Auf ihn bleibt noch zurückzukommen.

Funktional konnte er sich deshalb aus dem üblen Thesaurus des Antisemitismus und Antijudaismus bedienen, wenn er auf eine äußerste Sphäre und in den Bereich der Feindeserklärungen kam. Nichts daran ist originell. Alles eines Denkers von hohem Rang unwürdig. Die Auffassung von Emmanuel Faye aber, dass Heidegger nicht Philosoph sei, sein Denken vielmehr insgesamt ein unzureichend verbrämter Rassenantisemitismus, ist aber schlechterdings grotesk, Ausdruck einer Idiosynkrasie und Verdächtigungsorgie, die mehr über die Zeiten sagt, in denen sie ernsthaft diskutiert wird, als über Heidegger selbst, mehr über einen billigen Anti-Antisemitismus, vor dem es gerade jüdischen Denkern wie Alain Finkielkraut grauste.

Solche Absurditäten müssen aber nicht daran hindern, einen finalen Schlag auszuführen.

Mit mehr Empathie und in größeren ideengeschichtlichen Linien hat Donatella Di Cesare, die letzte enge Vertraute Gadamers, einen Antijudaismus deutscher Philosophie insgesamt suggeriert. Dieser ist nicht wegzuleugnen. Er ist indes nur eine Variante des schon vom Kirchenvater Tertullian konstatierten Hiates zwischen Athen und Jerusalem. Die philosophische Phalanx schlug sich auf die Seite von Athen. Die deutsche in ihrer Gräkomanie und fehlenden Latinität tat es ganz besonders. Doch unkorrigierbar war diese Tendenz nicht. Das zeigt zuletzt eindrücklich und auf hohem Niveau Emmanuel Lévinas' Forderung, das Nicht-Indifferente, eben die jüdische Bundesgeschichte in die griechische Prinzipienlehre einbezogen werden solle.

Heideggers Denken signalisiert dort, wo es stark ist, gleichwohl machtvolle Gegentendenzen zum Konstrukt „Philosophischen Diskurs der Moderne", die mit dem gängigen Rechts-Schematismus nichts gemeinsam haben. Es steht quer zu einem linearen „Projekt der Aufklärung" (‚Aufklärung' ohne den Abgrund ihrer inneren Dialektik genommen) und ihm ist eine Intensität eigen, die, gegen Heideggers eigene Rhetorik vom „Ende der Philosophie", vielmehr die „Sache der Philosophie" noch einmal überdeutlich formulierte. Jener emphatische Begriff von Philosophie ist an der Bologna konformen, modularisierten Universität heimatlos geworden. Auch in der philosophischen Forschung und in der Öffentlichkeit ist er weitgehend expropriiert. Wo Philosophen im öffentlichen Raum eine Stimme haben, artikulieren sie sich eher als Vertreter einer Meinung.

Deshalb ist für die Kanonisierung einer neuen Rechten nur das an Heidegger relevant, was gerade nicht den Kern Heideggerschen Denkens ausmacht. Die „Damnatio memoriae" ist die Kehrseite einer unrechtmäßigen und unbilligen Heidegger-Aneignung.

Da nicht auszuschließen ist, dass der Heidegger-Kehraus definitiv gelingen könnte, sollen einige Momente Heideggerschen Denkens im Augenblick ihres Sturzes vergegenwärtig werden, nicht hagiographisch, aber in der Überzeugung, dass sie nicht desavouiert sind.

1. Heidegger hat die *Nutzlosigkeit* der Philosophie programmatisch verdeutlicht. Das Denken ist per se nicht mit bestimmten Funktionen aufzuladen. Es fragt, ohne externe Zielbestimmung und ohne eingegrenzten Forschungsauftrag. Gerade darin liegt seine Bedeutung. Deshalb kann Philosophie dort ansetzen, wo die Programmatik anderer Wissenschaften endet. Sie ist, wie Heidegger mit Aristoteles sagen würde, auf einen letzten Zweck (ein letztes „hou heneka") gerichtet, der sich aber gerade nicht in die Hierarchisierung der Zwecke einglie-

dern lässt. Diese konstitutive Funktionsfreiheit ist radikal. Sie führt nämlich nicht, wie überlieferte metaphysische Systeme, auf einen Anfangspunkt. Sie führt ins Offene der Frage nach dem Sinn von Sein, wie Heidegger es benannt hat.

2. Heideggers philosophisches Denken ist so weit wie es nur möglich ist, von dogmatischen Verfestigungen und Indoktrinationen entfernt. Es ist seiner inneren Struktur nach *fragendes Denken.* Nicht ein dogmatischer Skeptizismus, wohl aber eine fragende Skepsis kann sich stets auf Heidegger beziehen. Manche seiner Hörerinnen und Hörer haben in jenem Fragen eine „Fallenstellerei" gewittert. Indes berühren sich bei Heidegger sophistischer Anschein und Authentizität der Denkbewegung eng miteinander. Er ist gerade als Sophist immer auch Philosoph. Im einfachen Sinn rhetorisch oder didaktisch sind seine Fragen gerade nicht. Der ‚Meister' hatte nicht das Wissen, er wies auf Abgründe hin und zeigte, dass das ‚Kopfzerbrechen' die genuine Haltung des Philosophen ist. Seine Denkwege bewegen sich auf die Aporie zu. Die Redeweise von den „Holzwegen" hat dies eindrücklich instrumentiert. Andernorts hat Heidegger dieses Denken als „Nicht-ein-noch-aus-Wissen" charakterisiert.

3. Heideggers Philosophie ist mit den gängigen Einwänden gegenüber den Grundorientierungen der Metaphysik im Allgemeinen, jener der Neuzeit im Besonderen, nicht zu treffen. Vielmehr hat Heidegger solche kritischen Implikationen an Radikalität bei weitem übertroffen. Sein fundamentalontologischer Ansatz wirft die Frage nach dem Selbst und der ontischen Einzigartigkeit menschlichen Daseins auf. Er entwickelt sie aber keineswegs im Sinn eines subjektiven Herrschaftsanspruchs: So der wohlfeilste und gängigste Vorwurf gegen „die Subjektphilosophie", der eher einen Strohmann meint als eine Realität. Ihm entgeht Heidegger mit größter Konsequenz. Die Tiefensemenatik von Subjektivität, mit sich selbst vertraut, um sich selbst bekümmert zu sein, geht hingegen in die Seinsfrage ein.

   Aus der cartesischen Subjekt-Objekt-Struktur sucht Heidegger jederzeit den Ausweg. Er fragt gleichermaßen originär nach der einzigartigen Daseinsstruktur des Ich und seiner Welt. Dies schließt bruchlos an Husserls monadologische Konzeption des Ich als eines Bewusstseinsstromes an.

   Gerade diese viel sublimere Selbstbewusstseinsauffassung: Die Unhintergehbarkeit der Subjektivität als „unmittelbares Vertrautsein mit sich" (Dieter Henrich), die immer wieder als Grundmotiv der klassischen Philosophie bezeichnet wurde, ist also bei Heidegger im Blick. Allerdings geht die letzte, infallible und grundlegende Intentionalität nicht auf das Ich. Sie wendet sich von ihm aus zu seiner Besorgtheit um die Seinsfrage selbst. Das Dasein ist aus seiner Mitte gerissen: Es ist jenes Seiende, dem es in seinem Sein um das Sein selbst geht.

4. Die Hermetik und weitgehende Opazität von Heideggers Sprache ist viel beklagt worden. Heute ist eine intellektuelle Situation gegeben, in der sie, zumal

in Deutschland, leicht lächerlich gemacht und als nicht seriös charakterisiert werden kann. Unbestritten hat sie, zumal in der Spätzeit, Marotten angelegt. Und noch unbestrittener ist der Jargon von Heidegger-Epigonen in den fünfziger und sechziger Jahren inflationär geworden. Er hat kaum zur sachlichen Erhellung beigetragen und die Richtung insgesamt desavouiert. Bei Heidegger selbst kann man aber noch einmal, wie am Anfang jeder Philosophie, die Kraft zur Sprachschöpfung erkennen. Und die Sprachnot, das, was er anzielte, die grundlegende Schicht, die jeder Begründbarkeit und prinzipiellen Festschreibung, vorausliegt, seinerseits sprachlich namhaft zu machen und auf Wort und Begriff zu bringen. Auch die Worte und Wortfügungen, in die sich das Denken sedimentiert, sind keineswegs festgelegt. Walter Schulz' Diktum, Heidegger denke, als sehe ihm Heraklit über die Schulter, hat solche Bezüge im Blick.

In Heideggers Sprache liegt daher auch ein tiefer Respekt vor Problemen, die nicht einfach an der Oberfläche zu finden sind. Hat diese sprachbildende und -zerstörende Macht nicht eine tiefe Affinität zu Sprachverlust und -vergewisserung in der ästhetischen Moderne?

Schulmeisternd wirken demgegenüber Wittgenstein usurpierende Aussagen der Art, was man nicht klar sagen könne, solle man gar nicht sagen, die immer wieder wie Verdikte gegen Heidegger ins Feld geführt wurden. Bei näherem Blick ist Heideggers Anliegen durchaus klar. Auch die Ränder der von ihm zur Einkreisung der Seinsfrage verwandten Begriffe sind dann konzise und deutlich.

5. Heideggers Philosophie ist dort, wo sie im starken Sinn Philosophie ist, aus keiner Ideologie hervorgegangen und hat gerade darin auf die Eigenmacht des philosophischen Fragens gesetzt. Dies ist anders als bei den, auch noch so veritablen philosophischen Ansätzen in Marxismus oder Neomarxismus zwischen Bloch und Lukács auf der einen, Benjamin und Adorno auf der anderen Seite. Sogar einer philosophischen Schulrichtung wäre Heidegger nur sehr bedingt zuzuordnen. Das „magis" (mehr), das in dem berühmten Spruch, man liebe Platon, aber eben mehr die Wahrheit, gilt gerade für ihn. Die Phänomenologie war per definitionem keine Schule, sondern eine Haltung. Heidegger hielt auch zu ihr eine fast ironische Distanz. Eben deshalb ist das Faye'sche Diktum, das ihm den Rang des Philosophen abspricht und ihn in die widerlichste, vernichtendste Ideologie einschreiben will, so infam.
6. Man findet bei Heidegger keinen Grund, kein Ende, kein Prinzip. Oder: Der Grund, auf den dieses Denken geht und den es auslotet, erweist sich selbst als entzogenes Geschehen der Seinsfrage. Man könnte vermuten, dass im Verhältnis von Physis (Natur) und Aletheia (Wahrheit) bei den frühen vorplatonischen Philosophen eine solche Situierung zu finden wäre. Heidegger hat aber, je länger, je mehr er ihnen nachdachte, präzisiert, dass sie gerade nicht zu

wiederholen sind. Was an ihnen bleibende Bedeutsamkeit besitzt, ist die Spur ins Ungedachte.

Heidegger zielt in den Anfang. Er betont aber stets, dass dieser Anfang nicht explizit gedacht werden kann. Wo er zu erreichen wäre, dort enthüllt er sich also nicht als Prinzip, sondern als verlorenvergangen.

Dies ist radikale Zeitlichkeit, die ihre Entsprechung darin hat, dass Heidegger die Ganzheit des Daseins im ahnenden Wissen eines nicht-mehr-Seins, in der Sigle vom Vorlauf zum Tod, erkennt. Gleichwohl geht Heidegger weiter den Grundfragen der Metaphysik nach. Er trifft bei dieser Tiefenbohrung auf kein ‚Fundamentum inconcussum'. Vielmehr eröffnet sich eine Abgründigkeit, die in die Schwebelage der Frage führt: „Warum ist Sein und nicht vielmehr Nichts?" Heidegger hat sie bekanntlich so transformiert, dass Sein und Nichtsein in dem kontingenten Übergang gehalten bleiben, der auch, unbewältigt, am Anfang der Hegelschen ‚Logik' situiert ist. Heidegger ist nicht die gängigen Auswege gegangen, deren gröbster in ein „nachmetaphysisches" Denken führt, deren subtilere in Paradoxien weisen, wie etwa Kierkegaard oder Derrida sie aufgewiesen haben.

Entzogen ist schließlich auch die Rede vom ‚kommenden Gott', der nicht als Halte- , sondern als äußerster Ambivalenzpunkt firmiert.

7. Heidegger hat den Ursprungscharakter der Philosophie wiederhergestellt, aber als innerphilosophische Aufgabe, weil es unvermittelt, naiv gerade keinen Anfang geben kann. Die Methode, die er in ‚Sein und Zeit' wählt, ist indes die ‚Destruktion', nicht die ‚Dekonstruktion', wie sie Derrida später hoffähig machen sollte. Destruiert werden sollen die Bauten der Metaphysikgeschichte und Texturen, die sich im Laufe der Geschichte als Firnis über das anfängliche, originäre Fragen gelegt haben. Dessen Bewegung soll wiedergewonnen werden, so wie sie – und darin ist Heidegger doch noch im eminenten Sinn Phänomenologe – im Denkvollzug erscheint und die Dinge sachgemäß erscheinen lässt.
8. Seine fehlende politische Urteilsfähigkeit darf nicht darüber hinwegtäuschen, dass Heidegger die fundamentalste und tief reichendste Kritik gegenüber einer verzweckenden Welthaltung eingenommen hat. Dies ist keineswegs bedeutungslos. Denn von der Kritik Hardts oder Negris abgesehen, ist dem flottierenden Weltkapitalismus kaum eine Analyse entgegengesetzt worden, die seine Prämissen nicht teilte. Auch in eine solche Analyse reicht noch Heideggers Potenzial. Es muss deshalb keineswegs verwundern, dass die vehementen Gegen-denker der Moderne, Derrida oder Deleuze, immer wieder auf Heidegger zurückkamen. Kein analytischer Philosoph könnte diesen Raum einnehmen.

Als sich die Tendenz einer endgültigen Destruktion Heideggers abzeichnete und die ‚Schwarzen Hefte' ersten Lektüren und Relektüren unterzogen wurden, war vor allem im Blick auf die französische philosophische Landschaft und die Differenzphilosophien zwischen Derrida und Lacan besorgt davon die Rede, dass sie alle von Heidegger abhingen. Die Erschütterung müsse immens sein. Dies war auch aus der französischen Binnenperspektive heraus zunächst nicht falsch. Doch selbst wenn eine Damnatio memoriae gelingen sollte, könnte man in diesem Punkt unbesorgt sein. Dann ließe sich eine mittlerweile in die Kulturwissenschaften integrierte Differenztheorie unschwer aufrechterhalten. Vor allem ihre jüngeren Blüten und Scheinblüten, wie die Gender-Studies, haben vom Vatermord wenig zu befürchten.

Der Schaden läge auf anderer Ebene.

Das endgültige Verschwinden Heidegger würde eine den gängigen Funktionalisierungen sich entziehende Philosophie abschneiden. Gerade an diesem Punkt berührt sich Heidegger mit dem zweiten Giganten der Denkgeschichte des 20. Jahrhunderts, Wittgenstein. Ihm droht, aus guten Gründen, keine politisch historische Desavouierung. Wohl aber droht ihm, bzw. ist längst schon vollzogen, dass er mit den sprachanalytischen Übungen seiner Adepten verwechselt wird.

Ist jene letztendliche philosophische Insistenz zunächst einmal ausgelöscht, so dürfte eine nurmehr historische oder auf einzelne Argumentationsstrukturen reduzierende Deutung der großen philosophischen Grundlinien durchgehend den Diskurs bestimmen. . Heidegger war – und ist – immer auch die ‚Unruhe' und der Stachel, der sich dieser Reduktion des Denkens widersetzt.

Man bemerkt, dass sich philosophische Schulen, über die Zeit und gute Gründe weitgehend hinweggegangen sind, wie der Logische Positivismus, nun selbstsicher in Stellung bringen. Das Ende Heideggers ist die Stunde der denkfaulen, selbstsicheren Reduktionisten.

Das irritierendste und eigenständigste philosophische Denken der Moderne, das weder modern noch anti-modern ist, hinfällig und lächerlich zu machen – kann also durchaus diskurs-politisch interessant sein. Der Verlust wäre schwer zu ermessen.

Noch einmal – Einige von Heideggers Notaten in den ‚Schwarzen Heften' sind unerträglich und kaum entschuldbar. Bei der Art, wie die Öffentlichkeit verfasst ist, hätte man, ohne Prophet sein zu müssen, ahnen können, dass sie zu einer finalen Demontage führen würden. Ahnte der Fallensteller von Messkirch dies vielleicht gar, als er ganz ans Ende der Gesamtausgabe, die „Wege, nicht Werke" dokumentieren sollte, jene ‚Schwarzen Hefte' setzte. Wollte er im Gewirr der Holzwege verschwinden? Derlei Intrigentheorie scheint mir wenig fruchtbar zu sein. Die Publikation der Hefte ist nun vorgezogen worden-, und es spricht für die Nachlassverwalter, dass nichts verschwiegen worden ist.

Die Größe und die Schändlichkeit Heideggers zusammenzudenken, ist und bleibt eine große Herausforderung. Sie führt nicht zu dem Kehraus und selbstzufriedenen Vergessen, wie es derzeit üblich ist. Sie kann vielmehr eine Vergangenheitsauseinandersetzung anstoßen, wie sie Thomas Manns nachdenklicher und tiefschürfender Essay ‚Bruder Hitler' aus dem Jahr des Ausbruchs des Zweiten Weltkriegs eröffnet hat. Auszuloten bleibt, diesseits von Moral-, Geschmacks- und Charakterfragen das intellektuelle Denkrätsel, wie der Denker, der die aristotelischen Vollzugsformen guten Lebens wie kein zweiter freigelegt hat, die praktisch-ethischen Konsequenzen nicht zog. Dies bedeutete auch, die Interferenzen zwischen Heidegger und Husserl neu zu vermessen. Der Lehrstuhl indes, der in einem barbarischen Akt ohnegleichen unter der unzureichend verbrämten Fassade, die Nachwuchsförderung zu stärken, nun liquidiert wird, ist mit beider Namen gleichermaßen untrennbar verknüpft.

In der Auslotung dieser Fragezusammenhänge dürfte ein Lehrstück für die Zukunft liegen, keineswegs aber in einer dumpfen Fassade „kontrollierten Denkens", in der man sich brüstet, wie „herrlich weit" man es mittlerweile gebracht habe.

Was sich aber um die Nachlassedition der ‚Schwarzen Hefte' gruppiert, ist von gravierender Bedeutung und macht die Perspektive einer ungebrochenen Heidegger-Rezeption obsolet. Keineswegs kann es darum gehen, den Denker mit einem klinisch reinen Schnitt von der ‚privaten Auffassung' zu trennen. Diese weitere – primitive – Entschuldigungsrhetorik hat bereits Adornos Studie über den ‚Jargon der Eigentlichkeit' aus den fünfziger Jahren, in manchem ein Selbstexorzismus der Heidegger-Linie in seinem eigenen Denken, ad absurdum geführt. Weniger von einem seinsgeschichtlichen, als vielmehr von einem metaphysischen Antisemitismus, wie er sich zeitweise Bahn brach, ist daher zu sprechen,- einem Antisemitismus, der in der deutschen und gräkophilen bzw. gräkomanen Ideengeschichte der Deutschen besonders weitreichende Vorgaben hat. Donatella Di Cesare hat mit bemerkenswerten Belegen und Argumentationen diese unselige Tradition rekonstruiert. Kann die Folge sein, dass man jener deutschsprachigen Denk- und philosophischen Tradition eo ipso den Abschied verkündet und ihr das Requiem singt?

Emmanuel Lévinas, einer der profiliertesten jüdischen Denker des 20. Jahrhunderts, zugleich bis an sein Lebensende bedeutender Talmudgelehrter, sprach von der Nicht-Indifferenz des jüdischen Bundesgedankens, die als Stachel und Anderes in die großen Linien der abendländischen, griechisch geprägten Philosophie einzufugen wäre. Dies ist ein anderer Umgang, der den Gesprächsfaden nicht reißen lässt. Zu dem Spannungsfeld von Hermeneutik des Verdachts und einer Hermeneutik des Vertrauens kommt ein Drittes, die Aufweisung von Korrespondenzen und Gesprächslagen, die Texten und ihren Verfassern selbst nicht hinreichend präsent gewesen sind.

So gälte es, jenseits von Affirmation, bloßer Ideologiekritik und Dekonstruktion diese ungeführten Gespräche sichtbar zu machen, auch ihren schuldhaften Abbruch. Neben der Rekonstruktion der verschränkten, versiegelten Zeiten, der

Zukunftshorizonte, die oftmals nicht eintraten, sondern auf dem Kalvarienberg der Geschichte liegen blieben, wäre dies eine zentrale Herausforderung für die Geisteswissenschaften des frühen 21. Jahrhunderts. Sie ist nur scheinbar auf eine Hermeneutik des Vergangenen bezogen. In ihrer kritisch-kriteriologischen Dimension ist sie vielmehr unerlässlich, um den Bestand zu gewinnen, der zwischen Kulturen und in der Richtung auf eine geeinte Menschheit unerlässlich ist. Gewaltsame Versuche, die Differenz zu überspringen, sind eine Art sublimer Imperialismus- und kaum weniger schädlich und schändlich als der reale, wie ihm die „neue Rechte" noch anhängt.

Carl Schmitt – Freund und Feind

Die Lage bei Carl Schmitt ist anders als bei Heidegger oder Ernst Jünger. Schmitt ist ein dezidiert politischer Denker, ein christlicher Geschichtstheologe und zugleich ein Jurist im römisch-lateinischen Sinn des Wortes. Von diesen Vorprägungen aus musste er in den Fokus des Bürgerkriegs seiner Epoche geraten. Er analysierte in einer gnadenlosen und dabei doch, gerade auch für alle Verteidiger und Anhänger der Demokratie, unerlässlichen Weise im zweiten Teil seiner ‚Verfassungslehre' die Differenz zwischen der Normativität des Demokratischen und seinen Verformungen. Deshalb spielt die Verfassungslehre auch nach 1945 indirekt und als Lehre aus Weimar in den verfassungstheoretischen Beiträgen von Böckenförde über Lübbe bis Habermas, aber auch in den Diskussionen um eine israelische Verfassungsgebung, eine nachhaltige Rolle. Schmitt unterschied zwischen den äußeren Fassaden und den Realitäten in den Hinterzimmern – eine Differenz, die offensichtlich umso stärker hervorbricht, je mehr die verfasste Demokratie verklärt wird.

Solche Verklärung kann, wie die jüngsten Adressen an das „arme" und zugleich „erhobene" Volk durch Erdogan wieder in Europa zeigen, auf dem Weg einer unmittelbaren Volkssouveränität geschehen, die Rechtsstaatlichkeit und republikanische Gewaltenteilung gerade missachtet. Und nicht anders begann auch die Sakralisierung des Volkes in der Französischen Revolution. Sie ist, wie Jakov Talmons große Studie über ‚Totalitäre Demokratie' gezeigt hat, die Mutter aller späteren großen Revolutionen gewesen – bis zu 1917 und zu Mao Tsetungs Kulturrevolution.

Der Kalvarienberg der Toten, die Erzeugung der Leichenberge ist Legion. Ein solches Volkssouveränitätskonzept kann aber auch in einer Verklärung der institutionellen Wege vonstatten gehen, in einem Legalismus, der den Untergang des Individuums in Kauf nimmt. Man darf im Angesicht der klugen Analysen von Schmitt freilich niemals verkennen, dass er als ausgemachter Demokratiegegner spricht, in der Frontstellung gegen Versailles und Weimar, befangen in den recht-linken Gemengelagen nach dem Ersten Weltkrieg, die von seinen heutigen

Adepten mit einer Art Ewigkeitswert versehen werden. Nicht zu übersehen ist dabei auch, dass der Kampf gegen Weimar und Versailles implizit eine Gegenstellung der „Ideen von 1914" zu den „Ideen von 1789" bedeutet. Der Nationalismus der Schlafwandler, die in den Ersten Krieg tappten, wird dem neuzeitlichen Aufklärungspotenzial kontrastiert. Deshalb haben die Schmittschen Formulierungen, auch wenn ihre epigrammatische Latinität noch so sehr funkelt, auch den Charakterzug des Ressentiments und des Retrograden. Es besteht – gewiss – guter Grund, einer nur auf Fortschritt gepolten Moderne zu misstrauen. Ihr Destruktionspotenzial sollte nicht verneint werden, die Dialektik der Aufklärung und ihre Schatten- und Nachtseiten sind genau zu erkennen. Dies legitimiert aber nicht die Positionierung für eine Gegen-Aufklärung, die auch das Element unverlierbarer Menschenwürde und eines bleibenden, situationsinvarianten sittlichen Ethos preisgibt. Wer sich auf Carl Schmitt als heimlichen Klassiker beruft, kann diesem Kurzschluss kaum entgehen. Er zeigt sich in der rigiden Umpolung der politischen Sphäre als einer Sphäre spezifischer Verschärfung, die im Freund-Feind-Gegensatz kulminiert. Ausdruck findet die selbe Haltung auch in der kolportagehaften Aussage Schmitts: „Wer Menschheit sagt, will betrügen!".

Auch in anderen Feldern des weitausgreifenden und zugleich tief gespaltenen Werkes von Carl Schmitt ließe sich diese Ambivalenz zwischen normativer Fehlorientierung und bemerkenswerten diagnostisch-sachlichen Einsichten konstatieren: So wenn er den Nomos der Erde als eine Urstiftung des Gesetzes konstatiert. Nicht anders hat es Platon, vor dem Hintergrund der archaischen Gesetzgebung der Griechen, gesehen. Doch die archaischen Gesetze, die die Alten auf eine göttliche Schickung zurückführten, eine THEIA MOIRA, bedürfen der vernünftigen Rekonstruktion und Überprüfung einer entzaubernden Rationalität, um mit einer modernefähigen Normativität irgend in Verbindung gebracht werden zu können. Im Ansatz forderten dies bereits die Sophisten für die griechische Antike. Ihre Destruktionsmacht sollte nach Sokrates und Platon freilich nicht das letzte Wort behalten. Carl Schmitt aber setzt sich nicht mit den Potenzialen der geforderten Rationalität, aufgeklärter Delegitimierung auseinander.

Oder: Der einstige Staatsdenker wandte sich seit den vierziger Jahren in einer Art erzwungenem inneren Exil der Frage nach den Großräumen zu. Sie gehen über staatlich-nationale Zusammenhänge hinaus. Ihre Verfassung ist, so betonte er, völkerrechtlich transnational zu denken. Schmitt hat bei dieser Konzeption freilich geostrategische und taktische Überlegungen der Hitlerschen Wehrmacht angesetzt. Er konnte die Goßraumfrage nur als Freund-Feind-Frage, als jeweiligen Antagonismus aufwerfen. Wenn man darin eine überstaatliche, vielleicht sogar auf Befriedung der Staatenkonflikte zielende Erkenntnis vermuten möchte, sollte man diese unheilige Genealogie nicht überblenden.

Schließlich hat Schmitt als Grundparadigma seines Etatismus gerade keinen Staat, sondern die große politische Form der katholischen Kirche benannt. Er ist ähnlich wie in Frankreich Mauriac Verfechter eines Politischen Katholizismus. In der Kirche als politische, nicht als religiöse Gestalt, sieht er die große, die maßgebliche politische Form kat'exochen. Doch das eigentliche Glaubensmysterium tritt für ihn, ebenso wie für die Franzosen deutlich in den Hintergrund. Nun sollte man auch über solche Fragen nur mit äußerster Zurückhaltung urteilen.

Man könnte die Konsequenz ziehen, dass Schmitt sich zwar als dezidiert und entschieden katholisch, nicht aber ebenso dezidiert als Christ verstanden hat. –

Der Freund-Feind-Ansatz, gepaart mit einem grenzenlosen Opportunismus, Kehrseite der faszinierenden Vielschichtigkeit der Schmittschen Persönlichkeit, die letztlich aus der Bohème und den Literatenkreisen des Dadaismus hervorging, ist die elementare Matrix, in die sich Carl Schmitts Entwicklung am Ausgang der Weimarer Republik und in der Zuspitzung der Zeit bis zur Hitlerschen Machtergreifung und darüber hinaus einzeichnet. Diese Spielernatur sollte allerdings bei Schmitt, ebenso wenig wie etwa bei Gottfried Benn, keineswegs als Entschuldigungsgrund für die tiefe Illusion gelten, in die sie 1933 verfielen. Auffällig ist, dass weder Jünger noch Heidegger noch Schmitt, auch nicht Gottfried Benn zu einer tiefergehenden Selbstrevision in der Lage waren. Sie bezogen sich vielmehr nach 1945 auf ihre einstigen Deutungsparadigmata zurück. Zum Teil ließen sie ihre eigene Frage „von Irre und Schuld" in eine metaphysische Dimension abgleiten. Doch das schlichte Diktum „Ich bin's", das nach Hegels Verzeihungsanalyse grundlegend für die Selbstentdeckung des Frevlers ist,- sie haben es nicht gesagt. Wie unzureichend die jeweilige Öffentlichkeit immer sein und gewesen sein mag (und auf die Unrechtmäßigkeit einer solchen Öffentlichkeit verwiesen beide wie auf eine idée fixe): Dieses Wortes würde es bedürfen, wenn man ein tief gefallenes Denken verantwortlich wieder in den Rang des Normativen setzen wollte.

Ähnliches gilt auch für die teilweise bestialischen Begründungen der Linken und so bedeutender Theoretiker wie Bloch, Benjamin oder Lukács, die auf unterschiedlichem Kenntnisniveau, teilweise in dialektischem Widerstreit mit sich selbst, den stalinschen und sonstigen Terror rechtfertigten und über seinen realen Status quo hinaustrieben. Dort, auf der Linken, war es eine „Besoffenheit" angesichts der innerweltlichen Erlösung, die nun möglich geworden zu sein schien. Rechnung getragen wurde ihm später durch permanente Selbstrevisionen der Parteilinien wie bei Georg Lukács bis zur Selbstverleugnung, oder durch Retuschen an den eigenen Texten wie bei Bloch. Auf Seiten der Rechten greifen dagegen Rankune und Ressentiment sehr weit in die DNA der systematischen Weichenstellungen selbst ein.

Zweites Kapitel: Biographica

Biographica

Frühe Jahre und (links)intellektuelle Unruhe

Ein wichtiger Parameter bereits vor meiner Geburt ist die Herkunft aus einer wahrlich nicht NS-faschistischen Haus. Der „Nationalbolschewismus" von Ernst Nieckisch und dem späteren Begründer der Nürnberger Zeitung, Joseph E. Drexel, in dessen Umfeld sich mein Großvater Karl Seubert, Verleger, Druckerei- und Setzereibesitzer (1900-1959) im NS-Staat bewegt hatte, spielte eine gewisse Rolle. Stärker war die an die Sozialdemokratie angelehnte Ablehnung der Nazi-Bande, ein klarer Sinn für Vernunft und ein nach allem, was ich von meinem Großvater weiß, nicht übermäßig religiös ausgeprägtes Selbstverständnis. Ich lernte ihn nie kennen. Doch die Erzählungen meiner Großmutter ließen ihn mir durchaus vertraut werden. Selbst studierte ich die Autoren der Kritischen Theorie, Horkheimer, Adorno, Benjamin und auch die wichtigeren Werke des Marxismus schon mit Vierzehn, Fünfzehn. In meiner Generation hatte man den Vorteil vor zwanzig oder dreißig Jahre Älteren, dass man nicht mehr auf Gurus und Lebensmeister angewiesen war und sich nicht in den dogmatischen Achtundsechziger Herden und – Horden bewegte, wenn man an Theorie interessiert war. Man war damit weitgehend allein. Nur eine Jugendfreundin teilte diese Denk- und Leseleidenschaft, in Grenzen. Immerhin. Wenn man auch belletristische Literatur las, Gruppe 47 und darüber hinaus, war man über den demokratischen Zustand der achtziger Jahre, der Ära Kohl irritiert. Ich war nie Aktivist der verschiedenen Bewegungen, aber am Beginn meines Studiums eher auf der Antiatomkraft-Seite, auf der Seite des Protests gegen die NATO-Nachrüstung, eher auf einer habituellen Linken. Ein Kohl-Poster jedenfalls hatte ich sicher nicht über dem Bett hängen und in die Junge Union wäre ich nicht eingetreten. Studentenverbindungen lagen jenseits meiner Vorstellungskraft. Kohl und Strauß fand ich damals unmöglich. Den „täglichen kleinen Faschismus", von dem Wolf Biermann einmal singt, schien mir eine latente, doch sehr real drohende Wirklichkeit. Wann würden die Masken fallen? So war ich ein intellektuelles, sehr schmales, durch Jugend- und Kinderkrankheiten gezeichnetes Bürschchen. Wenn man mich später bei einschlägigen Vorträgen fragte, ob und wo ich gedient hätte und in welcher Verbindung ich gewesen wäre, musste ich innerlich, je nach dem Fragenden lächeln oder grinsen. Das war weit entfernt von meinem jugendlichen Lebensszenarium. Den Turnvater Jahn-Sport unseres Turnlehrers hasste ich.

Die Suche nach dem richtigen Leben im falschen, auch die Anzeige Adornos, dass es dies nicht geben könne, waren in meiner intellektuellen Jugend lange vor dem Beginn des Studiums eine Selbstverständlichkeit. Das andere war die geradezu eruptive Erfahrung Heideggerschen Denkens, das mir vom Vater jener Jugendfreundin nahegebracht worden war. Ich verstand nur die Wucht von Heideggers

Sprache, kaum Einzelheiten. Doch von Heidegger her öffnete sich ein Strom von Wirklichkeits- und Wahrheitserfassung, der über die Offensichtlichkeiten der zeitgenössischen Literatur der Böll und Grass und einer kritischen Linken hinausging, auch wenn mir deren indirekt intellektuelle Sprache näher war. Durch Heideggers Texte und die Vorlesungen, die nach und nach in seiner Gesamtausgabe erschienen, wurden Blicke auf Platon, Aristoteles und vor allem Hegel frei. Dass mich die Philosophie, in der Spannung von Texten, Traditionen und Versuchen des Selbstdenkens, weiter in Atem halten würde, war mir früh klar. Ich fragte mich aber auch, nach ersten Gesprächen mit entsprechenden Studienberatern, ob die Philosophie nicht zu heilig sei, zu sakrosankt, um sie wie ein akademisches Fach zu studieren. Deshalb wählte ich sie zunächst nicht als Studienfach. Germanistik und Geschichte waren meine Hauptfächer, die Theologie immer mit-präsent, von Anfang an. Doch Pfarrer wollte ich ebensowenig werden wie Lehrer, sondern akademisch lehren und forschen, als Professor – und zwar primär für Philosophie. Dass ich immer wieder auch in die juristische Fakultät schaute, blieb ohne berufliche Folgen. Eine starke Neigung zu einem normativ zuspitzenden Denken, auch wenn es nicht alles sein konnte, habe ich mir vielleicht von hier her bewahrt.

Intellektualismus, den man zeitweise in Deutschland mit dem Epitheton des Jüdischen und Zersetzenden identifiziert und gahasst hatte, war mir nicht fern. Ich liebte dieses Nicht-Vollständigkeit, die gebrochenen Identitäten. Dass die hochgerühmte ökonomisch aufgerüstete Bundesrepublik eine latent faschistische Innenseite haben sollte: diese Achtundsechziger-Vorstellung, schien mir lange unzweifelhaft.

Doch daneben wollte ich auch die großen Ströme der Weltliteratur erfassen, die Korrespondenz großer Brände und darauf folgender Ernüchterungen. Ich las vor meinem Studium exzessiv wie nie zuvor und danach, und dabei faszinierte mich gerade eine Literatur, die es auf nichts abgesehen hatte, auch nicht auf höhere Weisheit und Erleuchtung. Und erst recht nicht auf politische Festlegung. So las ich auch einen Ernst Jünger, gerade den späteren, einen Doderer, verstrickte mich in den Sound von Benns Gedichten.

Die eigentliche Philosophie, die mich beschäftigte, musste von weiter her kommen. Die Frankfurter Destillation war irgendwann nicht genug. Sie beschrieb den großen Bogen zwischen Platon – Hegel – Heidegger, den drei Brückenheiligen, in deren Arkanum ich zunächst ohne Anleitung einzudringen suchte, ehe ich im alten Friedrich Kaulbach und Manfred Riedel, der mein Mentor bleiben sollte, seit Beginn meines Studiums die Förderung fand, die es brauchte. Von ihnen ging ich zu anderen Lehrern weiter, ohne die strenge Denkschulung je gering zu achten – auch in ihren anachronistischen Zügen nicht.

Von den kurzfristig chicken Theorien, die ich eher aus eigener Lektüre in die seinerzeit doch sehr konventionellen akademischen Gepflogenheiten einbrachte, wendete ich mich zunehmend immer mehr den großen und originären philosophischen Texten der Vergangenheit und ihrer Prägekraft in der Gegenwart zu.

An der Philosophie hat mich immer zuerst ihr Weltbegriff, nicht der Schulbegriff, fasziniert. Kant hat diesen Weltbegriff der Philosophie virtuos als das definiert, was jedermann notwendigerweise interessiert. Ich näherte mich ihr langsam an, über die Grundfragen der Theologie-, die Kunst- und die Geisteswissenschaften. Formale und begriffliche Präzision ist ein Weg zu diesem Weltbegriff. Wenn er außer acht gelassen wird, nimmt sich die Philosophie Einzelwissenschaften zum Maßstab und verfehlt eben dadurch ihre umfassende Befragungskunst; jene Skepsis, deren Kehrseite die Suche nach den letzten und ersten Gründen ist. Doch der Begriff ist nicht Selbstzweck. Mit seiner Hilfe müssen Sachfragen geklärt werden. Philosophie ist mithin ihrem Wesensbegriff nach Erste Wissenschaft; zugleich ist sie mehr. Sie ist, wie sich in seltenen Höhepunkten zeigte, auch in der Nähe zur Kunst und auf der Suche nach Weltwissen: Weisheit – ohne den beruhigenden Fixpunkt der Weisheit dauerhaft einzunehmen.

„Jeder Jeck ist anders" weiß ein kluger Satz aus dem Rheinland. Die einen Jecken denken linearer, die anderen mehr im Zickzack. Als junger Student fürchtete ich eine zu große Linearität und Zielstrebigkeit. Ich dachte, dass in einem ungebrochenen Karrieristenweg meine Gefahr liegen würde. Das ist es nun wirklich nicht! Heute sehe ich mich anders: Bei mir ist auf der einen Seite immer die Neigung zur akademischen Sphäre bestimmend gewesen, zu Genauigkeit, Präzision, Arbeitsaskese, die mir paradoxerweise, unter allen Dingen der Welt, außer den schönen Dingen und dem reinen Otium, die größte Lust bereitet. Doch zum weltfernen Stubengelehrten bin ich gar nicht geeignet. Ich wollte immer auch wirken. In keinem Bereich bin ich ganz heimisch, schon gar nicht im akademischen. So schön die Glasperlenspiele sind, ihre Zeit ist abgelaufen – und selbst wenn es mit ihnen noch ginge, dauerhaft finde ich sie langweilig.

Mit meinen akademischen Lehrern hatte ich ein im nachhinein kaum vorstellbares Glück. Auch wenn es methusalemhaft klingt: ein junger Student würde heute solche Lehrer nicht mehr finden. Er würde sie auch nicht suchen. In meinem ersten Semester hörte ich, ohne auch nur ein Drittel zu verstehen, die inspirierende, tastende Vorlesung des alten Friedrich Kaulbach über Hegels Phänomenologie des Geistes. Hier entstand der Eindruck, dass mich die Philosophie lebenslang in Atem halten würde. Die Neigung zu Philosophen aus der älteren und ältesten Generation, die alle indirekt meine Lehrer geworden sind, begann hier: Lehrzeiten bei Rudolph Berlinger und Erich Heintel schloss ich sehr bewusst an bevor ich promovierte. Ebenfalls schon im ersten Semester hörte ich Manfred Riedel, bei dem ich promovieren und unter dessen Ägide ich habilitieren sollte. Es war die Verbindung von skrupulöser Interpretation und zeitweisen spekulativen Durchsichten, Einsichten, wenn er sich vom Manuskript löste, die faszinierten.

Riedel zu hören, legte mir nahe: da gab es etwas zu verstehen, auch wenn ich es am Anfang selbst noch nicht verstehen konnte, und auch habituell eine Art ‚Änigma' , Elite, die man lernend nicht einholen konnte, in seinem Anspruch lag. Die Prägungen durch die anderen akademischen Lehrer, auch in den Feldern der Theologie, Geschichte Literatur- und Gesellschaftswissenschaften, die in meiner akademischen Biographie einen festen Ort haben, kann ich hier nicht im Einzelnen nachzeichnen. Alle beeinflussten sie mich und sedimentierten einen Vorbildcharakter. Mehrstimmig, teils gegenläufig, aber jeweils überzeugend und nicht preiszugeben.

In der Philosophie wurde ich aus eigenen Erwägungen und guten Gründen heraus niemandes Schüler. Jedenfalls nicht ganz, auch wenn mich Riedel, schon durch die genaue Betreuung der akademischen Qualifikationsschriften, geformt hat. Nachkantische Subjektivitätsphilosophie lernte ich in München bei Dieter Henrich kennen, die spekulative Metaphysik des Einen im Neuplatonismus bei Werner Beierwaltes; auch Vorlesungen (damals gerade zur Rechtsphilosophie) und Seminaren von Habermas in Frankfurt verdanke ich inspirierende Anregungen, vor allem die Einsicht in den ganzen Kosmos analytischer Philosophie. Dass es in der Philosophie um Rekonstruktion geht und nicht nur um Doxographie, begriff ich gerade bei Habermas.

Die literarische Hermeneutik und die Alteritätserfahrung an spätmittelalterlichen und barocken Texten bei Theodor Verweyen bleiben als intellektuelle Disziplinierung unvergessen; ganz anders waren die marxistischen und Lacanianschen Grenzgänge des großen Mediävisten Karl Bertau. Bei ihm erhielt ich nach den Sitzungen bemerkenswerte Privatissima. Eine Fachwissenschaft, die aus den besten und avanciertesten Ansätzen anderer Disziplinen mehr schöpfte als aus der unmittelbaren Literatur der eigenen Disziplin, schwebte Bertau vor. Dies war faszinierend – meines Erachtens hat er eine Bedeutung, die noch viel weiter geht als sein faktischer Ruhm. Auch die Gebrochenheiten und Negativitäten fand ich gerade bei Bertau wieder, die ich in meinen jugendlichen Lektüren erprobt hatte und die mich, ohne dass ich an der Schule einen besonders inspirierenden Lehrer gehabt hätte, in die Literatur und Philosophie zogen.

Geschichte in philosophischer Tiefenschärfe und in der Nähe zur praktischen Politik lernte ich von Michael Stürmer. Er gehört zu den brillantesten akademischen Lehrern, die ich kennenlernte. Vorbild wurde er mir nicht nur wegen der extemporierten weltgeschichtlichen Betrachtungen, sondern auch als Stilist und Mann von Welt. Die Nähe in der Ebenhausener Zeit wurde zum Beginn eines Zwiegesprächs, das bis heute anhält.

Akademische Lehrer, die zu sehr den Vater gaben und einen bewahrten und führten, mied ich. Ebenso solche, die allzu sehr abfragten. Ich suchte die Freiheit, den methodischen Sprung vom schulischen Korsett in die akademische Eigenständigkeit.

In diesen frühesten Anfängen des Schülers waren Platon, Hegel, Heidegger der Begleittext zum Abitur gewesen. Der Messianismus Ernst Blochs und die Negative Dialektik Adornos entzifferte ich als Gymnasiast, neben den großen Texten der Weltliteratur. Ich war in der Jugend wohl eher, was ich damals für ‚links' hielt. Einerseits faszinierten mich die heißen Projekte: Spanischer Bürgerkrieg, Chansons und Lieder aller Proteste und Revolten. Sie gaben den Sound für die tieferen, dialektischen Erkundungen. Die Dynamik und Brechung der Moderne sog ich, auch musikalisch und in der bildenden Kunst, von früh an in mich auf. Hier brauchte ich keine „nachholenden Revolutionen". Nach und nach sah ich, dass ich schnell denken konnte, Kehrseite einer gewissen Ungeduld, die mir zur zweiten Haut wurde. Dass solche Begabungen und die stoische Intangiblität des Akademikers, die auch zu Zynismus führen kann, nicht ausreicht, wenn man Erkenntnisse gewinnen will, wurde mir erst nach und nach und viel später deutlich.

Das universitäre Leben war vor mehr als 30 Jahren, als ich mit ihm in Berührung kam, sehr frei, viel freier als sich heutige Bologna-Absolventen mit dem großen bürokratischen Aufwand und den Modularisierungen dies vorstellen, aber auch als es in interdisziplinären Stipendienclustern verortete künftige Juniorprofessoren bei ihrer Karriereplanung vor Augen haben können, und das obwohl die Ordinarien alten Rechts natürlich über einem Mittelbau thronten, wie das später nicht mehr der Fall war. Natürlich war jene Universität auch voller Mängel und Unzulänglichkeiten. Sie war korrumpiert, Massenuniversität – und doch noch erkennbar Alma mater. Ich selbst und meine nächsten Kommilitonen und Kommilitoninnen dachten viel weniger karrieretaktisch. Bei den künftigen Lehrern war die Karriere vorgezeichnet, die andern hatten mit einem geisteswissenschaftlichen Studium damit von vorneherein abgeschlossen. In einer Resignation, dass man später eben Taxi fahren würde, die mich nervte. Wir redeten uns Nächte lang bei einigem Alkohol, der aber nicht die Hauptsache war, die Köpfe heiß, obwohl der ideologische Furor der Nachhachtundsechziger schon längst der Vergangenheit angehörte. Früh kam ich sowohl an der Theologischen Fakultät wie im Deutschen Seminar zu Tutorien, Seminaren gemeinsam mit älteren Dozenten, und dann eigenen Lehrveranstaltungen. Ich war zwei, drei Jahre älter als die Studentinnen und Studenten. Das war schön, manchmal verstrickend. Manchmal die Hybris herausfordernd. Es gab, in meiner Erinnerung, stärkere Gegensätze als heute. Das Schlechte war schlecht, die Verpackung spielte nicht die Rolle wie in der Selfie-Generation. Dass ich meinen Weg machen würde, sagten mir verschiedene akademische Lehrer. Übermäßige Zweifel hatte ich nicht. Und ich liebte die Stoffe, die Texte, die Denkbewegungen.

Assistent in Halle

Meine Hallesche Assistentenzeit brachte mich in noch jungen Lebensjahren in eine Umbruch- und Aufbruchsituation, die ich aufregend fand und inspirierend. Ich war Riedels Assistent. Ihm ging es darum, eine Tradition der klassischen Philosophie interpretierend und hermeneutisch neu zu vergegenwärtigen, die in der Anti-Aufklärung des realen Sozialismus abgerissen war. In meinen Halleschen Seminaren und später Vorlesungen behandelte ich die großen Texte der antiken und neuzeitlichen praktischen Philosophie, aber auch Grenzfragen zwischen theoretischer und praktischer Philosophie, Methodenperspektiven – und immer wieder Platon.

Die Verbindung zur Theologie wurde durch Erlanger Veranstaltungen an der Theologischen Fakultät (teils noch mit Friedrich Mildenberger und Heinrich Assel, teils mit Walter Sparn) fortgesetzt. Dass gerade evangelische Theologie sich der Philosophie eher in einer funktionalen Weise bediente, dass sie die Metaphysik scheute und deshalb zwischen Wort-Gottes-Treue und kulturalistischem Flagellantentum frei rotierte, fand ich problematisch. Die Wahl von Leitphilosophien war im besten Fall eine Geschmacksfrage. Dem freundschaftlichen Respekt für einzelne Theologen tat dies nicht Abbruch. Aber den nicht- oder antimetaphysischen Zug konnte ich nicht richtig verstehen. Frei und als junger Doktor zu lehren, war eine Lust, begleitet durch die disziplinierte Arbeit an der Habilitationsschrift, die vom Akut der Moderne in der Dissertation (Heidegger und Nietzsche) auf die Grundfrage Platonischer Rechtslehre zurückkam, die ich als ein Zentrum Platonischen Denkens interpretierte. Es war üblich, dass man vom eigenen Lehrer auf Pfade hingewiesen wurde, die ihn interessierten, die er aber nicht behandeln konnte. Ich wusste wohl, dass ich damit die Vorgeschichte jener Rehabilitation praktischer Philosophie aufzuarbeiten hatte, die Manfred Riedel seinerseits in seiner Untersuchung über die ‚Bürgerliche Gesellschaft' mit inspiriert hatte. Dass die Wahl des Nomos als Ausgangspunkt aber in das Ganze Platonischer Philosophie führte und dass ich das entdecken konnte, ließ die Platonstudien so faszinierend werden. Schon der Wortzusammenhang von „Nomos" zu „noos" („nous) deutete dies an. Doch man musste nüchterner sein, Heidegger vergessen, erst einmal, nochmals am Anfang, auch philologisch diszipliniert. Dies tat mir gut. Die metaphysisch spekulativen Linien, die im Zusammenhang jener Arbeit entwickelt wurden, habe ich festgehalten und denke darüber weiter nach. Manche Fäden schlangen sich von hier und von dem gründlichen Studium der neuplatonischen Tradition bei Werner Beierwaltes in den antiken Denkraum, sie führten ins Wechselverhältnis zum Christentum und zu den spekulativen Denktraditionen des deutschen Idealismus, dort, wo sie nicht nur die Neuzeit betreffen. Die Arbeit an Platons Dialogwerk führte mich in größere Nähe zu sprachanalytisch semantischen Forschungen, aber vor allem zu der Lesekunst von Leo Strauss, die unübersehbar von einer jüdischen hermeneutischen Auslegungstradition bestimmt war. Ihr und ihrer indirekten Mitteilung gebe ich unter den der Antike zugewandten politischen Philosophien des 20. Jahrhunderts den Vorzug, vor Voegelin und wohl auch vor Arendt. Strauss ist viel indirekter, rätselhafter, sein systematisches Anliegen nicht gleich zu begreifen. Von Platon aus begann ich mir die wesentlichen problemgeschichtlichen Knotenpunkte und die Systematik Praktischer Philosophie zu erschließen; also der Ethik,

Politischen und Rechtsphilosophie. Spätere Studien zur Ökonomie knüpften hier an. Dass Philosophie sich nicht politisch verrechnen und vereinnahmen lassen durfte, dass sie der Freiheit bedurfte, war mir immer klar.

Die Wertschätzung gegenüber Heideggers Denken und jenem des deutschen Idealismus behielt ich, ich gewann aber deren strengen und bindenden Formen gegenüber eine sprachliche und systematische Freiheit und rekonstruktive Distanz. In der Habilitationszeit sollte man natürlich auch Aufsätze schreiben. Mich reizten weniger die standardisierten Fachthemen, die damals in der Zeit und den beginnenden Clustern lagen. Vielmehr erschloss ich mir hier das Terrain des deutschen Idealismus neu und auch das der Kantischen Philosophie. Auch der Begriff der Natur in seiner Geschichte und die Systematik der politischen Philosophie begann ich zu bedenken.

Flying Prof

Als ich habilitiert war, nach Ablauf meiner Assistenten- und Oberassistentenzeit, wurde ich Privatdozent. So war es in der alten Universität. Die Bologna-Universität konnte mit diesem Grad nicht mehr viel anfangen. Mich machte der Status nicht sonderlich glücklich. Dies lag vielleicht noch stärker an meinem Anspruch als junger akademischer Lehrer als an den Umständen.

Ich hatte, auch dank der Freiheit, die mir Manfred Riedel gewährte, als philosophischer Lehrer auf viele Hörer und manche wirken können, die dabei waren, meine Schüler zu werden. In der freischwebenden Lage des Privatdozenten nach Riedels Emeritierung und als der Assistentenvertrag ausgelaufen war, war ich ein Anachronismus, zumal nach Abschaffung der Diätendozentur und in Zeiten der Installierung der Juniorprofessoren. So nahm ich Verbindungen nach Polen, vor allem an die Adam Mickiewicz-Universität Poznan auf, wo ich auf vielen Tagungen und in Vorlesungsreihen seit 1995 gewesen war. Über eine kurze Phase als DAAD-Dozent lehrte ich seit 2006 dort als vom Rektorat berufener außerordentlicher Professor Ideengeschichte des deutschen Sprachraums. Lehrstuhl und Institutsleitung, die ich nach Wunsch des Kreises um Jan Papiór, der gerechten Solidarnosc-nahen Kollegen hätte übernehmen sollen, konnten aus rechtlichen Gründen an einen Ausländer nicht übertragen werden. Ob der Plan nicht auch an innerfakultatären Konflikten gescheitert wäre, weiß ich heute nicht. Nicht alle Konflikte in Polen bekam ich mit. Man war gut zu mir, und ersparte mir auch einiges an Ärger. Meine Vorlesungen betrafen kulturphilosophische und -methodologische Themen; sie umfassten die großen Epochen der deutschen Geistes- und Ideengeschichte, wobei ich mich an der Erlanger geistesgeschichtlichen Tradition von H.-J. Schoeps orientierte, aber auch die Literaturgeschichte. Die Freundlichkeit, mit der man mir in einer nicht einfachen Lebenszeit dort akademische Heimat bot, bleibt unvergessen. Auch der Umgang mit den – im Vergleich zu Deutschland um einiges jüngeren – Studierenden war so positiv, dass manches Ermüdende an den Umständen geringer ins Gewicht fiel. Die Posener Winter mochte ich nie, kalt, trocken. Bis in den Herbst 2012 hielt ich meine Lehrveranstaltungen in deutscher – und vereinzelt – englischer Sprache in voller Ausschöpfung meines Deputates ab. Unzählige Arbeiten habe ich betreut und Prüfungen abgenommen. Ich habe über diesen Ort, der sich in einer heutigen Gelehrtenvita wohl eher exotisch ausnimmt, immer gerne gesprochen. Es war mir eine Ehre, in einem Land zu arbeiten, dessen Bürger es dem standardisierten Kommunismus nie leicht gemacht hatten, die an Rückgrat und Profil festhielten. Lebenslang wollte ich allerdings dort nicht bleiben. Ich meinte, auch auf andere Weise und an prominenterer Stelle einen Beitrag zur Philosophie erbringen zu können. Und ich war nicht immer amüsiert, dass ich nicht selten in Diskussionen vor allem auf polnische Verhältnisse befragt wurde. Nein, nochmals, Ich habe keinerlei familiäre Bindungen nach Polen. Mit hohem Respekt für ihre jüngste Geschichte, aber unsentimental und freundschaftlich, ohne deutsches Negativ- und Positiv-Ressentiment, offen und klar näherte ich mich dem viel zu unbekannten Nachbarn. Religiosität und Freiheitssinn haben mich beeindruckt. Doch nur auf Drängen schreibe ich über Polen. Polen ist für mich Freundesland und eine Wirkungsstätte, die zur zweiten Heimat wurde, die aber nun auch wieder fern gerückt ist. Dass in allen politischen und ideellen Überlegungen, die Deutsche meiner Generation anstellen, auch eine Conditio polonia hineinspielen sollte: ist mir seitdem völlig klar.

Mit Dr. Malgorzata Grzywacz, Historikerin, Edith-Stein- und Reformationsforscherin, verbindet mich eine langjährige enge, vielfach bewährte Freundschaft. Sie hat viel mit unserem wechselseitigen theologisch religionswissenschaftlichen Interesse zu tun. Dass ich zur nachhusserlschen Phänomenologie, insbesondere zu Edith Stein, viel forschte und schrieb, ist vor allem ihrem Impuls zu danken. Sie ist einer der wenigen Menschen, von denen ich thematische Anregungen aufnehme: so will sie jüngst einen Aufsatz über Karl Valentin von mir. Die Liebe zu dem bayrischen Sprachphilosophen und –verdreher teilen wir. Wir veranstalteten Tagungen und begründeten auch eine gemeinsame Schriftenreihe im Zeichen von Edith Stein und Dietrich Bonhoeffer, aber mit Blick auf die Weltphilosophie und die Weltreligionen.

Die Sache war mir immer zentraler als Orte. Deshalb haben die Themen, die ich nach der Habilitation aufnahm, oft nur wenig mit Polen zu tun. Nach dem Arbeitsschwerpunkt zu Heidegger und Nietzsche, nach der Habilitation zu Platon waren wieder fünf Jahre vergangen: das neue große Themenfeld, in das ich mich vergrub, war Religionsphilosophie einerseits, interkulturelle Philosophie andererseits. Das Grundverhältnis von Glaube und Vernunft (fides und ratio) muss jedem, der Philosophie spekulativ auffasst, als Pendant zu den reinrationalen Wegen der Metaphysik bewegen. Es ist für die Traditionen der abendländischen Philosophie letztlich der zentrale Leitfaden. Meine Grundthese: Beim Thema der Religion steht das, was Philosophie ist und sein kann, selbst zur Debatte. Hegel hat diese Kongenialität besonders klar gesehen, Dass ich in diesem Labyrinth in äußerlich unruhigen Zeiten weiterkam, verdanke ich auch den Vorlesungen und Seminaren, die ich seit Wintersemester 2006/07 bis einschließlich Sommersemester 2010 an der Friedrich Alexander-Universität Erlangen-Nürnberg an der Theologischen Fakultät, später Theologisches Department, halten konnte. Sie behandelten nicht allein religionsphilosophische Themen, sondern suchten Philosophie, Theologie und Religion in ihrem komplexen Verhältnis zu erhellen. Einiges davon ging in die Aufsätze und Abhandlungen jener Jahre ein. Ein kleines Buch ‚Religion' (2009) gibt eine knappe Summe, eine größere Monographie, die „Vermessung eines Terrains", veröffentlichte ich 2013. Dort in Erlangen, einer Stadt mit bildungsbürgerlicher Tradition, kamen, ganz gegen den Trend der Bologna-Universität, neue Hörerinnen und Hörer in meine Veranstaltungen, jüngere und ältere, in einer sehr intensiven, teilweise neugierig gepsannten Atmosphäre. Diese Vorlesungen am Freitag morgen waren glückliche Zwischenspiele. In Halle lehrte ich nur noch vereinzelt. Doch hätte ich mir eine stärkere institutionelle Verortung gewünscht, wenigstens auf Zeit – meine Hörer auch. Die Situation von Romano Guardini, dessen Vorlesungen zur ‚christlichen Weltanschauung' in den zwanziger Jahren nach den Veranstaltungen des Turnlehrers firmierten, ist mir nicht fremd. Mit Bedauern stellte ich, weil meine eigenen Kapazitäten dies nicht mehr ergaben, jene Vorlesungen nach knapp fünf Jahren ein. Dass es in vielfacher Hinsicht eine größere Nähe zu Formen katholischer Fundamentaltheologie und Religionsphilosophie gibt, sah ich an manchen Begegnungen. Die antimetaphysische Tendenz der evangelischen Theologie verstehe ich bis heute noch nicht recht.

Meine damals projektierten Arbeiten, eben die Religionsphilosophie, aber auch eine Geschichte des Naturbegriffs fanden, trotz sehr positiver, namhafter Voten, nicht die einstimmige Billigung eines DFG-Gutachterskreises für ein Heisenbergstipendium. Dies machte die persönliche Lage nicht leichter, es gab aber Freiheit zu Denken und Arbeit. An heutiger Forschungsförderung stört mich mitunter eine Konformität, der ich meine eigenen Arbeitsschwerpunkte niemals unterordnen wollte. Oft bleibt der Theorie- und Begriffsrahmen nur unbefragt. Die Hengste der Gremien blocken Fragestellungen, die ihnen fern liegen, ab. Doch gerade in der Philosophie ist dies sehr problematisch. Hier wären Revisionen erforderlich, die auch das Profil von ‚Exzellenz' verändern müssten, über das viel gesprochen wird. Auch andere, unter anderem der bedeutende Editionswissenschaftler Reuss haben dies bemerkt und darauf hingewiesen. Doch das System öffnet sich nur langsam...

Die Ansätze einer interkulturellen Philosophie, die nicht nur politischer Ornat sein will, sondern begriffen hat, dass Philosophie in ihrem Wesen der Gegen-Lesarten, der Multiplität der einen Vernunft, bedarf, leuchteten mir ein und ich nahm sie allmählich, auch inspiriert durch Korrespondenz und Gespräche mit Hamid Reza Yousefi, kritisch in die eigenen Reflexionen auf. Ich ging dabei freilich niemals von einem ermäßigten Begründungs- oder Wahrheitsanspruch aus, und auch nicht von hermeneutischer Horizontverschmelzung im Sinne Gadamers, sondern mit Heinrich Rombach von der Hermetik der Kulturen und Traditionen. Nur dann, wenn man sie in ihrer Tiefe und inneren Logik durchdringt, soweit sie sich irgend erschließt, werden sie aufeinander durchlässig.

Ram Adhar Mall führte mich liebenswürdig in diese Zusammenhänge ein. Mit Reza Yousefi, dem innovativen Fortsetzer dieser Belange, führte ich sie weiter. Uns verbindet der gleihce Jahrgang. Seine Übernahme eines Lehrstuhls im Iran macht mich nicht glücklich, da ich große Vorbehalte gegenüber diesem Staat in der Weltpolitik hege und jüdische Freunde hier zu Recht ein No go markieren. Hier sind Grenzen. Doch nicht solche der freundschaftlichen Dankbarkeit. Mein genuiner Beitrag zu interkulturellem Philosophieren bestand in einer Reihe von kleinen Monographien (Bautzverlag 2005-2007) zu Cusanus, Max Weber, Schelling und – eben – Heinrich Rombach, in denen ich jene Denkformen einer interkulturellen Lesart zugänglich zu machen versuchte. Mittlerweile habe ich auch mehrere grundsätzliche Abhandlungen zu Methode und Sache interkultureller Philosophie vorgelegt und die vorläufige Summe ‚Weltphilosophie', Baden-Baden 2016. Jener Blick, der weit über die europäischen Horizonte hinausgeht, wird mich auch in den Arbeiten der Zukunft begleiten.

Mehrere Berufungsverfahren gingen in dieser Zeit knapp an mir vorbei. Über Ursachen und Gründe zu meditieren, ist müßig: indes, ich gehörte nie einer Schule an, schon gar keiner gut vernetzten. Manfred Riedel mied die Gremien. Das war für ihn selbst eine Frage der Klugheit. Für seinen letzten (von 4 Habilitanden) war es eher mühsam. Dann: die Philosophie in Deutschland hat sich sehr stark im Sinne analytisch angelsächsischer Richtungen und im Sinn einer immer engeren methodischen Berufung auf fachwissenschaftliche Paradigmen orientiert. Und dies binnen weniger Jahre.

Philosoph bin ich geworden – und geblieben, auch um Freiheit gegenüber solchen Angleichungen zu wahren, was keineswegs bedeutet, dass die professionellen Standards der auf Argumentations- und Sprachanalyse orientierten Philosophie nicht hohe Bedeutung für mich hätten.

Den geförderten Leitdiskursen und der Generation von den Diskurs bestimmenden Personen nach meinen Lehrern konnte ich indes wenig abgewinnen. Es gibt anthropologische, bild- und kulturwissenschaftliche Wendungen des eigenen Faches, die sich teilweise auch in Ausschreibungen niederschlagen. Ich rezipiere dergleichen und lerne zuweilen davon, halte aber eine paradigmatische Festlegung letztlich für abträglich. Die philosophischen Fragen folgen einem anderen Taktmaß.

Das Verhältnis zu Manfred Riedel wurde in seinen letzten Lebensjahren kühler. Den vollständigen Rückzug einer Philosophie, die etwas zu sagen hatte, aus der akademischen und öffentlichen Welt in eine Schein-Kontemplation habe ich nicht bejahen können; er war mit manchen meiner Wege nicht mehr eins. Mir rückte seine immer detailliertere Versenkung in George und Nietzsche, und die Überidentifikation mit beiden, fern. Mir wurde berichtet, dass ihm das einzigartige Gespräch, das wir durch fast zwanzig Jahre geführt hatten, zuletzt sehr fehlte. Mit Hölderlin, den er liebt: ein Gespräch, das wir, als Lehrer und Schüler, waren und das, wo es auch in den späten Jahren nochmals aufbrach, immer schön und glücklich war. Auch mir fehlte es und fehlt es – bei Gott – bis heute. Nichts Verglecihbares ist an seine Stelle getreten. Man lernt: Manches bleibt in einem Leben ohne Fortsetzung. Wir hätten uns gewiss wiedergesehen und an Vergangenes angeknüpft. Sein Tod, am Tag nach seinem 73. Geburtstag, am 11. 5. 2009 machte diese Erwartungen zunichte. Dass ich manches post mortem über ihn schreiben und auch edieren konnte, dank des Vertrauens seiner Familie, ist gut.

In jenen Jahren begann sich eine enge freundschaftliche Beziehung über die Generationen hinweg mit Günter Rohrmoser anzuknüpfen. Faszinierend war mir, dem fast Vierzigjährigen, der aus der Zeit zu fallen drohte, eine Ähnlichkeit von Interessen, auch Temperamentslagen. Wir hatten, wenn auch mit vierzig Jahren Unterschied, fast dieselben Studienfächer durchlaufen: Germanistik, Theologie, Gesellschaftswissenschaften. Rohrmosers und letztlich schon seines Lehrers Joachim Ritters Wagnis, Philosophie nicht nur akademisch zu nehmen, sondern sie gleichsam zur Erkenntnis der Wirklichkeit einzusetzen, imponierte mir in dem Maß, in dem mich die gängigen Diskurse lähmten. Ebenso seine bis ins hohe Alter bewahrte Kraft, gleichsam mit einem Blick Ideologien und Theorien zu durchschauen. Die eigenen Black boxes erfasste er hingegen nie. Sein Maßstab war dabei zuerst die Hegelsche Philosophie. Aber es war auch das Christentum und vor allem Luthers Theologie. Diese Dimensionen sind mir durch Rohrmosers Einfluss neu wichtig geworden.

Ich übersah schon damals Rohrmosers Schwächen nicht. Er war ein Rhetor für die Massen, und damit ein „terrible simplificateur". Zu viel Subtilität versuchte er mir auszureden – mit mäßigem Erfolg. Das eigene Bild und den eigenen Maßstab legte er allzu sehr auch an mich an. Dennoch war zwischen uns eine tiefe, bewegende Sympathie. Auch er fehlt mir noch Jahre nach seinem Tod 2008. Rohrmoser ist allerdings nie für mich die prägende Instanz gewesen oder gar mein Lehrer, wie manche konservativen oder linkspolitischen Schwadroneure behaupteten. Nur in einer Art Augenhöhe und nachdem ich meinen eigenen philosophischen Weg gefunden hatte, konnte diese Begegnung fruchtbar sein, auf einige Jahre und in Grenzen. Ich weiß mich seinem Nachlass noch immer verbunden. Sehr viel ist daraus nicht mehr zu heben. Er lebte zu sehr in der Wiederholung einzelner, freilich leuchtender Einsichten. So wurde mir klar, dass man derartiges nur weiterbildend, verändernd gegenwärtig halten kann. Dass mich Rohrmoser in die Nähe konservativer Gruppierungen und Kreise brachte, ist klar und dass er mir einen zu Riedels Rückzug gegenläufigen Philosophiebegriff vorführte: Der engagierte Redner, der seine Zeit in Gedanken zu erfassen sucht.

Ich nötigte mich in den Jahren nach der Habilitation selbst zur Reduktion, zur Weglassung akademischen Ballasts. Das brachte neue Klarheit in mein Denken, vielleicht auch Härte, in jedem Fall Eleganz und Tanz.

Bête noire in der Mitte des Lebens

Mit den Jahren 2009/10 betrieb ich meine Umhabilitation nach Bamberg. Halle war nach dem Tod Manfred Riedels 2009 so sehr Vergangenheit, dass eine Titellehre nach Ablauf der Beurlaubung in der Posener Zeit dort als wenig sinnvoll schien. Doch meine akademische Habilitation wollte ich keineswegs ruhen lassen oder entkräften.

Zwischen den beiden, gerade neubesetzten Lehrstühlen (Illies, Schäfer) und neben einem so renommierten Außerplanmäßigen Professor wie Helmut Pape, und einigen starken Relikten von Transzendentalphilosophie, fand ich in Bamberg wiederum viele aufgeschlossene Hörer und vielleicht sogar Schülerinnen und Schüler. Ich behandle in systematischen Vorlesungen die Zwischenfelder von Theoretischer und Praktischer Philosophie: Ästhetik, Religionsphilosophie, Politische Philosophie; dann grundlegende Fragen wie Selbstbewusstsein, Methodika wie Dialektik und das Verhältnis von Philosophie zu ihrer Geschichte.

Bamberg war in jenen Jahren eine gute Ergänzung zu Poznan, trotz der teils lästigen Reisetätigkeit: Der Ort ermöglichte, in dieser Zeit die Einheit von Forschung und Lehre bis zu einem gewissen Grad zu realisieren. Engere Bindungen knüpfte ich auch wieder nach München: durch ein Seminar bzw. eine Vorlesung pro Semester an dem von Rémi Brague geleiteten Guardini-Lehrstuhl. Die Beziehungen zur Katholischen Universität Eichstätt (Walter Schweidler) verstetigten sich. Hinzu kam in diesen Jahren eine ständige Mitwirkung als nebenamtlicher Dozent an der Hochschule für Politik in München seit dem Herbst 2010. Die Studierenden der HfP, die damals noch in der alten, 1947 verliehenen Form existierte, standen in der Regel im Berufsleben. Sie kamen nachmittags in die Vorlesungen, die in drei Blöcken bis abends 21. 00 Uhr daurten, eröffneten ein Spektrum zwischen den Parteien und Nationen. Auch dies war ein anregendes akademisches Forum, nicht zuletzt durch das Privileg neben ausgezeichneten Fachvertretern, Ulrich Weiß, Cornelius Maier-Tasch und Henning Ottmann, politische Theorie zu vertreten.

Diagnose und Prognose

Mein Weg führte in jenen Jahren stärker in das unmittelbar politische Feld, und dabei zu einem Konservatismus, dem ich nicht in einer seiner verschiedenen Strömungen beitreten wollte, der mir aber als Grundhaltung einleuchtete. Warum war das so? Zunächst: Das zunehmende Ausbleiben offener Debatten über die Grundfragen und -weichenstellungen in einer so eklatanten Umbruchzeit hielt ich seit 2003/04 für zutiefst fragwürdig. Sprechblasen und bleierne Zeit sind eines demokratischen Gemeinwesens in der One World nicht würdig. Dass Angela Merkel eine Politik ruhiger Hand fuhr, erkenne ich heute an. Damals konnte ich in der intellektuellen Lähmung keinen eigenen Wert sehen. Die kurzen teils auch lobbyistischen Expertenstichworte, die Metakommentare von Talkshow-Intellektuellen und erst recht der ausschließliche Rückzug in das akademische Labor konnten meine Antwort nicht sein. Auch die überprofessionalisierte und präformierte Diskussion hinter den Türen politologischer Seminare erreichte die Realität doch nicht und blieb in Status quo-Argumenten und abstrakten Strukturen stecken. Die Verbindung zu Rohrmoser begünstigte, dass ich, stärker als bisher, eingeladen wurde, über Gegenwartsthemen zu sprechen, auch vor Kreisen, die eben – konservativ-bügerlich waren oder sich gaben.

Eine zweifache Richtschnur hielt ich dabei immer fest: 1. das Fundament der freiheitlich-demokratischen Grundordnung, 2. Dass ich als öffentlicher Intellektueller und zugleich als Hochschullehrer sprach und nicht als Parteigänger. In der gleichen Weise würde ich auch vor liberalen und linken Gremien und Instituten auftreten (früher kam das vor), wenn sie denn auf dem Boden der Verfassung stehen. Hinsichtlich dieser Parrhesia wurde mir Karl Albrecht Schachtschneider, der Kantianische Rechtslehrer, ein wichtiger Gesprächspartner. Dass es so einfach nicht ist, und dass die neue und alte Rechte zu Tarnungen neigt, erfuhr ich nach und nach. Der geschilderte Bruch mit Schachtschneider beschreibt diese Zäsur.

Mit dem Epitheton des ‚Konservativen' fühlte ich mich auch damals nicht vollständig getroffen. Dennoch erfasst es unstrittig eine Komponente, die ich für legitim hielt und halte. Gerade in einer Zeit, in der, nach einem Ausspruch von Peter Sloterdijk, alles anders bleibt. Es gilt Inventur zu machen, zu fragen, welche Traditionen uns noch verfügbar sind, welche wieder freizulegen sind, wenn man nicht in Laissez faire und rasenden Stillstand verfallen will, wenn man nicht vor technokratischen Sachzwängen kapitulieren mag. Walter Benjamins kritische Hermeneutik einer – Andenken an Vergangenes übenden – „rettenden Kritik" kann dabei hilfreich sein. Wie überhaupt eine konservative Theoriebildung, die nicht linke Momente in sich aufgesogen hat, fade und kraftlos bleibt.

Mir schien auch in den Jahren um 2010, dass im Versuch, angestammte Muster aufzubrechen, Berührungen mit einer reflektierten bewussten linken Position liegen. Denkende Linke schätze ich nach wie vor. Ich fand allerdings eher graue Wächter über Diskurshoheiten und manche, die in dürftigster Geisteshaltung akademische Freiheit beschränken. Eine argumentative Auseinandersetzung, zu der ich immer bereit war, kann es auf dieser Ebene nicht geben. Die Logik war, gerade als ich das Studienzentrum Weikersheim übernahm, oft etwa die des Syllogismus: „In Nürnberg gibt es Lebkuchenfabrikanten. Seubert kommt aus Nürnberg. Also ist Seubert ein Lebkuchenfabrikant". Dergleichen hätte sich eigentlich wie von selbst lächerlich machen müssen. Es wurde in der bleiernen Zeit mehr oder minder unbefragt geduldet. Man wollte sich nicht allzu viele weiterführende Gedanken machen. Mit meinen Bamberger und Münchner Studenten, nicht den Denunzianten, nahm ich gerade in jenen Jahren sehr bewusst das – natürlich auch kritische – Gespräch mit der neomarxistischen Philosophie des 20. Jahrhunderts wieder auf. Aus einer fortdenkenden, Kritik und Bewahrung verbindenden Analyse der Traditionen kann erst ein eigenständiges Ethos resultieren.

Ich meine auch, dass die innere Logik und Wahrheit eines offenen umfassenden, das Gespräch mit den Weltreligionen suchenden Christentums (deshalb spreche ich zuweilen vom ‚Johanneischen' Christentum, das sich am stärksten mit dem Logos verband und mir am nächsten ist) in die Verschränkung von Glaube und Vernunft, Fides und ratio, hineinführt. Ich bin als Christ Philosoph, als Philosoph Christ. Die innere Spannung und Vertiefung scheint mir fruchtbar. Als evangelisch-lutherischer Christ, der als Süddeutscher auch, im Guten und im Problematischen, dem Katholizismus nahesteht, geht es mir indes darum, den Kern christlicher Wahrheit im Blick auf eine Theologie der Zukunft, von der Eugen Biser einmal sprach, ohne falsche Borniertheiten und Verengungen freizulegen. Was ist ihr Salz, wie ist sie Licht? Sie kennt sich oftmals selbst nicht hinreichend – und dann kann sie auch nicht in das große Innengespräch mit anderen Weltreligionen eintreten. Die singuläre ethische Tiefe jüdischen Denkens war mit in meiner Jugend präsent gewesen, sie trat zeitweise in den Hintergrund. Ein großer Mangel: Gewissen und Stachel hätte sie sein müssen, gerade damals.

Mein Denken und Schreiben war auch in dieser konservativen Nähe, die ich heute so nicht mehr eingehen würde, nicht rückwärtsgewandt, sondern erinnernd, gegen den Fortschrittsstrom gedreht. Den Patriotismus betonte ich stärker als es den Gewichten im eigenen Denken entsprach. Denn der in mancher Hinsicht Konservative ist gegenüber der Linken rechts – mag sein, doch was sagt dies heute aus? Jedenfalls bleibe ich der Überzeugung, dass eine Mitte nicht diskussionslos, in Watte gepackt, gewonnen werden kann, dass Demokratie nicht durch rituelle Beschwörungen bestärkt wird, sondern dadurch, dass sie sich selbst an ihrer Norm misst.

Klar ist es gerade für Deutsche unerlässlich, die tiefen Traumata angesichts der Schrecken der NS-Geschichte zu erinnern. Zu rasch, zu billig ist vergessen und relativiert worden, was nicht relativiert werden darf. Es gilt , diese Traumata tiefer und im Kontext der Ideen- und Ideologiegeschichte der Moderne zu begreifen. Remythisierungen und Denkverbote sind eher Indizien der Heuchelei. Der verdrängte Strick im Haus des Mörders hat viel mit deutschen Geschichten und Geschicken zu tun. Davon war schon die Rede.

In meinen Vorlesungen und Seminaren geht es mir immer darum, Dinge zu Ende zu denken. Philosophische Analyse ist deshalb mitunter analytisch kalt, sie kann aber auch leidenschaftliches Timbre gewinnen. Ich folge nicht einfach akademischer Routine, sondern immer, wo es nottut und möglich ist, der Idee der unbedingten Universität von Derrida. Fichte wusste, akademische Freiheit verbrauche sich nur, wenn sie nicht in Gebrauch genommen werde. Konservativ bin ich allerdings im Habitus und, wenn ich auf Vertrauen, auch zwischen Lehrenden und Lernenden, setze und meinerseits bestehe, ist es die Bewahrung eines Ethos, das ich für unverzichtbar halte, auch in seiner Unzeitgemäßheit. Ich sehe verwundert und erschreckt, dass in Zeiten von Facebook und Twitter dieses Vertrauen in der Universität zunehmend verlorengeht. Wissen die, die es missbrauchen und im Sekundentakt Halbwahrheiten nach außen geben, was sie zerstören? Ist der Destruktionsprozess noch aufzuhalten? Wenn nein, bleibt dann nicht auch in den Geisteswissenschaften nur Sprachregelung und Mittelmaß?

Ich halte es nach wie vor und seit den Jahren nach 2011, als ich an verschiedene Pranger gestellt wurde, für alarmierend, dass solche Kreise, die den Ehrennamen des Antifaschismus missbrauchen, Personen, die sie offensichtlich so interessieren, dass sie sie öffentlich desavouieren möchten, nur „verorten", „fixieren", sich ein Zerrbild von ihnen machen, dass sie aber nicht lesen, was man geschrieben, nicht hören, was man gesagt hat. „Halts Maul!" – waren die faschistoiden Schreie, die ich auf einem ‚Go in' in einen öffentlichen Vortrag erlebte.

Niemand aus diesen Zusammenhängen, der oder die je ernsthaft bei mir studiert hätte. Doch man versuchte, und es gelang sogar teilweise, sich so zu präsentieren, als vertrete man „die Studenten". Lokalmedien und eine in die entsprechende Linie gebürstete Öffentlichkeit nehmen das sogar ab. Diese ganze widerliche Heuchelei ist mein massiver Einwand gegen die selbsternannten ANFITFAs.

Als ich 2010 von Prof. W. Stribrny das Präsidium des Preußeninstitutes übernahm und 2011 das Präsidium von Weikersheim, ging ich über den bisherigen Rayon hinaus. Ich publizierte nicht nur, gelegentlich auch in konservativen Zeitungen und Zeitschriften. Ich übernahm Ehrenämter, die den Verdacht, man würde nun doch zu einem Funktionär bestimmter Kreise erstmals nähren konnten.

Was waren meine Gründe, im einen und im anderen Fall? Das Preußeninstitut war eine Gründung des deutschen Juden, Preußen und Konservativen Hans-Joachim Schoeps. Er ist, auch in den Brüchen und den Irrwegen seiner Biographie, für mich eine der faszinierendsten und facettenreichsten Persönlichkeiten der jüngeren Zeitgeschichte. Dass Schoeps nicht nur gläubiger und zugleich aufgeklärter Jude und Preuße, sondern auch bekennender Homosexueller war, als dies noch ein Risiko bedeutete, beeindruckte mich, der ich mit den glatten Biographien nie etwas anfangen konnte. In der Erinnerung an Schoeps' – zugleich von Grund auf liberalen – Geist und ebenfalls in der Tradition des Erlanger Polyhistors Kurt Kluxen übernahm ich diese Funktion, um das abgestandene und überalterte ‚Institut' stärker an die einschlägigen Institutionen heranzuführen. Die Verbindung mit Frank-Lothar Kroll, den ich seit den Erlanger 1990er Jahren kenne, wollte ich in diesem Sinn nutzen. Ich bin weder Monarchist, während Schoeps dies durchaus war und Stribrny in nostalgisch historistischem Sinn auch, noch meine ich, dass Preußen als Staats- oder Regierungsform wiedererstehen könne. Allerdings war ich der Auffassung, dass Preußen eine bedeutende Staatsidee aus dem Ethos Europas, neben anderen ist und dass es als Kulturstaat, durch Maß und Toleranz, insbesondere im Zeichen seiner großen Geister und seiner Universität, in manchen Zügen Maß- und Vorbildcharakter haben könnte: Gerade als gebürtigem Bayern war mir eine ebenso moralische wie machiavellistische Gestalt wie Friedrich der Große eine Art Faszinosum. Dass Preußen etwas Essentielles mit „Rechtsextremismus“ zu tun hätte, ist Geschichtsfälschung oder Irrtum. Auch Preußen korrumpierte sich, doch der Widerstand des 20. Juli, gegen den Bamberger Kretins hetzten, die keinerlei Mut aufgebracht hätten, ist eben auch ein preußisches Residuum. Auch hier hilft intellektuelle und quellenorientierte Auseinandersetzung.[1]

Und Weikersheim? Rohrmoser stand jener Institution beratend nahe, die der – als ‚Marinerichter‘ bis an sein Lebensende bekämpfte, zu einem Popanz, einer Hassfigur gewordene in seinen Glanzjahren hoch erfolgreiche Baden Württembergische Ministerpräsident Hans Filbinger 1979 begründet hatte: als Think Tank und als Forum, das politische Grundfragen nach 1968 und der RAF- Staatskrise von 1977 aus bürgerlich konservativer Sicht neu und offen debattieren sollte. Dass Filbinger Weikersheim auch als persönliches Entlastungsinstrument nutzte und in welchem Ausmaß er dies tat, habe ich schon geschildert.

Sich der Wahl zu stellen und sie anzunehmen, war für mich selbst kein leichter Entschluss.[2] Ich habe lange abgewogen und schließlich zugestimmt, weil ich meinte, dass mit dem alten Namen ein neues Schiff betakelt werden könnte. Neugründungen schienen mir notwendig und wünschenswert, doch viel zu aufwendig. Ich wollte Weikersheim zu einem intellektuellen Zentrum, auf dem in großer Gesprächsoffenheit die Gegenwarts- und Zukunftsfragen verhandelt werden, und zu einem Think Tank in europäischer und globaler Perspektive machen. Klein und an Mitteln begrenzt, doch mit wirklicher Substanz. Es sollte außerdem zu einem Begegnungsforum von Wirtschaft, Wissenschaft und Politik werden, in dem publizistisch die Positionen der bürgerlichen demokratischen Mitte auf der Höhe der Zeit gedacht, und in dem ohne Denkschranken Konzeptionen der Zukunft entwickelt werden: Transatlantisch, europäisch, nicht Partei gebunden.

Gewiss gab es die großen Gesellschaften im politischen Berlin. Doch in einem Engagement der bürgerlichen Mitte fehlte dergleichen.

Es war klar, dass es unter meiner Präsidentschaft, die dadurch, dass ich deutlicher jünger war als der Durchschnitt der Mitglieder, keinerlei Toleranz gegenüber nicht verfassungsgemäßen Tendenzen geben dürfe. Mehr als einmal habe

---

1 Die Tätigkeit im Preußeninstitut stellte ich 2013 ein. Die ideengeschichtliche Ambition und die faktische Attitüde eines nur bewahrenden Geschichtsvereins klafften zu weit auseinander.

2 Ich muss heute sagen, dass es eine von mehreren Fehlentscheidungen war, die ich in jenen Jahren getroffen habe. Ich überschätzte dabei meine Handlungssouveränität, unterschätzte indes die Sachzwänge, in die man durch solche Nachbarschaften gerät.

ich wiederholt, dass atavistische Tendenzen, darunter auch die Gedankengebilde der Konservativen Revolution keine normativen Zukunftsperspektiven eröffnen. Die Beharrungskräfte und den latent rechten Sumpf habe ich, ohne jeden Zweifel, unterschätzt.

*

Es gibt deutliche Markierungspunkte, die einen Ansatz und eine ideologische Positionierung Denken im heutigen Sprachgebrauch als „rechts" = „rechtsextrem" ausweisen. Man wird keinen von ihnen in meinen Schriften und Vorträgen aus dieser Zeit auch nur ansatzweise finden. Doch ich gehe selbst mit mir nachträglich ins Gericht, dass ich nicht hinreichend reflektierte, ob ein Konservatismus nach der Shoah nicht notwendigerweise verwechselt werden muss. Auch die Insistenz auf der Verschränkung von Patriotismus und Universalismus schützt davor nicht. Mehr noch: So ekelhaft die Denunziationsakrobatik der Antifas auch ist, man muss sich gleichwohl fragen, ob der Verdacht nicht bis zu einem gewissen Grad berechtigt ist. Mir schien es seinerzeit ausreichend, auf die Bedeutung hinzuweisen, die die Universalität von Menschenwürde und Menschenrechten haben muss. Den Nationalstaat verstehe ich als eine – nicht ohne weiteres außer Kraft zu setzende – Rechtsinstanz, die die Bürgerkriege der frühen Neuzeit befrieden half. Deswegen halte ich die Exklamation eines „postnationalen" Paradigmas (Habermas) für verfrüht und im Grunde für verfehlt. Universalismus, Weltbürgertum, und „Patriotism" gehörten für Kant zusammen. Eine Generation später sprachen Hölderlin und die Frühromantiker bewusst vom „Nationellen", nicht „Nationalen". Dies war eine Salvierung, und zugleich ein Gegenkonzept. Regressionen in eine vergangene politische Welt und die Anmeldung alter Gebietsansprüche sind so töricht wie schädlich. Wie sich Nation, Kultur, Religionen, Eine Welt im 21. Jahrhundert tarieren – in einer neuen Offenheit, die alte europäische Pazifizierungen nicht preisgibt, das ist die entscheidende Frage, die auch Konservativen derzeit gestellt ist. Nicht zuletzt ist Konservatismus, wie bereits Hannah Arendt betonte, eine untrügliche Tugend des Pädagogischen.

Die Berufung auf das Christentum und seine fulminante Liebesbotschaft, die im Zusammenhang der Weltreligionen zum Leuchten zu bringen ist und im jüdischen „Schema Israel" bereits weitgehend realisiert ist, ist ein wesentliches Moment, dem sich konservatives Denken aussetzen muss. Mit dem Neopaganismus Neuer Rechter konnte ich noch nie etwas anfangen. Wie gefährlich und lauernd dergleichen ist, begriff ich allerdings erst spät. Ebenso sind die tiefe Zäsur einzigartigen deutschen Verbrechens und der Schmerz über sie meiner Überzeugung nach unerlässlicher Teil jedes Patriotismus. [3] Dies betonte ich, selbstverständlich von Anfang an auch in Weikersheim. Manche müssen manches überhört haben. Oder es wurde von mir zu wenig thematisch gemacht.

Die Fortbildung transatlantischer Beziehungen ist für jede Tarierung von Außenpolitik unerlässlich. All dies wurde von mir, immer, wenn ich über solche Fragen gesprochen habe, deutlich gesagt. Auch und gerade in Weikersheim. Auch und gerade vor konservativen Auditorien! Der Rest ist im ersten Kapitel erzählt.

Hic et nunc

Wenn ich auf dieses ‚in media vita' (das in etwa ist es, wenn ich Glück habe) blicke, kann ich mit Dank auf viele Begegnungen und Beziehungen zurückschauen, die mich bis heute bereichern. Gerade der Abschluss des 50. Lebensjahres bedeutete eine Zäsur, die Notwendigkeit weitergehender Reflexion. Ein Philosophieanbieter bin ich dabei nicht geworden. Ohne Widerständigkeit geht es nicht. Nur wenn man es sich in der richtigen Weise schwer macht, kommt man zu Leichtigkeiten und vielleicht zu Gedanken, die bleiben, auch über die eigene Sterblichkeit hinaus. In ihrer Genesis sind auch die Gedanken sterblich. Vielleicht bleiben sie aber nicht zwingend in der Sterblichkeit gefangen.

Ich durfte- und darf - bedeutende Persönlichkeiten kennen. Manches davon dauert bis heute, manches ist verblasst und ging auseinander wie Nietzsches Sternenfreundschaften. Ohne meine Frau Chris wäre der Weg der vergangenen zwölf Jahre nicht möglich gewesen; in Zustimmung und Widerspruch; auch nicht ohne den Halt meiner Familie und der wenigen wirklich guten Freunde und Freundinnen. Für das Persönliche Allzu Persönliche sollte aber sonst an dieser Stelle Bacons: „Über uns aber wollen wir schweigen" gelten.

Enttäuschung indes bleibt nicht aus, wenn man über das nur Konventionelle hinausgeht, wenn man auch in der Philosophie, die bei allen Weltausgriffen meine wissenschaftliche Mitte bleibt, eine Intensität und einen Langstreckenlauf sucht, der in den gängigen Diskursen kaum vorkommt.

Von heute her frage ich mich auch, ob mich die Selbstan- und -einsichten, die ich schon zur Zeit von Weikersheim hegte, nicht von vornehrerein zu der Einsicht hätten bringen müssen, dass es hier um eine Mesalliance ging. Manche wohlmeinenden Freunde und weniger wohlmeinende Gegner warnten mich ausdrücklich. Das Wohlmeinen der Ersten konnte ich seinerzeit nicht erkennen. Das waren wichtige Personen, bekannte und unbekannte, all jene, die mich auf

[3] Dies ist aus meiner heutigen Perspektive zu schwach formuliert und geht zu sehr von dem aus, was Selbstverständlichkeit sein muss: Der nicht nur rhetorischen, sondern grundsätzlichen und permanenten Offenhaltung der metaphysischen Schuld der NS-Verbrechen und der Unvergleichlichkeit der Shoah.

mein primär philosophisches Interesse hinwiesen und mir sagten, dass es in einem politisch-intellektuellen Halbdunkel nicht gut aufgehoben sei.

Dass ich damals, 2011, mich auf jenes Milieu einließ, erweist sich von heute her als Illusion. Der Antrieb war, die alte Barkasse in eine neue Richtung zu manövrieren. Dies hätte aber eben jener Erneuerung bedurft, die die alten Parameter einer habituellen Rechten hätte durchbrechen müssen, im Sinn einer Norma, eines Maßes, auf der Höhe der Zeitläufte und doch jenseits von Rechts und von Links.

Im Rückblick kann ich nur sagen, dass Philosophie im Sinn eines freien, in keiner Ideologie sich verkrampfenden Denkens, des Weges ins Offene, mit Arthur Schnitzler, und jedes ein Engagement für retrograde Modelle und Weltsichten im Grunde verhindern muss. Sie sollte sich ihre Distanz zu ideologisch fixierten Weltansichten niemals nehmen lassen. Ich bin in den folgenden Jahren in meiner eigenen Arbeit stärker wieder auf die Grundfragen der Philosophie (Was Philosophie ist und sein kann. Basel 2015), auf die Ästhetik (Ästhetik – Die Frage nach dem Schönen. Freiburg 2015), die politische Philosophie (Gesicherte Freiheiten. Baden-Baden 2015) zugegangen. Die Simultaneität der zählenden Gedanken, dieses Gespräch der Lebenden mit den Toten, wie es Marc Bloch nannte, eröffnet ein tieferes Engagement, das bewahrt und Gedächtnis sucht. Auch und gerade das Gedächtnis, das schmerzt, weil es Vergangenheiten einschließt, die nicht vergehen wollen.

Auf die mehr oder weniger entfesselte Rechte trifft auch heute noch eine ANTIFA, die in Universitäten und im öffentlichen Raum die alten K- und Marxistischen Gruppen beerbt hat. Ich lernte sie damals, als ich das Studienzentrum Weikersheim übernahm, kennen – und mit ihr die Lawine, die sie auslöste., wenig bekümmert, ob man auch unbeteiligte Leben tief beeinträchtigt. Dies gehört zu den wenig erfreulichen Konstellationen meiner öffentlichen Existenz. Und bei allen harschen Abgrenzungen gegenüber der neuen Rechten, zu denen ich mich endgültig genötigt sehe, heißt dies eben keineswegs „Join the local Antifa!"

Ich widerspreche: „No don't!": Die Grüppchen und Gruppierungen, die ich an verschiedenen Orten unter diesem Label kennenlernte, gehörten, wenn sie überhaupt Vorlesungen hörten, zum erbärmlichsten Potential des akademischen Feldes. Oftmals treffen sie sich mit der alten und neuen Rechten in ähnlichen Strukturen des bedingungslosen Rechthabens und der Verschwörungstheorien. Die Extreme berühren sich. Sie versuchten, jedwede Ehrung für Stauffenberg am Ort zu verhindern, ohne eine irgendwie begründete Auseinandersetzung mit dessen Schwächen und Schlagseiten, die erforderlich wäre, sondern in einem simplen Besserwissenwollen. Es sind „Menschen in der Partei", Opportunisten, Berufsempörer, die wissen, dass vor und hinter ihnen jemand geht und sie nicht genötigt sind, für eines ihrer Ideologeme denkend Verantwortung oder Rechenschaft zu geben.

Die meisten ihrer Exponenten sind ideologisch auf Phrasen fixiert. Die Phrase ist, wieder einmal, in die Phrase verlieb; Gruppierungen, die sich auf Hetze und

Agitation verstehen, nicht auf Reflexion. Ich halte es bei allem kritischen Blick auf die alte und neue Rechte für nicht hinnehmbar, dass jene selbsternannten Kreise aus öffentlichen Mitteln Unterstützung finden. Sie verharmlosen den Namen des Faschismus und erst recht des Nationalsozialismus. Ihr Anti ist von einem Gratismut getragen. Dem darf nicht nachgegeben werden. Es ist die andere Seite des Pöbels, dessen eine Seite die PEGIDA-Hetze ausmacht und die diese Zeit in ein missvergnügtes Timbre taucht. Die Szenarien, wenn sich Schwarzer Block und PEGIDA gegenüberstehen, sind wenig erfreulich. Hier droht eine Wiederaufnahme der Konfrontationen der Weimarer Republik. Wenn etwas in der Demokratie um 2020 europaweit zutrifft, dann die Einsicht, dass jederzeit alles möglich ist. Nachdem ich die Präsidentschaft des Studienzentrums Weikersheim übernommen hatte, geriet ich in die Verdächtigungsmühlen jener Gruppierungen. Sie schrieben ihren Verdächtigungsslang voneinander ab. Nicht ein einziges Argument, nicht eine einzige konkrete Aussage konnten sie mir vorhalten, wohl aber Publikationsorte, über die man durchaus diskutieren kann. Die Tiraden, die von jener Seite mit keiner Bereitschaft zur Diskussion erwidert wurden – das wollte man nicht, man fürchtete es geradezu!, konnte ich aushalten, auch weil Kollegium und Senat an der Münchner Hochschule für Politik, allem voran die Freunde Ulrich Weiß und Peter Cornelius Mayer-Tasch, die Dinge zurechtrückten. Ein Nachhall in Bamberg zeigte, dass die Provinz nach einigen Wochen auf die Metropole folgt. Ein Vortrag über Nietzsche wurde dann noch einmal im Januar 2014 in Nürnberg gesprengt. Ich ahnte, wie sich Hochschullehrer in der Kernzeit von 1968, aber auch die Unbotmäßigen im Jahr 33 gefühlt haben müssen. Ein opportunistisches Gegröle unterbrach eine Rede über Nietzsches Perspektivismus, die die Politik nicht einmal berührte. Das eingeschüchterte Bildungs- und Gewerkschaftsbürgertum, das mir zuhörte, wurde mit dem Wunsch angeredet: „Viel Spaß bei diesem Nazi-Zeug“. Es ging um die ewige Wiederkehr des Gleichen. Ein nickelbrilliger Jüngling allein aus der Phalanx suchte die Diskussion mit mir. Er stotterte Horkheimer-Adorno-Versatzstücke. Die anderen verließen nach einigen quälenden Minuten den Raum. Eine Aufforderung zur Debatte von mir wurde vorher grölend abgewiesen: Halts Maul, du Nazi. Wer so spricht, tritt auch in Magengruben. Der Linksfaschismus dieser Antifaschisten bleibt mir das verächtlichste, was ich in fünfundzwanzig Jahren als Hochschullehrer erlebt habe. Auch der feige Opportunismus mancher Kollegen und „Studierender“. Meine Eintragung auf der Homepage in Bamberg musste auf Geheiß des Geschäftsführenden Vorstands des Instituts Christian Schäfer und auf Wunsch des Rektors Godehard Ruppert über Nacht gelöscht werden. Nun gut.

Andere schrieben mir emphatische Mails, bekundeten die menschliche Verbindung. Sie riss auch zu jenen nicht ab, die mich vermutlich in dieser Zeit stärker als politischen Gegner wahrnahmen. Ich hielt immer und halte noch das Gespräch und sogar die Freundschaft über divergierende Positionen hinweg für besonders wünschenswert und spannend. Menschlicher Anstand und die Grundfähigkeit, mit sich selbst einstimmig zu denken, sind allerdings unerlässlich.

Das führte auch zur Selbstbefragung. Die „Bête noire“, für die man mich erklärte, mochte ich selbst nicht. Ich fand aber bei näherem Nachdenken nicht, dass ich ihr besonders ähnlich sah. Meine innere Distanz aber wuchs zu Gruppierungen, die von bürgerlichen Werten sprachen, aber letztlich nur Radau machten. Die bewahrende Reflexion der Freiheit muss und darf nicht das Gesicht der verfassten Rechten annehmen. Das wurde mir immer deutlicher. Ein Selbstversuch, der zumindest mein Dorian Gray- Bildnis hat altern lassen, weil ich im Netz auf lange Zeit mit Stichworten wie Junge Freiheit und AfD stärker als mit dem, was ich philosophisch zu tun versuche, gleichgesetzt wurde.

Mit seinen Schatten muss man leben lernen, gänzlich neu zu starten, ist illusionär und wäre wohl nicht gut. Vernunft und Liebe tragen weiter.

Drittes Kapitel: Causarum cognitio oder Terror und Missvergnügen

Von Cicero stammt die Einsicht, dass die Kenntnis der Sache grundlegend für die politischen Unterscheidungen sei. In dieser ‚Causarum Cognitio' ist die Erhaltung, wenn sie über sich selbst aufgeklärt ist, ein unerlässliches Moment.

Konservatismus und Moderne – Metatheorie einer Denkhaltung

Die Struktur der Konfrontation von Konservatismus und Moderne

Der Konservatismus unterliegt innerhalb der großen Epochensignatur der Moderne, an der die Rede von der Postmoderne nichts änderte, einem mehrfachen Paradoxon. Einerseits wird er zur Theoriebildung und Selbstbehauptung erst genötigt, sobald ein konservativer Habitus nicht mehr selbstverständlich ist. Der Mahlstrom der Französischen Revolution markiert deshalb auch, cum grano salis, das Erwachen eines markanten europäischen Konservatismus. Wenn man dieses Paradox mit Panajotis Kondylis zuspitzen würde, könnte man sagen, erst nachdem es die ursprüngliche Trägerschicht konservativer Grundhaltungen nicht mehr gibt, wird konservative Theoriebildung erforderlich – und markant. Dies zeigt sich je spezifisch in den Verteidigungen der gewachsenen alteuropäischen Welt, bei Burke, Gentz, oder auch im Rückblick auf eine untergehende Welt von Gestern aus dem neu erwachenden Amerika, bei Tequeville. Gerade darin gehört das Konservative aber essentiell der Moderne an: Denn dem „il faut être absolument moderne!" gehört wiederum das Diktum zu, dass nichts selbstverständlich ist. Man denke an Adornos Dikta über die ästhetische Moderne.

Auf einen besonderen Chronotopos bezogen, spitzt sich dies zu: Eine markante konservative Theoriebildung wäre ohne das Datum der Französischen Revolution, das konservativem Habitus den schwersten Schlag versetzte, kaum denkbar. Die zweite Paradoxie artikuliert sich bemerkenswert scharf in dem in der Schule Joachim Ritters kursierenden Terminus eines „Modernitätstraditionalismus". Konservative wollen bewahren, können aber nur bewahren, was jeweils in historischen Metamorphosen aktuell ist. Sie unterliegen insofern auch immer dem Taktschlag der Moderne selbst. Diese zu negieren, ihr Rad aufzuhalten oder ihre Umdrehungen aufhalten zu wollen, wäre nicht mehr eine konservative, sondern eine reaktionäre Haltung.

Die Metatheorie wird heute, wo konservative oder sich als konservativ bezeichnende Positionen sich wieder vermehrt artikulieren, eine Vielzahl von Auffassungen zu berücksichtigen haben. Nicht nur die jeweiligen nationalen Traditionen des Konservatismus spielen dabei eine wesentliche Rolle, sondern auch weit voneinander abweichende systematische und ideologische Tendenzen: Die Mängelwesentheorie von Arnold Gehlen etwa begünstigte die Vorstellung einer sozialplanerischen, den Menschen einhegenden Politik: Dort, wo die starken Institutionen, die auch als Riten und Vollzüge der Lebensgestaltung aufgefasst werden müssen, nicht mehr greifen, kann ein eisernes Band der gemachten Institutionen für Kompensation sorgen. Es wird den Menschen vor zweierlei bewahren: vor dem Übermut und Ausleben seiner Triebüberschüsse einerseits und der Hypermoral andrerseits, die Gehlen als Kennzeichen einer Spätkultur versteht. Sie ist als Säkularisat einer Erbsündenlehre und des skeptischen Menschenbildes verstehbar, das häufig als Kennzeichen des Konservatismus christlicher Prägung erscheint. Die naturrechtliche Ethik, der Verweis auf das Gewachsene, nicht Erzeugte und der Rückgriff auf die lex aeterna, bzw. lex divina, (Röm 1), wie sie je spezifisch bei Joseph Ratzinger und Robert Spaemann entwickelt wurden, aber auch bei Remi Brague oder Roger Scruton, sind mit den Planungs-konzepten von Gehlen schlechterdings unverträglich. Welten dürften auch zwischen einer an Reconquista anschließenden, eher den Bereich der Reaktion berührenden dezidierten Abkehr von der Aufklärung liegen (Gomez Davila), und einem Modernitätstraditionalismus, der in der Folge Hegels oder Max Webers die Entzauberung der Welt voraussetzt, um überhaupt eine konservative Gedankenkonstellation etablieren zu können (Hermann Lübbe). Davon abgesehen, dass Anhänger einer Konservativen Revolution mit dem Topos der Gegen-Aufklärung spielen, ohne sie sich normativ anzueignen. Dass es zwischen diesen verschiedenen Sinnlinien und ihren jeweiligen Exponenten Spaltungen gibt, Heilige und Unheilige Familien nicht nur von links, und dass sie einander wechselseitig das Konservativ-sein absprechen, oder den beschwichtigenden Konservatismus für erledigt erklären und stattdessen ein „rechtes Denken“ einfordern, ist allerdings eine permanente Erfahrung der wechselnden Paradigmen.

Wenn man in eher real-politischen Mustern sucht, wird es nicht übersichtlicher: wenn Ethos oder Geist des Habsburger Reichs oder Preußens Maßstäbe des eigenen Konservatismus sind, können im guten Fall historische Komplementaritäten entstehen, die vielleicht tatsächlich ein im modernen Europa vergessenes Ethos bzw. eine politische Form wieder ins Leben rufen, im schlechten dagegen alte Konfliktlinien wieder wecken können. Letzteres wird dem Konservatismus zu Recht oder Unrecht, aber nicht ganz unverständlich und nicht ganz ohne seine Schuld, immer wieder vorgehalten.

Im metatheoretischen Fokus wird deshalb auch zu fragen sein, ob es denn überparteiliche Kriterien gibt, Grenzen und damit Identitätsmomente des Konservatismus zu nennen, etwa im Sinn einer Abgrenzung zum Terminus „rechts“ oder zu jenem der Reaktion.

Die jeweiligen Modernitäten müssen jedenfalls, so schreibt sich das Rittersche Paradoxon fort, um bejaht werden zu können, mit Skepsis und im Licht von kompensatorischen Einsichten, etwa in Sinndimensionen, die die Moderne selbst nicht aufbieten kann, unterfüttert werden. In diesem Sinn ist die viel, allzu viel zitierte Böckenförde-Formel von den Quellen, aus denen der säkularisierte freiheitliche Rechtsstaat lebt, ohne sie denn noch garantieren zu können, geradezu ein Grundmoment des Kompensations-Konservatismus. Ihm wurde – und wird – positiv und negativ bescheinigt, dass er ein starkes Element von Affirmation hat. Deshalb konnte er, bei manchen seiner Vertreter wie Hermann Lübbe auch zu einer Konzeption rationaler Planung in komplexen Zeiten und damit selbst zu einem Instrument der Modernisierung werden.

Auch wenn die bedeutenden Vertreter der Ritter-Schule vieles von Carl Schmitt lernten, so ist die Radikalität seines Freund-Feind-Denkens, die messerscharfe Analyse der Normativität der parlamentarischen Demokratie vor dem Kontrast ihrer, an der Weimarer Republik beobachteten Realität geradezu das Gegenstück zu dieser Form des Konservativen. Das, was zu bewahren gewesen wäre, sah Schmitt schon untergegangen. Ein apokalyptischer, nicht mehr geschichtsphilosophischer, sondern -theologischer Zug tritt an die Stelle einer Modernitätsaffirmation. Die strukturierende Gestalt des Katechonten nach dem 2. Thessalonicherbrief setzt den Kataklysmus in den Untergang voraus. Nicht so sehr ein die Mitte verlierender Sozialismus, Kommunismus, sondern vielmehr der Liberalismus wäre für Schmitt die Feind-Gestalt.

Die Konfrontation selbst

Wenn man einen Elementarbegriff von Moderne gewinnen will, werden in ihm bestimmte Epochensignaturen unweigerlich aufleuchten: Dass die Gewissheiten nicht mehr gewiss sind, der Mensch erkennen muss, nicht Herr im eigenen Haus zu sein. Freuds Rhizome, Max Webers Entzauberungs-Diagnosen, verbinden sich in einem solchen Moderne-Bild mit der großen Erzählung der menschlichen Subjektivität, als des, allenfalls möglichen, Grundes von Objektivität. Doch, wenn auch die deutschen Idealisten noch so etwas wie eine Subjektivität überhaupt annahmen, die die Garantin von objektivierter Erkenntnis sein sollte: die Ortientierung auf Subjektivität hat es an sich, sich selbst zu detranszendentalisieren und zu streuen. Deshalb ist im späten 19. Jahrhundert auch eher die Brechung des lyrischen Ich eines Rimbaudschen „ich bin Viele", Folge der romantischen Ironien und ihrer Brechungen, die um 1800 im Zeichen Fichtes entstanden.

Versucht man dagegen die *politisch-ökonomische Substanz* der Moderne zu fassen, so bleibt das Kommunistische Manifest von Marx ein fast unüberholbarer Referenzpunkt: Es spricht vom Bourgeois als neuem, modernem Typus, dessen Unternehmergeist „alles Stehende und Ständige" auflöst und hinfällig macht, so dass es in dem großen Strom eines Fortschritts und einer immensen Akzeleration untergeht. Walter Benjamin hat in seinen ‚Geschichtsphilosophischen Thesen' diese Beschleunigung in ihrer produktiven Zerstörung namhaft gemacht, in dem Totenhaus der Individuen, das sie erzeugt. Sein ‚Angelus novus' möchte deshalb innehalten, ruhen. Doch der Sog der Moderne geht weiter, und damit steigern sich die Knochengerüste im Totenhaus der Geschichte. So ist die Frage aufzuwerfen, ob die fragmentierende, Einheits- und Sinnzusammenhänge, Zentralperspektiven destruierende Moderne in diesem Sinn ein Projekt der Linken oder nicht zuerst eines der radikalen Ökonomie sei. Auch den Nihilismus und Tod

Gottes sahen Denker, die nicht ohne weiteres in jener Welle schwammen, mit dem großen Moderne-Topos aufgeworfen: Solche Gedanken waren selbst erst in der Moderne zu denken und darzustellen, so dass sie *in Philosophie, Literatur und Kunst* seit Jean Paul und Jacobi aufscheinen: Signum von Aufklärung, doch mit deren eigener Selbstkritik und -abständigkeit. Verschiedene Subsysteme lassen den Zentralbegriff unterschiedlich ausbuchstabieren. So ist die ästhetische Moderne mitunter gerade eine Korrektur, aber auch Darstellung, Exposition, der ökonomischen oder politische.

Ambivalenzen, gar Dialektiken gingen in den Moderne-Begriff ein: Ideologisch sind sie geformt durch ein Phänomen, das Alexandre Kojève etwas überpointiert den epochalen Streit zwischen Rechts- und Linkshegelianismus nannte. Der Anspruch der Aufklärungsepoche im ausgehenden 18. Jahrhundert ein universelles Licht der Vernunft aufscheinen zu lassen, sichtbar auf den Frontizspizen der ‚Vernünfftigen Gedanken' eines Christian Wolff, ließ sich nicht halten, schon weil die Explosion von Technik und Wissenschaft nun selbst Folgelasten in großem Ausmaß produzierte, die schwerer wogen als die Naturkontingenzen zuvor. Der ‚Vernunft'-Begriff musste, beim großen Kant, eine Metamorphose von der affirmativen zur kritischen Lesart durchlaufen.

Hier wird deutlich: Konservatismus ist in seinen Entwicklungen selbst ein Spaltprodukt der Moderne. Es wird ihm nicht gelingen, diese Genealogie zu verwischen. Er wird sich daher bewusst zur Moderne verhalten müssen, nicht nur kompensatorisch, sondern die Zeitbürger der Gegenwart an einen weiteren Horizont erinnernd, teils vielleicht fundamentalkritisch, wie es Max Weber mit dem Diktum von der „Verhässlichung" der Moderne tat, in jedem Fall aber seine Nostalgien nüchtern sehend und damit auch die Begrenzung seiner Reichweite: „Wir können nicht um unsere Weltecke blicken", mit Nietzsche, bzw. „Hic Rhodus hic saltus", mit Hegel.

Nationale oder nationelle Perspektive

Der normative Konservatismus nimmt die geschichtliche, auch nationelle Bedingtheit von Einsichten und Zukunftsperspektiven mit in den Blick. Dies hindert ihn daran universalistisch menschheitlich zu werden. Genesis kann es ohne Geltung nicht geben, Allgemeinbegriffe nicht ohne die Erprobung am widerständigen Einzelphänomen. Klimatisch orientierte, oder doch abgesicherte politische Überlegungen wie sie Aristoteles, Montesquieu oder Herder formulierten, sind daher tief in die Theoriebildung des Konservatismus eingegangen. Es scheint eine Rückwirkung dieses Umstandes zu sein, dass die je eigenen Traditionen auch das Gesicht des Konservatismus in Europa, oder gar global, massiv prägen und formen. Insofern liegen große Abstände zwischen den gelebten, nie wirklich gebrochenen, und oftmals im Verhältnis zur Monarchie lebendig gebliebenen britischen Ausprägungen, die man eher leben mag, weniger begründen muss einerseits (Oakeshott), dem Konservatismus der „Grand old Party“ in den USA, mit ihren biblisch politisch-theologischen Verweisen und den durchaus auch moralisch hoch-ambivalenten Ansätzen eines deutschen Konservatismus, nach den Selbstverständlichkeiten nicht nur der Moderne im allgemeinen, sondern der Ligaturen von Konservativer Revolution und NS. Nirgendwo hat es der Konservatismus schwerer als in Deutschland.

Die Zäsur der Großen Revolution wurde durch die Befreiungskriege und auch durch Bismarcks Revolution von oben noch einmal aufgehalten. Die eigentliche Infragestellung des, in vielschichtiger Weise Überlieferten, ging hierzulande wohl vom Ersten Weltkrieg aus. Bei allen vielgestaltigen Divergenzen des Konservativen: Hier erlitt es einen Schock, der, in der Konfrontierung mit der sich radikalisierenden Linken ein Phänomen wie die „Konservative Revolution“ erst verständlich macht. Von ihm gehen aber weitere Problemverschiebungen aus. Denn bei aller Disparatheit dieser ‚Konservativen Revolution‘, die Armin Mohler auf den Begriff zu bringen suchte, ist eines ihrer Spezifika doch, dass sie letztlich wenig unternahm, um die Hitlersche „Bewegung“ einzuhegen, sondern vielmehr, wie die politische Publizistik von Ernst Jünger zeigt, deren fehlende Radikalität bemängelte. Deshalb sinkt auch ein konservativ-revolutionärer Zweig der Theoriebildung heute leicht mit in das Sammelbecken einer „Damnatio memoriae“, in das mit vollem Recht irgendwie NS-affine Theoreme und Ideologeme eingehen. Mit solcher Abgründigkeit haben die Konservatismen anderer Staaten nicht zu kämpfen. Gerade darin kann aber eine Markierung, gleichsam eine Gefährdungsanalyse des konservativen Geistes sinnfällig werden.

Das Nationelle, im Geist von Kleist oder Hölderlin bewegt sich stets auf einer exzentrischen Bahn, es wendet sich dem Eigenen und dem Fremden zu, und entzieht sich der Vereinnahmung, die für den Nationalismus so unhintergehbar ist.

Jeder Konservatismus, zumal jeder politische, stößt hier auf ein Schibboleth, das er keineswegs leichtfertig und mit Abwehrbewegungen gegen eine politische Korrektheit hinter sich lassen sollte. Deshalb ist zu erwarten, dass die Gaulands und Höckes den berechtigten konservativen Anliegen dauerhaft einen Bärendienst erweisen und dass die Naivität, in der der gegenwärtige Aufwind wahrgenommen wird, auch auf einen lack of moral sense verweisen dürfte.

Denkformen

Konservatismus, in fast allen seinen Tendenzen, operiert nicht konstruierend konstruktivistisch, und auch nicht dekonstruierend. Er setzt Gegebenes, Gewordenes voraus: Die ktemata eis aei, mit Thukydides, das to ti en einai, mit Aristoteles. Mitunter muss er auch Untergegangenes archäologisch wieder freilegen. Die Hegelsche Maxime, dass die Eule der Minverva in der Dämmerung ihren

Flug beginnt, wenn nur Grautöne erkennbar sind, ist für konservatives Denken gewiss konstituierend. Damit verbindet sich, dass es einen Universalismus, wie er auf der Fiktion eines Naturzustandes der tabula rasa beruht, nicht vertreten wird und auch nicht eine Egalität im Sinn der französischen Revolutionäre oder die Abstraktionen eines Gesellschaftsvertrags (Guillotine). Der Mensch wie er immer war ist und sein wird: als leidender und handelnder, diese pathographische Gesichtspunkt der Geschichtsschreibung Jacob Burckhardts ist dem Konservativen ebenso naheliegend. Er kann mithin auch Verbindungen zwischen sonst weit voneinander entfernten Theorieformationen, etwa Burckhardt und Hegel herstellen. Ein Weiteres wäre vielleicht Nietzsches Reflexion über die verschiedenen Formen der Geschichtsschreibung, wobei die Verbindung des Antiquarischen, das bewahrt (Kamelsgeist), Kritischen, das harte Schnitte auch durch Formen und Funktionen zu legen sind, die man selbst am meisten liebt (Nietzsches Löwengeist) erst zum Monumentalischen führt (dem Geist des spielenden Kindes), das einen Höhenweg, ein großes Gespräch der Lebenden und der Toten über das, was erinnernswert ist, nahelegt.

Christliche Konservative mögen zu heilsgeschichtlichen mono-theokratischen Letztorientierungen neigen. Doch die säkularen Heilsgeschichten der Geschichtsphilosophien und –utopien sind und bleiben linke, anti-konservative Projekte. Eher der Reaktionär geht wohl auf die umgekehrte romantische Lesart, dass das Goldene Zeitalter wiederzugewinnen sei (Novalis' Europa-Traum). Der aufgeklärt preußisch protestantische Konservative konstatiert die gebrochene Einheit, die er mit Fichte in starken Formulierungen als „Zeitalter der vollendeten Sündhaftigkeit" zwar abweist, aber, in der Folge eines Aufklärungstopos, auch als unumgängliche Vertreibung aus dem Paradies beschreibt, die in einem höheren, idealen Ethos am Ende wieder zu sich kommen könne.

Deshalb ist auch die Dialektik, schon wenn sie einen unaufhaltsamen Fortschrittstaktschlag nahelegt, keineswegs genuin konservativ. Die Kristallisationen, es bleibe nur die Kombinatorik von schon Dagewesenem: Arnold Gehlens Begriff des Posthistoire, sind weit über Gehlens sonstige Ansätze konservativer Theorie anschlussfähig. Es ist das nüchterne „Rechne mit deinen Beständen!" oder emphatischer das Wort des Predigers Salomo, dass nichts Neues unter der Sonne sei, das dem Konservativen seine skeptische und geklärte Weltsicht einträgt. Dieser Habitus neigt, wie Thomas Mann in seinen ‚Betrachtungen' erkannte, ins Unpolitische, Meta-Ausserpolitische.

Der Sex appeal der großen Visionen, die alle Geschichte nur als Vorgeschichte kennt, ist dem Konservativen fremd und zuwider; ebenso das egalisierende von Menschen- und Bürgerrechten „überhaupt": was in der Viehhändlersprache bedeutet, dass nicht das einzelne Individuum zählt, sondern nur die Gesamtheit. Die Egalitätskritik kulminiert für Konservative seit Burke in der Regel in der Erinnerung der Guillotine bzw. des Todes als des großen Egalisierers. Dass Büchner in ‚Dantons Tod' das Lied vom Schnitter Tod leitmotivisch die Revolutionsszenarien durchziehen lässt, in einem Text, der in ein „Es lebe der König" mündet, ist also alles andere als eine kontingente Zutat. Die fehlende Strahlkraft hat aber das Positivum, dass Konservatismus auf Maß und Mitte orientiert sein kann, auf die Aristotelische Mesotes, die mit dem Mittelmaß nicht zu verwechseln ist, sondern eigentlich ein Optimum bezeichnet. Nicht zu leugnen ist, dass auch die vulgäre engagierte Linke zeitweise eine Theoriebesetztheit, ja -besessenheit entwickelte. Der Mai 68, gesamteuropäisch und transatlantisch, ist dafür eine Inkunabel, und auch der konservative akademische Lehrer wird nicht ohne eine gewisse Nostalgie von der Bologneser Universität auf die dortigen „Theoriewerkstätten" blicken, mit allem Obskuren, das daraus auch hervorging. In ihre Breite ist die Konservative dagegen nicht auf Theorie fixiert. „Man lebt es eben": hört man von Adeligen, Bankiers, aber auch konservativen Christen. Dass hier auch eine gewisse Dumpfheit, und wo die Überpolitisierung greift, eine vorschnelle Abwehr der anderen Barrikade greift, ist zumal in Deutschland ein Faktum. Mit der negativen Dialektik von Benjamin, von Adorno und Horkheimer in die Diagnostik des Desasters eines realen Kommunismus aufgenommen, könnte man gerade als Konservativer viel anfangen. Benjamin sprach gar von einer „Dialektik im Stillstand": in der im Kristall Wesenszüge zusammenschießen, aber so, dass sie sich wechselseitig inhibieren und den Fortschritt verhindern, den fortzuzeugen, doch die Leichenberge vermehren würde und ein Menschheitsverbrechen sein könnte. Mancher möglicher Ressourcen begibt sich der Konservatismus damit. Denn Brechts Lied von der Moldau mit seinem resignativen Grundton könnte durchaus ein konservativer Topos werden.

Die Kundigen wissen, dass dies in den zwanziger Jahren noch anders war, als Walter Benjamin sich an Carl Schmitt wandte und von dessen Souveränitätslehre die Kategorien der aus den Fugen geratenen Welt seines Trauerspiel-Buchs destillierte. Auch in Frankreich war und ist es ansatzweise anders: eine konzise Gedankenführung und einen guten Stil vorausgesetzt, können Intellektuelle beider Seiten miteinander reden. Diesseits des Rheins verhindern dies die bleiernen Demokratiekonzepte, die in diesen Tagen an ihre Grenze kommen mögen und die doch lange Zeit ‚den Diskurs' blockierten.

Es gibt zwei Defizite konservativer Theoriebildung, die immer wieder benannt werden: Das erste, dass die Diagnose stärker sei als die Rezeptur oder Therapie. Dies ist unleugbar oftmals so der Fall, und es hängt damit zusammen, dass Konservatismus eben keinen Überplan und keine God's Eye view zeichnet. Vermindert werden könnte der Mangel, wenn der seit Aristoteles kurrente Begriff der ‚praktischen Klugheit', der orientierenden Urteilskraft und der Billigkeit in konservativen Denkweisen verstärkt zur Geltung gebracht würde. So tat es Wilhelm Hennis. Das zweite reicht in die Inexplizitheit konservativer Auffassungen zurück. Eben weil es um Lebensformen, um Ethos geht, die gerade darin bestechend und überzeugend sind, dass man sie nicht im einzelnen aussprechen muss (Platon im VII. Brief). Wenn aber wesentliche Momente konservativer Lebensauffassung einem Prozess des Nicht-Selbstverständlichen unterliegen, in einer gestaffelten Perspektive von Jahrhunderten bis zu Jahren (man denke auch an die Genesen des Familien,-Frauen-, Geschlechterbildes) ist die Bereitschaft, dies angemessen und ansprechend im öffentlichen und akademischen Diskurs zu vertreten, unerlässlich. Gerade dass hinter den ausdrücklichen Äußerungen ein großer Habitus und politischer Wille steht, ist ein Positivum. Die mitunter auftretende Retrogradheit, Dumpfheit, fehlende Differenzierungsfähigkeit und ein Exklusivismus ‚Wir und die Anderen' haben an der Zweifelhaftigkeit intellektueller Satisfaktionsfähigkeit der Konservativen Seite mitgewirkt, ohne dass eine Positionsbesetzung durch die andere Seite erforderlich gewesen wäre. Sie dominierte für lange Zeit den Mainstream so sehr, dass sie sich, bis zu Linkspartei und Antifa, um eine Begründung ihrer Existenz nicht kümmern musste.

Historisches Gedächtnis, Gemeinsinn, hermeneutisches Verstehen, phänomenologische Sachlichkeit, in der Robert Spaemann den Kern aller belastbaren Ethik sieht: Dies sind und bleiben wesentliche Parameter des Konservatismus. In ihm können, in der verdünnten Anwendung, die eine große Bewegung von philosophischen Konzepten macht, auch Tendenzen, die in ihrer ideengeschichtlichen Ausrichtung weit auseinander weisen, wie etwa die Gadamersche Hermeneutik oder Karl Poppers Prinzip rationaler Falsifikation, romantische Sehnsuchtsbewegung und die Klarheit einer Aufklärung, die auch über die Aufklärung Bescheid weiß, gleichermaßen ihren Ort finden. Mithin hat der Konservatismus ideengeschichtlich eine Ambiguitätstoleranz, die die viel linearere, einem planen Geschichtskonzept folgende Linke nicht kennt.

Nicht zuletzt sind es das Nicht-Egale, die Insistenz auf Rechtlichkeit und Republikanismus vor den Äquivokationen von „Demokratie" und der Verweis auf ein Ethos, das allen positiven Schritten vorausgehen muss, die konservativem Denken seine Signatur geben. Damit verbindet sich ein Konzept der Elite, des auch hier Differenzierenden, dem mitunter nachgesagt wird, dass es die verbindend-verbindliche Humanität zu gering gewichte. De facto kann und muss man sich aber fragen, ob nicht diese Differenzierung ein eigentlicheres, tieferes Humanum erlaubt. Die „feinen Unterschiede", von denen der linke Pierre Bourdieu schrieb, sind dem Konservativen relevant. Zugegeben, dass dergleichen in der vernetzten One World kaum mehr vorkommt, es gewinnt gerade dadurch den Rang eines Biotops, eines menschlichen Überlebens in rasant beschleunigter Zeit.

Der konservative Kanon

Wie nimmt sich dazu ein als ‚konservativ' sich ausweisender Stil aus? Er kann dumpf die Moderne abwehren, dann bleibt er in Artikulation und Reflexion zurück. Dies geschah gerade in einem sich konservativ nennenden, mitunter zwangsläufigen Bewahrungsgestus im politischen Feld. Dem steht die Betonung der Form gegenüber, auch jenseits der guten Gesinnungen. Doch kann man bei den Ausdruckswelten von Gottfried Benn oder von Stefan George von einer konservativen Gestaltung und Formung sprechen? Zwischen Benn und Brecht liegt, etwa in den ‚Verhaltenslehren der Kälte', die Helmut Lethen herausgearbeitet hat, mehr Affinität als zwischen beiden und George oder Rilke. Und Ernst Jüngers stereoskopischer Blick, seine Experimente mit mehrfachen Wahrnehmungsebenen, einschließlich derjenigen von Drogen und Rausch schreibt sich selbst in die Genealogie der Moderne ein. Man wird den Konservatismus nicht ohne weiteres als Stilprinzip aufweisen können. Doch er hat die Weite, um hoch interessante Stilformen in sich aufzunehmen. Eine Mentalität, die sich ihr Kunstverständnis von der Politik diktieren lässt, würde verarmen. Sie wäre vielleicht „rechts", nicht aber konservativ. Eine *Grundhaltung* schlägt dennoch durch: Eher die „Desinvolture", die Ironie, die Abständigkeit, nicht der Appell und die Fortsetzung eines Projektes Aufklärung; eher die Zitation eines jahrtausendealten Bestandes als der radikale Neuentwurf. Und: Was an konservativer Haltung, gerade in Krisenzeiten überzeugt, ist ein Ethos der Form, das die blutigen Träume des Bürgerkriegs der Rechten und der Linken, die Besoffenheit von der Farbe Rot (Koenen) ernüchtert.

Michael Stahl sprach von der „anderen Moderne", die einen, auch kulturellen Konservatismus auszeichne: ästhetisch zwischen Eliot und Rilke, ethisch zwischen Guardini, Ratzinger, Spaemann und Scruton, ontologisch bei Heidegger, geschichtstheoretisch bei Burckhardt: in jedem Fall in einer europäischen, oder sogar weltweiten Orientierung, einer Verschränkung von ‚Patriotism' und ‚Universalism', wie sie der alte Kant sich schon vorgestellt hatte. Die Dissonanzen des Fortschritts (M. Stürmer) wird jener Konservatismus nicht leugnen und nicht abzuschwächen suchen. Mit der kristallinen Diagnose wird er den nostalgischen Blick auf die „ktemata eis aei" werfen, die es für Privilegierte zu bewahren und weiter zu tradieren gilt. Jene, die eine Tendenzwende, eine umgekehrte Kulturrevolution, eine Drehung der Gedächtniskulturen um 180 Grad fordern, dürften einen solchen Ansatz nur bedingt goutieren. Er wird ihnen defaitistisch scheinen, die Möglichkeit der Wendung schon negativ beantwortet haben. Und es wird an diesem Stil vor allem auffällig sein, dass Klassizität vergangener Epochen oder gar die bleibenden Paradigmata christlicher Kunst und Musik nicht parodiert und zertrümmert werden. Sie werden auch nicht in erster Linie mit der marxistisch gängigen Überbau-Theorie oder ihrem Seitenstück, der Lehre vom „Erbe" festgehalten, sondern als Größe, die die Nachgeborenen bindet, verstanden. Die Kehrseite dieses affirmativen Bezugs auf Größe, wie er etwa in Hans Sedlmayrs Buch vom ‚Verlust der Mitte' aufscheint, ist die Neigung zur bürgerlichen Fassade, die sich mit dem Ererbten nicht wirklich auseinandersetzt, es aber als Besitz nach wie vor beansprucht. Sie muss man im Blick haben. Konservatismus, wo er intellektuell und ethisch Bestand haben will, muss auch gegen sich selbst denken.

Wo der linke Furor, ohne nachzudenken, seine unschönen Züge erkennen lässt, kann umgekehrt regelmäßig eine „konservative Denkfaulheit“ begegnen, die sich in innere Milieus, etwa Verbindungen oder Familienzusammenhänge zurückzieht, und gerade darin nicht in der Lage ist, eine angemessene Analyse der Verwerfungen und Komplexionen der Moderne vorzulegen.

Die Gefährdung eines nur noch in der Mitte situierten Beschwichtigungskonservatismus ist es also, dass er das eigene Proprium verfehlt, Fragen zu Ende zu denken, während umgekehrt Teilen der aktionistischen neuen Rechten in Habitus und bevorzugten Denkformen selbst ein Epiphänomen der bekämpften, abgelehnten Linken, mit der Geheimzahl 1968 sind. Gerade in einer am Schönen, Bleibenden, Großen, Goethes berühmten zweitausend Jahren sich aufrichtenden Grundhaltung, sehe ich aber den Konservatismus, den ich meine.

Konservative Politik

An dieser Stelle kommt der metatheoretische Versuch nicht umhin, nach Konkretisierungen konservativer Politik heute zu fahnden. Augenfällig ist, dass die großen persönlichen politischen Projekte, Macron oder auf bescheidenerem Niveau Sebastian Kurz in Österreich, durch eine Rhetorik und Programmatik des „Man muss das eine tun, das andere nicht lassen“ bestechen. Dies ist nicht einfach ein amorphes „Sowohl als auch“, sondern der durchaus reflektierte und anspruchsvolle Versuch, den Komplexitäten der Gegenwart Rechnung zu tragen. Sogar ein Hegelscher Realismus, oder ein katholisch umfassendes ‚ET – ET‘ ist darin zu erahnen; erforderlich kann es sein, ideologisch weit auseinanderliegende Positionen zu verbinden, wenn diese Ideologien einem Parteispektrum entstammen, das im 19. Jahrhundert seine Formierung erfahren hat und heute abgelebt ist. Es ist im Grunde eine konservative Grundhaltung, auch wenn konservative Positionierungen gewiss bei den in Rede stehenden Ansätzen nicht auf allen Ebenen durchscheinen. Sie hat indes mehr mit einem selbst bewahrenswerten Konservatismus zu tun als die Ausschläge nach den Extremen von einer amorph gewordenen ‚Mitte‘, in der Diskussionen inhibiert wurden, ein Dauerkonsens und eine normative Liberalisierung soweit gingen, dass der demokratische Streit selbst jahrelang verpönt war. Konservative Politik ist bürgerliche Politik: im Sinn der umfassenden Teilhabe, in der die politike *koinonia* heute zu erfassen ist. Hier auch die relative Berechtigung der meta-politischen Selbstaussage mancher Konservativer „jenseits von rechts und links“ zu sein.

Dies bedeutet, seit Aristoteles, dass Verschiedene in einem Gemeinwesen miteinander leben können und sich das Bonum Commune zu eigen machen. Bei aller Idealisierung, muss dieser Bürgerschaftlichkeitsbegriff doch in der freiheitlich-demokratischen Verfassungen mitschwingen. Deren Grundanliegen wird kein Konservativer leugnen oder missachten wollen. Er wird lediglich einer vulgär zeitgeistorientierten Missinterpretation des demokratisch-republikanischen Gemeinwesens widersprechen. Jene in sich höchst inkonsistenten Politiken aber, die in einer europaweit wiederaufkommenden Rechten sich zunehmend Bahn brechen, können gerade nicht ohne weiteres das Gütesiegel des Konservativen für sich verbuchen, weil sie auch Dinge einzureißen neigen, die ein über sich und seinen Zeitort aufgeklärter, ethisch sensibilisierter Konservatismus an keiner Stelle preisgeben darf. Und ebensowenig ist Donald Trump auch nach amerikanischem Verständnis ein Konservativer.

Um einen Konservatismus von innen bittend

Ein authentischer Konservatismus wird sich politisch also durchaus auch kapitalismus- und bürokratiekritisch äußern dürfen, er sollte aber nicht grundlegend tragfähige Konsensualitäten in Frage stellen, wie die transatlantische Partnerschaft oder den Kern einer europäischen Einigung. Er kann gegenüber den geschlossenen Kreisen der durchgestylten Bologna-Massenuniversität, der glatten Diskurse zu einer intellektuellen Instanz werden, indem er das eigentlich kritische Geschäft des Konservatismus wiederaufnimmt, Zeiten und Zeitgeister zu unterscheiden. Ideologiekritik ist niemals nur ein Ansinnen der Linken gewesen, sie hat bei Mannheim oder Freyer eine bedeutende konservative Ahnenreihe. Zukunftsprobleme der Endlichkeit der Ressourcen, der Fragilität einer Zivilisation, die auf nichts gegründet ist, erfordern gerade die Positionierung eines solchen Konservatismus, der Modelle und Konstruktionen auf die in ihnen zum Kürzel erstarrte Wirklichkeit bezieht, der gerade darin angesichts post- und transhumaner Visionen die Würde und Wirklichkeit des Menschen in Pflichten und Rechten wieder ins Zentrum rückt, und auch zeigt, dass die Wahrheit konkret ist.

Der eine Kommunikation des Zwiegesprächs und der Personalität wieder in den Fokus rückt, diesseits der neuen Pranger und Hypes des Webzeitalters. Nicht zuletzt in Bildung und Pädagogik ist das Konservative Moment, die Mitteilung eines Ethos und einer Haltung, unverzichtbar. So sehr gerade diese Disziplin zum Tummelplatz linker Banalitäten wurde: Darin erkannte Hannah Arendt geradezu die Voraussetzung zu der Natalität, dem Selbstanfangen-können und den Wegen der Aufklärung. Dies bedeutet auch zu wissen, dass das Humanum nicht ein manipulierbares, beliebig verschiebbares Modell für politische Experimente ist, sondern dass es gerade in der globalen und zerrissenen One World um eine Emanzipation auch von den Emanzipationen geht. Die Metatheorie führt also durchaus zu einer Normativität, unter deren Voraussetzungen ich Konservatismus nicht nur als tauglich, sondern als eine Art Imperativ für die Zukunft halte. Politisch insofern dies politische Folgen hat, metapolitisch, insofern es um eine Haltung geht, die, nach Goethe, sich vor 3 Jahrtausenden Rechenschaft abzulegen, vielleicht nicht weiß, aber es doch sucht. Der Konservative als Kritiker und

Fragender: Dies sind Rollen, die ihm vielleicht nicht immer und nicht primär zukamen, und die er nicht von vorneherein einnimmt. Als der Besonnene, als Epimetheus, der innehält und darin sein Urteil über das Vordergründige erhebt, wird er auch mit Entschiedenheit gedankenferne Hysterien und Aktionismen von welcher Seite immer, zurückweisen. Dies bedeutet auch, dass er gleichweit entfernt ist von Political Correctness und aufgehetzten Verschwörungstheorien – was nichts anderes heißt, als dass er eben damit nahe am Bonum commune ist, einer Aufklärung, die nach Thomas Mann aus den Tiefen kommt und darum in einer Zeit, in der buchstäblich jederzeit alles geschehen kann, dringend erforderlich ist.

Veränderte Sicherheitslagen

Nach dem magischen Datum 9-11 2001, als deutlich wurde, dass die alten Sicherheitsarchitekturen und die Vorstellungen von Krieg und Frieden einem vergangenen Zeitalter angehörten, war die Welt für kurze Zeit in eines der geschichtlichen Wellentäler eingetreten. Um die Jahrtausendwende hatte es vereinzelte Nachbeben gegeben, Dirty Bombs, Anschläge mit Giftgas in der Tokioer U-Bahn und in Madrid. Doch die horrible Erwartung, dass solche Anschläge nun an der Tagesordnung sein könnten, bestätigten sich gerade nicht. Was ein low intensity war und ein disloziierter Krieg sind, prägte sich ein.

Man konnte Analogien zu Partisanenkriegen und den postkolonialen Beben in Afrika und Indochina aus vergangenen Jahrzehnten ziehen. Für die USA wurde mit dem neuen Terror das Vietnam-Trauma wieder wach. Solche Kriege konnte man gar nicht gewinnen. Doch die Hauptwirkung des Terrors blieb in der westlichen Welt noch für fast ein Jahrzehnt aus: Die Omnipräsenz des Terrors, der, wie im Thriller, überall zuschlagen kann, so dass Sicherheit eine Illusion ist.

Herfried Münkler, in seinen Anfängen ein neomarxistischer Theoretiker im Umkreis von Iring Fetscher, hat über diese Verwerfungen in den vergangenen Jahren federführend geforscht, und damit deutsche Politikwissenschaft auf die Höhe der Lage und des internationalen Diskurses gebracht.

Deutlich ist von heute her: Der Nonkombattantenstatus ist eine Illusion. Bewährte Instrumente europäischer Politik der großen Mächte, die seit den blutigen Konfessionskriegen der Frühen Neuzeit eingesetzt wurden, erweisen sich angesichts der neuen Kriege offensichtlich als unwirksam, so die Gleichgewichtspolitik, die auf Anerkennung und Arrangement der großen Mächte beruht. Auch das rechtliche Hegungsinstrument sui generis, das Völkerrecht, kann in der neuen Kriegsszenerie nichts mehr austragen. Der neue Krieg wird nicht mehr erklärt, eine Gedichtzeile der Ingeborg Bachmann bewahrheitet sich als politische Matrix. Insofern ist die Welt ein unsichererer Ort. Die Frage nach dem neuen Strukturprinzip und einer neuen Weltordnung, wie sie Bush senior ausgerufen hatte, musste ins Leere laufen. Erstaunlich eher, dass das Chaos, das ins Chaos schwankt, nicht viel stärker die tagtägliche Agenda bestimmte. Das erste Jahrzehnt nach der Jahrtausendwende war eine Zeit relativer Ruhe, eines Moratoriums. Die Folgelasten aber, die durch die verschiedenen Schurken des Westens in der islamischen Welt verursacht wurden, verdichteten ich mit dem postkolonialen Trauma zu einem Gewebe.

Wie aus dem Nichts formten sich um 2010 die Terrorverbünde im Mittleren Osten und am Horn von Afrika. Jene Regionen der Welt wurden von dem Terror in schrecklicher Weise gebeutelt. Die Blumen jenes Bösen wuchsen in der Zwischenzeit weiter. Dabei manifestierte sich eine ganze Reihe an Ursachen:

zum einen blieb virulent, was Timothy Snyder in seinem Standardwerk ‚Black Earth' im Blick auf das Zeitalter des Totalitarismus freigelegt hatte: Der Mangel an Staatlichkeit, die Ordnungslücken, die etablierte Mächte gelassen haben. In sie können damals wie heute die bösen Geister und Mächte eindringen, die wie der IS suggerieren, Staat zu sein. Sie binden die verwirrten und aufgewühlten, zu Aufstand und Attacke zu rufenden oft hoffnungslosen jungen Männer. Der machtpolitisch coole, zugleich zynische Satz: „Er ist zwar ein Schurke, doch Hauptsache er ist unser Schurke", der in US- Administrationen wiederholt fiel, führte sich ad absurdum. Er wurde revidiert und korrigiert durch das Bonmot vom „Fluch der bösen Tat", das Peter Scholl-Latour über seine späten Analysen schrieb. Die Etablierung unfähiger und unwilliger Satellitenregime, sei es durch die USA, sei es durch andere Großmächte, war das Biotop, in dem der Terror aufwuchs. *Dass* er irgendwann in den westlichen Metropolen zuschlagen würde, war letztlich eine Frage der Zeit. Erstaunlich ist eher, dass dies so lange dauerte. Und noch einmal erstaunlicher war, dass Deutschland von diesen Gespenstern länger verschont blieb als andere Industrienationen. Man wird nicht ernstlich erwarten können, dass die Aufkündigung von Bündnissolidaritäten und eine Sonderwegpolitik dauerhaft Sicherheit gegenüber solchen Faktoren geben, auch wenn mitunter Politikerkalküle in diese Richtung gingen. Dies bleibt freilich – pragmatisch und strategisch – aber auch moralisch weit hinter den Maßstäben zurück, die politischem Handeln im frühen 21. Jahrhundert gesetzt sind.

Eine Reihe von Ereignissen im Juli 2016 erinnert zu Recht an Schreckensszenarien wie auf Gemälden von Hieronymus Bosch. Nicht von Missvergnügen, sondern von einer Kette der Schreckensereignisse ist dabei zu sprechen. Es beginnt am 14. Juli 2016, mit der Amokfahrt eines 31jährigen, der mit seinem Lastwagen 84 Menschen tötet.

Am 18. Juli geht in der bayrischen Provinz ein 17jähriger in einem Regionalzug in der Nähe von Würzburg mit Axt und Messer auf Passagiere los. Er bekundet lautstark IS-Zugehörigkeit; am 24. Juli, kaum scheint der unmittelbare Schock des Amoklaufs von München überwunden zu sein, sprengt sich ein 27 jähriger offensichtlich unter IS-Einfluss wieder in der bayrischen Provinz, in Ansbach in die Luft. Am selben Tag wird in Reutlingen eine Frau mit einem Messer getötet, und am 26. Juli wird ein fünfundachtzigjähriger Priester in der Kirche in Saint-Etienne-du-Rouvray während der Messe von Terroristen getötet.

Keineswegs aller Terror geht vom IS oder den hydraartig wachsenden Unterzellen in seinem Namen aus. Doch eine Entfesselung, Entgrenzung, Verwahrlosung scheint zu greifen. Ein Täter in der Nähe von Tokio dringt in ein Altenheim ein und ersticht 19 Bewohner und der Amoklauf in München ist die rassistisch, „indarisch" motivierte Tat eines hoffnungs- und ziellosen Einzeltäters, der Iraner und zugleich deutscher Nationalist war. Ein Verzweifelter und Gemobbter, der sich rächen wollte. In den ersten Augenblicken musste freilich eine andere Assoziation wahrscheinlicher scheinen. Die Panik diktierte, dass es sich doch wohl um Terror handeln müsse. Die Innenstadt von München werde von Terroristen überrannt. Sie machten sich die Stadt zur Beute.

In diesem saturnischen Sommer 2016 rissen die Schreckensnachrichten nicht ab.

Die Unsicherheit und die um sich greifende Angst produzieren Verwirrung und Hysterie. Terror ist Terror eben durch die Unplanbarkeit der nächsten Attacke. Deshalb wird es fast unmöglich, sich zu sichern. Die Schutzmechanismen, die an einem Tag greifen, sind durch die Parameter des Folgetags Makulatur. Es ist unstrittig, dass einiges an dieser großen Lawine mit Erklärungsmustern verständlich gemacht werden kann, die Samuel Huntington bereits vor gut zwei Jahrzehnten in die Formel vom „Clash of Civilizations“ brachte. Nicht homogene Kulturkreise freilich treffen aufeinander. Auch nicht der Islam und nicht einmal der Islamismus und die westliche Welt, sondern Zerrbilder eines destruktiven Islam-Terrorismus, ein Schreckensphänomen postkolonialer Weltunordnung, ist plötzlich ohne geographische und strategische Schutzmechanismen omnipräsent. Dass alles, was geschieht, wie in einer Paralyse mit diesem Gespenst in Verbindung gebracht wird, ist naheliegend. Gerade der Terror – und jeder low intensity war lassen die guten Ratschläge beim ersten Schlag zerbrechen. Zu dieser Diagnostik gehört auch, dass die islamische Welt am schwersten von den unterschiedlichen Terrorgruppierungen heimgesucht wird.

Rémi Brague, der Kenner islamischer Ideengeschichte, sprach deshalb von einem betrogenen Kulturkreis.

Islamische Staaten und Ordnungen haben einen vitalen Anspruch, nicht mit dem Terror verwechselt oder gleichgesetzt zu werden. Wenn eine Weltreligion und -kultur mit unterschiedlichen Einzelströmungen, die eine großartige Zivilisation und Kunst hervorgebracht und sich mit den antiken Philosophien amalgamierte, pauschal auf ein „Dschihad-System“ oder eine Form des Totalitarismus heruntergebrochen wird,[1] wie dies im Front national oder in der AfD geschieht, so ist dies schändlich. Es bringt Zuwanderer und Islamgläubige unter einen Kollektivverdacht, ohne Ansehen der Person. Dieselbe Logik dupliziert sich damit, die auch die mitunter tödliche Entzweiung zwischen „Gläubigen“ und „Ungläubigen“ anleitet.

Die umgreifende mentale Lawine bildet das Psychogramm und die düstere Kehrseite einer Weltlage, die global informiert, aber auch desinformiert ist, die

---

1 Hierzu gibt es eine Vielzahl erschreckend simplifizierender Islam-Literatur, die das Klima heute aufheizen und einer Diskussion widerstreiten. Ich schließe mich daher dezidiert den überaus kritischen Äußerungen der renommierten Islamwissenschaftlerin Gudrun Krämer gegen Bücher von Hamed Abdel-Samad, Marc Gabriel und Manfred Kleine-Hartlage und anderen an, auch wenn manche von ihnen in mir nahestehenden Verlagen erschienen sind. Ich hielt sie um 2009 und angesichts von simplifizierenden Äußerungen des Sinnes, dass „der Islam zu Deutschland“ gehört, für sinnvoll. Meine eigene tiefergehende interkulturelle und interreligiöse Befassung mit Islam und Islamismus lässt mich dies anders sehen.

sich massenhaft in Hysterie und Verblendung stürzen kann und bei der jedwedes Feindbild und Hass-Szenario Verstärkung findet: Die leisere Stimme der Vernunft nur selten. Es ist ein Gesamtsyndrom, ähnlich wie es Thomas Mann als Epochenpsychogramm am Ende seines ‚Zauberberg'-Romans zeichnete: „Der große Stumpfsinn". Die Vernunft versinkt in Schlaf und Agonie und Ungeheuer brechen auf. Dass es keine sogenannten organisierenden Prinzipien gibt, jedenfalls keine klaren Konfliktfronten, dies bedeutet keineswegs, dass die neuen Medien nur noch ein konturloses Rauschen erzeugten, das man auf sich beruhen lassen könnte. Wäre es so, wäre die Lage einigermaßen friedlich, postmodern langweilig und harmlos.

Doch kaum etwas ist im letzten Jahrzehnt derart veraltet wie die Epochensignatur der ‚Postmoderne'. Deshalb sind Epitheta, die den überwältigenden Wogenschwall erfassen wie die Rede von einem Dritten Weltkrieg, die Papst Franziskus führte, richtig. Sie deuten an, dass wir zwar in einer nicht-eindeutigen, aber keineswegs in einer kristallinen Zeit leben.

Offen bleibt fast alles in einer Zeit, in der diverse Entwicklungslinien möglich sind. Selbst über die Ursachen der Katastrophen und Entwicklungen besteht keine Klarheit. Immer kann und könnte es auch ganz anders gewesen sein. Fake news und alternative facts zeigen dies an. Die Apperzeptionsverweigerung einer Welt jenseits ihrer Ideologien und festgefahrenen religiöen Optionen kennzeichnet die Täter. Allzu schnell erfasst sie auch diejenigen, die von ihren Anschlägen paralysiert werden. Immer wieder erholen sich die westlichen Gesellschaften von der Paralyse. Ihre Exponenten betonen, dass man weiterleben möchte wie bisher. Doch, auch wenn die Paralyse nur für kurze Zeit lastet, greift sie wie ein vielköpfiges Ungeheuer um sich, durch die Echoräume im Netz verstärkt, nicht aufzuhalten, in Übersteuerung selbst ein Faktor der Wirklichkeit, der anschwellenden Hysterien, die sich durch langfristige Diplomatie und behutsame Ausgleichsversuche nicht aufhalten lassen. Geheimhaltung und Hegung sind in dieser Zeit nicht möglich; die umfassende Öffentlichkeit, die für Kant noch ein Postulat war, ist heute eine unhintergehbare Trivialität. Dass Besitz und Wohlstand in der Ökonomie der Einen Welt nicht mehr auf Stabilität und Dauer gegründet sind, wie das seit der Zeit des Welfare of Nations (Adam Smith) und geschlossener Handelsstaaten der Wunsch war, ist Teil der neuen Realitäten. Ebenso dass der ‚Aufstieg der Anderen' (Fareed Zakharia) Europa heute mit definiert.

Die neuen Unübersichtlichkeiten (Habermas) setzen sich ins Innere der Gesellschaften hinein fort. Ressentiment-Parteien können bis weit in einen Mittelstand hinein ihre Klientel rekrutieren. Die negative Logik der Immobilien- und Finanzkrisen seit 2008 haben alle verunsichert. Doch es blieb beim Schuhputzersyndrom, dabei, dass selbst niedrige Einkommensklassen spekulierten. Dass das System diesseits seiner mikroökonomischen Eigenlogik auch auf den uralten Parametern des unbegrenzten Mehrhabenwollens, der nackten Pleonexia und Gier beruhte, machte man sich nicht gerne klar. Eher kreierte man hier wie anderwärts Sündenbock-Bilder. Die Gier der Banken, der wenigen Familien, in deren Hand ein erschreckender Großteil des internationalen Kapitals sei, werden mit verschwörungstheoretischer Logik evoziert.

Eine primär virtuelle Weltwahrnehmung, die an Grenzen von Raum und Zeit nicht gebunden ist, kreiert eine zweite menschliches Maß überschreitende hybride Kultur: Den Sog von Big Data und Algorithmen, die uns lesbar machen, die der Spionage und Werbung ungeheure Potentiale erschließen, kann die Ethik nicht so leicht regulieren. Sie kommt in der Regel zu spät. Es hat aber den Anschein, als seien die Netze so komplex, dass sich die Jäger selbst darin verfangen. Das neue ökonomische Spiel, das ziemlich genau dann professionell einsetzte, als der Kalte Krieg abgewickelt war, schürt auf der einen Seite Rankunen und Ressentiments gegen die Moderne. Es ist aber doch deren Endprodukt. Auf der anderen Seite betätigen sich auch die selbst erklärten Gegen-Aufklärer und Antimodernisten aller Spielart innerhalb desselben Netzes und versenden ihre Botschaften.

Ähnlich wie in der Psychoanalyse ist in der politischen Seelenlage die „Wiederkehr des Verdrängten“ eine wichtige Kategorie, die man nicht ungestraft vernachlässigt. Die technokratischen Agenden setzten sich über Differenzen und kulturelle Prägungen allzu lange und wenig sensitiv hinweg.

Dies wirkte sich auch auf Zuwanderung und Migration aus. Ökonomische Parameter bestimmten weitgehend ausschließlich die Zuwanderungsagenda. Zwischen Asyl und Einwanderung wurde, mit gesinnungsethischem Kirchenvokabular unterlegt, kaum unterschieden. Die „Bunte Republik“ wurde von einem später über seine eigene Hybris und die Bosheit seiner Umwelt stürzenden Bundespräsidenten beschworen. Bis in Satiresendungen hinein blieb dieses Votum weitgehend unbefragt. Gegentöne, pragmatisch, wohlwollend von Bezirksbürgermeistern und Richtern, machten auch denen, die nicht in eine neonationale Tendenz verfallen wollten, deutlich, dass die Heiterkeit von Straßenfesten nicht die ganze Wahrheit und Wirklichkeit war.

Die Migrationsströme betreffen die europäischen Kernnationen in einer Zeit, in der sich das habituelle Bürgertum, der Mittelstand, der in der Bundesrepublik längst die Facharbeiter mit umfasste, eher auf seinen als fragil angesehenen Besitz zurückzieht als dass es zu einer umfassenden und klugen Citizenship und Wahrnehmung seiner Rolle in der bürgerlichen Öffentlichkeit neigen würde. Mit Programmen über Währungsstabilität und Bargeld, aber auch zur Rechtssicherheit und Forderungen nach einer gesteuerten Einwanderung setzten die Parteineugründungen ein: eher in Black boxes und Dark Rooms, die im Diskurs zunächst ignoriert wurden. Dies war, orientiert an den Sollbruchstellen des Euro, die Geburtsstunde der AfD unter der ängstlich behutsamen Ägide des Professors Bernd Lucke. Dann weiteten sich, durch Spaltungen, Intrigen, Radikalisierungen die Themen der Partei, die in Europa keineswegs isoliert war. Jenen Parteigründungen kommt ein Unbehagen an den Anstrengungen des europäischen Einigungsvorgangs entgegen. Der Sinngehalt des europäischen Einigungsprojektes ist offensichtlich nicht mehr im allgemeinen Bewusstsein. Die Friedensstiftung, die es nach dem katastrophischen Niederbruch Europas 1945 auslöste, klingt jüngeren Generationen wie eine Story des Urgroßvaters, die man sich nur im Idiom Helmut Kohls denken mag. Es mag mental immer schwierig sein, sich in Gemengelagen zu versetzen, die vermeintlich nicht mehr glühend und bedrohlich sind. Dass jene Friedensstiftung aber erst auf halbem Weg angekommen ist und dass sie vielleicht allzu sehr der Programmatik von Bürokraten und wenig transparenten politischen ad hoc-Verfahren folgte, geriet allzu sehr aus dem Blick. Die Gesichter des Neo-nationalen spiegeln erstaunlich passgenau die Rankünen und Ressentiments wieder, die 1914 zum Ersten Weltkrieg, nach Kennan: der „Urkatastrophe des 20. Jahrhunderts", geführt haben. Dies ist alles andere als harmlos- zumal, wenn man bedenkt, dass der Sommer 1914 zahlreiche Analogien zum Sommer 2014 aufweist- drohende Kettenreaktionen an unterschiedlichen Krisenherden. Der Weltbrand selbst brach zwar nicht aus, doch die einzelnen Explosionen wirkten sich deutlich genug aus.

Zu jener Erschütterung trägt bei, dass die Welt auch in Facetten in die heimischen Bereiche kommt, die man lieber nicht hätte. Eine globale Welt, bis zum Überdruss und bis weit über die ausgestanzte Trivialität hinaus ist es wiederholt worden, – bedeutet auch eine Globalisierung von Terror und Schrecken.

Die Geschichte des Terrors veränderte dabei binnen kürzester Zeit mehrfach ihr Gesicht. Sie war zum magischen Schreckensdatum 9-11 noch eine logistisch hoch effiziente weltweite Veranstaltung. Heute ist sie selbst dezentriert, was der Inszenierung des Schreckens aber keinen Abbruch tut. Wie viele Bataillone der IS besitzt, ist schwer zu beantworten. Vermutlich ist dies auch die falsche Frage. Herumhängende Jugendliche unterschiedlicher nationaler Herkunft, die nicht gebraucht zu werden schienen, nicht von der Welt um sie herum und auch nicht von sich selbst, rekrutieren neue Anhänger. Die Botschaft des Hasses, der selbsternannten Liquidationskommandos ist universal. Dieser Hydra wird man den Kopf nicht abschlagen können, ohne dass andere Häupter nachwachsen.

Erstaunlich ist aber, dass auch für die neuen Grundformen des Terrors die Begriffsmatrix im Kern zutrifft, die Hegel für den Terror der Französischen Revolution geistesphänomenologisch auf den Begriff brachte: Er ist rasend, zerstörerisch und nihilistisch, wenngleich durch die Maske der Religiosität getarnt, ihm gelten Humanum und Menschenleben nichts, er ist von der „Furie des Verschwindens" gejagt, die ihn am Ende selbst einholen wird. Ein Wahnsystem leitet ihn, so oder so. Ein Idealismus-Furor, der nichts anderes kennt als die Freund und Feind-Unterscheidung ist immer mit im Boot. Zwischen Finsternis und einem Zerrlicht von Aufklärung ist dabei dann irgendwann nicht mehr nennenswert zu unterscheiden.

Wieviel Vernichtungshass jener Terror produziert, kann bei allen ideologischen Differenzen erstaunlich gleichlautenden Kassibern der RAF aus dem

Stammheimer Hochsicherheitstrakt und der IS-Bekenner-Youtube-Videos in allen Sprachen abgelesen werden.

Die offenen Wunden in der islamischen Welt produzieren wiederum Elend und weitere Migrationsströme, deren man mit hybrishaften Appellen eines ‚Wir schaffen das' nicht beikommt.

Versteht die posthistorisch gewordene westliche Welt hinreichend, was vor sich geht, wenn sie das Ende der innovativen Zeiten beschwört und nur noch mit ihren Beständen rechnet? kulturellen und geistigen Kristallisationen, die doch nichts wesentlich Neues unter der Sonne hervorbringen. Eben diese Perspektive erweist sich aber gegenüber den neuen Realitäten selbst als Anachronismus. Deshalb besteht die Gefahr, dass zu schlichte und monokausale Erklärungsparameter in Anschlag gebracht werden. Sie sind aber weder als Diagnosen brauchbar noch als Ansatz einer Therapie, sondern selbst Spiegelungen des verwirrten Gesamtzustands- und daher latent geeignet, die Hysterie weiterzutreiben.

Zu der notwendigen Unterscheidungskunst gehört auch, dass die Defizite politischen Handelns, die zum Erfolg der neorechten Parteien beigetragen haben, deutlich und explizit benannt werden, ohne damit diesen Parteiprogrammen und ihrer realen Politik etwas zugute zu reden. Kommunikativ sind jene Defizite und ebenso im konkreten Handeln lange verschleppt worden, wie ein Virus, das dann irgendwann bösartig ausbricht. Man kann darauf hinweisen, mit entlarvendem und vielleicht ätzendem Nachdruck. Doch man wird nicht umhin können, auch festzustellen, dass es schwierig und oft genug aporetisch ist, in dieser Zeit verantwortlich zu handeln. Die simplifizierenden Antworten liegen im Wesen der Demagogik. Gewiss ist, um nur das Hass generierende Beispiel der Grenzöffnung im Herbst 2015 zu bemühen, die – temporäre Preisgabe einer Rechtsgrundlage durch, weitgehend schrankenlose, Grenzöffnungen in der Migrationskrise des Herbstes 2015 hochproblematisch. Zumal da nicht gesagt wurde, dass sie temporär ist. Und nicht weniger problematisch ist das renationalisierende Versagen der großen europäischen Nationen, die zu einer gemeinsamen Willensbildung und einem Konsens nicht finden konnten, auch wenn man die Impulse der dem Stalinismus Entronnenen verstehen kann. Prekär ist schließlich die ausweichende Grenzsicherung, die nur mit Hilfe der Türkei im Lauf des Jahres 2016 überhaupt möglich ist, die deutsche und europäische Migrationspolitik aber indirekt in die diktatorische Pseudo-Demokratie von Erdogan brachte.

Die migrationspolitische Quadratur des Kreises indes, die mehrpolige Aporetik zwischen erforderlicher Humanität und klaren Rechtsregeln besteht weiter, auch wenn Migrantenzahlen sinken. Nicht zuletzt das Desiderat, die eigenen Grenzen sichern und die eigenen Gesetze durchsetzen zu können, bleibt jedoch in Kraft.

Ein hauptsächliches Feindbild der neuen Rechten dort, wo sie populär wird, ist die Political Correctness. Hier ist zu differenzieren. Man wird gute Gründe haben, an einem „Neusprech", das mehr zur Verdeckung der Realität beiträgt als zu ihrer Erkenntnis, massiven Zweifel anzumelden. Dies zeigt sich umso drastischer als die Zensur auch auf vergangene Epochen und Autoren ausgeweitet wird – und in universitären Seminaren in den USA heute bereits darauf geachtet wird, dass Studierende nichts Verstörendes zu lesen und zu hören bekommen, schon gar nichts, das ihre Identitäten kränkt oder beschädigt. Homer, Dante, Shakespeare und nicht zuletzt Bibel und Veden mussten dann einer rigiden Korrektur unterzogen werden. Offensichtliche ist dies eine Gegen-Aufklärung eigener Art.

Gerade die Schreie der Mühseligen und Beladenen lassen sich ja gerade nicht in das Feld der Political Correctness einhegen. Sie müssen sich selbst als „schwul", „lesbisch" oder „Nigger" bezeichnen, damit sie in den geglätteten Sprachwelten überhaupt noch vorkommen, sich selbst immer entwürdigendere Namen geben, um ihrer Würde einen Ort zu sichern. All das zugegeben, auch die von Zižek und anderen gegeißelten immer weiteren semantischen Windungen der PC in allen Ehren – es gibt eine Kritik daran, die letztlich ein ganz anderes Interesse hat. Sie möchte wieder grausam sein und entmenschlichende Prädikate aussprechen dürfen. Sie möchte sich nicht von alten Feindbildern und Untermenschenstereotypen trennen. Sie möchte die Menschenwürde nicht in Sprache und Gestus aufnehmen. Den anderen einbeziehen durch Unterwerfung, nicht durch den elementaren Akt der Anerkennung, ist ihr Ziel. Dem ist und bleibt mit Entschiedenheit zu widersprechen.

Die routinierte Political Correctness wird dadurch nicht besser. Nicht besser werden auch Sprachverhunzungen und Genderisierungen, die keinerlei Apperzeption steigern und sensibilisieren. Doch der moralische Skandal der anderen Seite bleibt festzuhalten.

Die notwendige Mitte. Eine Überlegung zur jüngsten Gegenwart

Was die Mitte ist: Klassische Bestimmungen

Dass die Mitte, mesotes, den Charakter der einzelnen Person erst austariert und vor brutalen Ausschlägen nach der einen oder anderen Seite bewahrt, ist die auf Aristoteles zurückgehende Grundlehre der antiken Politik und Ethik. Auch in modernen Gesellschaften und Staaten bedarf es jener Mitte. Hegel sprach von der „vermittelnden Mitte", die falsche Unmittelbarkeit korrigiere, falsche Ideologien, Fixierungen nach rechts oder links. Hegels Aussage ist nur, auf den Begriff, im Dämmerungsflug der Eule der Minerva, gebracht, was in der praktischen Staatsphilosophie der Römer der „Consensus omnium bonorum" war, der qualifizierte Konsens.

Wie alles verliert auch der Konsens seine Konturen und seine Notwendigkeit, wenn im öffentlichen Raum keine präzisen Positionen eingenommen werden. Wenn alles Mitte wird, ist nichts Mitte. Die Ränder fransen aus und werden aggressiv. In Zeiten Großer Koalitionen ist diese Tendenz besonders gegeben. Sie sollten deshalb die begrenzte Ausnahme sein, nicht aber die Regel werden. Die österreichische Lektion wäre bedenkenswert. Schwierig ist es, wie das deutsche Wahljahr 2017 wieder zeigte, wenn Mehrheiten diesseits Großer Koalitionen nicht mehr zustande kommen.

Die Jahre seit 2015 zeitigten daher einen Überdruck, der eine neue rechte Opposition hervorbrachte, die ungleich rascher als die linke Bewegung von 1968 vom außerparlamentarischen in den parlamentarischen Bereich gelangte. Dass es auch einer profilieren Rechten und einer profilierten Linken bedarf, damit überhaupt eine Mitte sein kann, ist im Grunde eine Trivialität, die sich Jahrzehnte lang vor allem in den romanischen Ländern bewährte. Angesichts der deutschen Geschichte können allerdings Zweifel aufkommen, ob eine solche neutrale, vernunftgeleitete Rechte überhaupt möglich ist. Keineswegs kann ein Extremismus geduldet werden: ein faschistischer oder NS-Anklang, welcher Art auch immer und wie schwach: anti-universalistisch, rancunegeleitet, identitär.

Politische Geometrie lebt auch aus der „gegenstrebigen Fügung", so dass, wenn ein qualifizierter Anspruch auf Konsens gewahrt bleiben soll, der Consensus omnium auch in die eigene Position eingehen und antizipiert werden muss. Dies ist keineswegs schon Political Correctness, keineswegs Selbstamputation der starken Thesen, keineswegs jene, leider im Politikbetrieb zunehmende programmatische Konturlosigkeit. Es ist die performative Grundlehre gelebter Demokratien. Bundespräsident Gauck hat dazu manches Kluge gesagt.

Ich sehe in dem bunten Sammelsurium der neuen Partei AfD und auch der PEGIDA-Bewegung zahlreiche Tendenzen, die dieser Mitte-Suche von Grund auf widersprechen. Neurechte Theoretiker orientieren sich eher an stahlharten Antiparolen aus dem Bürgerkrieg der Ideologien als an dem großen Konsens des vielstimmigen Traditionsbestandes, der immer wieder unter dem Signum des „Abendlandes" beschworen wird. Dieses Erbe ist nicht transkulturell, aber nicht einfach „Multikulti", wie die Phantasien linker Straßenfeste – sondern es ist „Concordia discors", Zwiesprache und Überschneidung östlicher und westlicher Sinnlinien Europas, transparent auf die außereuropäische Welt: Judentum, christlicher Glaube, Islam werden in diesem Gesamtraum ihr Gewicht entfalten und kein Leben reicht aus, dies zu studieren. Interkulturalität führt auf allen Ebenen in ein tieferes Verständnis. Die heutige Generation hätte jenseits der Destruktions- und Dekonstruktionsrhetorik die Chance, diese Wurzeln anzueignen und Formen zu finden, wie sie in das kulturelle Gedächtnis einer intelligenten Menschheit im 21. Jahrhundert eingespeist und fruchtbar gemacht werden können. Darin läge ein großes Thema des Konservatismus, in der Neugewinnung eines Bildungskanons, der weder zynisch dekonstruktiv noch auch ökonomistisch ausgerichtet ist, so wie es der Bologna-Reformprozess nahelegt. Versagen wird aber an den Erfordernissen der Gegenwart, wer entweder in geschlossene Gesellschaften zurückwill oder in der naiven Buntheitsrhetorik steckenbleibt.

Wenn indes „der Islam" insgesamt von der AfD als „totalitäre Ideologie" verunglimpft wird, so ist dies eine unhaltbare Aussage. Gerade wenn man nicht dem Mainstream verpflichtet ist, wenn man auf klare Analyse und entschiedenes Handeln drängt, kann es nicht sein, dass Ressentiment, Geist der Rache und Versuche, die Uhren zurückzudrehen, wieder an Resonanz gewinnen.

Der Undifferenziertheit von Multikulti antwortet nun eine neu-rechte Dumpfheit. Der Sprach- und Konzeptionslosigkeit, der Furcht vor Kontur, Ambivalenz, Differenziertheit und Entschiedenheit in der öffentlichen Debatte, in der man lange Zeit nur nett zueinander war, antwortet die Rhetorik des „Man wird doch wohl sagen dürfen". Die eine wie die andere Seite sind alles andere als erfreulich. Ähnliches diagnostizierte Friedrich Schiller, als er auf den Feudaladel einerseits und die Französische Revolution andrerseits blickte. Ähnlich dürfte heute eine klare Analyse nach beiden Seiten nottun.

Die Paradigmata der intellektuellen Neurechten haben dazu nichts beizutragen. Sie bewegen sich in klandestinen Echoräumen, nicht aber auf der Höhe der Moderne, und sie liegen nicht auf den Wegen des klassischen Denkens: von Platon und Aristoteles, über Hegel und Humboldt bis zu Scruton und Guardini. Sie liegen nicht auf der Wegbahn der großen Kunst und Literatur, die in tiefer Weise deutsch ist, weil sie europäisch ist. Auch Religion ist eher Versatzstück und Funktion, in der Werthierarchie meist deutlich unterhalb der Nation angesiedelt. Die

Akzente, die jene sich formierende Rechtsintelligenz setzt, zeigen sich in verabsolutierten nationalen Imperativen, in der Isolierung des Schmitt'schen Freund-Feind-Denkens. Dies ist Kratik, hervorgegangen aus den letalen Zuckungen der Weimarer Republik und staatsrechtlicher böser Blick, der sich bereits 1933 zutiefst zumal in seiner rasseantisemitischen Form desavouierte. Den „gefrorenen Kaviar" weckt man wieder zum Leben. Das Spiel mit dem Feuer wird leicht auch zum Spiel mit Verachtung, Dehumanisierung und Revanche.

Gerade wenn man für größte mögliche Freiheit im Rahmen einer guten, keineswegs immer idealen Verfassung eintritt, wird man solchen Stimmen keinen Ort einräumen wollen.

Anatomie der Extreme und die Rationalität der Mitte

Man hat es in dem neuen Rayon oft mit Personen zu tun, die von Konflikt und Polemik oder vom Ernstfall schwärmen, aber verkennen, wie desaströs all das werden kann. In der neuen Rechten begegnen von Verschwörungstheorien Besessene, Aktionisten, die ständig dekretieren, dass man nicht mehr länger analysieren solle, sondern „handeln" müsse. Besser sie handeln nicht! Und gut, dass die ‚Konservative Revolution' vor 1933, die den NS an Radikalität teilweise verbal noch überbot, sich nie politisch realisierte. Innerweltliche Eschatologien und Apokalypsen werden beschworen. Bislang Verhülltes soll aufgedeckt werden. Eine gefährliche Mélange. Courage, etwas zu sagen, und sei es Ungeheuerliches, ist der Maßstab, nicht Besonnenheit! Was manche Entwicklungen zum kalkulierten Tabubruch antizipieren lassen, lässt erschauern, auch wenn man die medialen Hysterisierungsstrategien mit in Rechnung stellt.

Dass antiisraelische und antijüdische Ressentiments heute mancherorts nur unter einem dünnen Oberflächenfirniss lauern, ist ein erschreckendes, aber naheliegendes Element in dieser Topographie. Gerade wenn man sich, wie der Verfasser, immer wieder deutlich für einen aufgeklärten, liberalen Konservatismus ausgesprochen hat, gegen den Mehltau einer nicht mehr begründungsfähigen noch -willigen leerlaufenden faden Konsensualität muss es darum gehen, „nicht verwechselt" zu werden (Nietzsche). Ich sehe mich durch die neu aufbrechenden Revanchestimmen in keiner Weise bestätigt, ich begrüße sie in keiner Weise. Ich muss vielmehr auch in der Sache einsehen, bei zeitweisen Kooperationen den scharfen Trennungsstrich nicht immer peinlich genug beachtet zu haben. Verfassungsfreundschaft (D. Sternberger) muss auch den Konflikt noch tragen. Deutliche Kritik an politischen Fehlstellungen, an Deformationen der öffentlichen Debatte, an Erosionen der Rechtsstaatlichkeit, auch in der hochkomplexen und kataklysmusartigen Migrationspolitik, ist erforderlich. Eine Sprache, die ohne Hass und fehlgeleitete Energien die Sache trifft, ist Voraussetzung eines verantworteten Analysierens und Handelns. Dieses kann niemals hinter Rechtstaatlichkeit und Demokratie, aber auch nicht hinter die „troubled partnerships", die transatlantische Partnerschaft – und die raison d'être des Existenzrechts Israels zurückgehen. Was auch eine zu große Nachgiebigkeit gegenüber dem Iran und Waffenlieferungen in Regionen verhindern muss, die den Holocaust weltpolitisch wiederholen möchten. Hier liegt ein Scheidungspunkt. Die Shoah ist nicht ein aufzurechnendes Kriegsverbrechen unter anderen, sie ist die große Katastrophe für Juden und, diametral anders gelagert Deutsche, für die Welt selbst, die deshalb auch nicht zum Mythos reduziert werden darf. Wer daran vorbeisieht, hat die moralische Legitimität verloren, irgendetwas „konservieren" oder „restituieren" zu wollen.

Was geht und was nicht geht

Zurückgehen kann man freilich auch nicht hinter eine hochkomplex verflochtene internationale Situation, in der gemeinsame politische Willensbildung immer schwieriger wird. Man kann, von links oder rechts, sehr begründet, gegen das Welthandelsabkommen TTIP eintreten. Einen „geschlossenen Handelsstaat" (Fichte) wird man nicht rekreieren können ohne fatale Rückfälle in Barbarei und Verarmung.

Die hohe Entzündlichkeit dieser Weltlage ist in abwägender Klugheit zu berücksichtigen, mit der Tugend, die Aristoteles einmal „phronesis" nannte. Und: Wer die Freiheit seiner Rede in Anspruch nimmt, muss auch für sie zur Verantwortung gezogen werden. Zu Ende denken, auch scharfe Kritik üben kann nur, wer den Konsens im Blick hat und das hermeneutische Grundproblem, dass der andere Recht haben könnte.

Vielleicht werden die Wolken über dem Frühling des Missvergnügens seit 2016 doch zu einer – nicht gleich weiteren Neugründung Europas und der Bundesrepublik. Wohl aber zu einer Neugewinnung des Politischen in Einsicht und Leidenschaft. Ob auf ihrem Wege Parteien, nicht zuletzt auch die Sozialdemokratie, wieder ihre Färbung und ihren Lebensatem bekommen können, ist unsicher. Vermutlich kann dies auch eher „cura posterior" bleiben. Möglicherweise werden sich angesichts der digitalen Revolution und der global verschobenen Parameter hier ganz andere Schichtungen ergeben. Vielleicht werden sich tatsächlich eher einzelne Tribunen oder Exponenten auf Zeit zu Zweckbündnissen verbinden und mit neuen Kommunikationsmitteln zumindest kurzfristig beträchtliche Mobilisierungserfolge erzielen. Dies ist auch per se nicht schlecht. Fördert es doch den Agora- und Disputcharakter des Politischen, das, was Hannah Arendt als Ursprung der freien Handlung in Rede und Dialog nannte, eine Haltung, die den eisernen Banden des Terrors entgegengesetzt ist. Doch jede Seite, die in dieser Mikrophysik wirksam wird, muss wissen, dass sie nicht nur sich selbst vertritt, sondern auch von ihrer Seite her, die Mitte – lagegeometrisch und konkret in der Bewahrung der vielfachen Quellen, aus denen wir leben.

Dies erfordert Bezug zu den Ursprüngen eines europäischen Ethos, die nicht nur griechisch, römisch, christlich, aufklärerisch definiert sind. Sie sind essentiell auch jüdisch in einem bis in die Gegenwart reichenden eigenständigen Kulturstrom, der die Achtung vor dem Antlitz des Anderen, den Narrativ als Denkform ausgebildet hat.

Übergänge

Der große Platon schreibt in seinem ‚Philebos'-Dialog, nicht der sei eine philosophische und (kann man hinzufügen) auch politische Begabung, der das Eine und sein Gegenteil schroff und unversöhnt neben- und gegeneinander setzt; sondern derjenige, der die vielen Ligaturen und Verbindungen zwischen ihnen ermittelt und befragt. Wenn man dies nicht beachtet, kommt man zu Kipp-Phänomenen: „Les extrêmes se touchent". Nur eine Politik der Freundschaft, die den Konflikt nicht scheut („Tapferkeit vor dem Freund": das wunderbare Sprachbild der Ingeborg Bachmann) ist dem gewachsen. Es könnte eine zwingende Lektion aus den Missvergnüglichkeiten der jüngeren Vergangenheit sein, daran zu arbeiten.

Die Mitte ist aber keineswegs nur eine ethische Kategorie oder eine Kategorie der Übung. Sie ist eine Frage der Proportion zwischen den verschiedenen Lebenszielen und -perspektiven. Daraus kann das Ethos von Kulturen hervorgehen, die aus verschiedenen Strömen zusammenfließen und Kontur gewinnen. Dass die eigentliche Ethik die kluge Ordnung und Rangfolge verschiedener Lebensziele ist, gar kein besonderes Element, ist ein schöner Gedanke, den Robert Spaemann eindrucksvoll ausgesprochen hat.

Doch schon die antike Philosophie der Polis wusste, dass die Paideia ganz wesentlich über die Musenkunst, Epos und Drama, vermittelt wird und sich geradezu einfleischt. Die Mitte hat es deshalb auch mit Schönheit und Form zu tun. Es gibt eine Ästhetisierung von Politik, die sie ganz und gar inszeniert und ein „stählernes Gehäuse" um sie legt. Faschismus ebenso wie NS und Kommunismus haben solche pervertierenden Ästhetiken kreiert. Dass es auch eine Schönheit der Mitte gibt, die nicht befohlen werden kann, nicht funktionalisiert werden darf: die sich aus den Erinnerungsräumen verschiedener Traditionen und Ströme speist, bleibt aber eine wesentliche Einsicht. Kunst ist ein Remedium gegen Fanatismus und Verhärtung. Sie macht das undarstellbare Gute fassbar und ahnbar. Sie strahlt im Idealfall in einen bürgerlichen Habitus hinein aus. Sie stellt Formen in Frage und kreiert andere neu.

Die Mitte, die sich in eminenter Kunst herstellt, wird immer in der jeweiligen Zeitepoche verankert sein und doch mit einer Art Ewigkeitssignatur über sie hinausweisen. So geht es gerade nicht um die Suggestion eines Maßes, das die Moderneerfahrung ausblendet. Hans Sedlmayr schrieb in diesem Sinn in den fünfziger Jahren seine Studie zum ‚Verlust der Mitte', in vielen Auflagen verbreitet und ein antimodernes Manifest. Es ist ein Mangel des rechten Spektrums, dass es die Kunst der Moderne im Ganzen meinte zurückweisen zu können. Wie auch Dissonanz und Schrei, wie Verstummen und Schmerz in eine Form gebracht werden können, bleibt indes die große Frage einer künftigen ästhetischen Erziehung. Kunst und Moral haben zumindest indirekt viel miteinander zu tun.

In ähnlicher Weise verhält es sich mit der Religion. Auch sie wird verfehlt, wenn man sie als eine Funktion begreift- und ebenso wenn man sie in die eisernen Bande alter überkommener Dogmen einspannt. Religionen sind, wie ich andernorts ausführlich gezeigt habe, hoch differenzierte Systeme, die sich auf unterschiedlichen Ebenen artikulieren – Alle großen Weltreligionen umfassen metaphysische und mystische Systeme, die einen hohen intellektuellen Horizont aufspannen. Sie alle haben aber auch die Momente einer unmittelbaren, in das Leben hineingewirkten Gläubigkeit. Als sie noch selbstverständlich war, – Charles Taylor hat dies für Europa um das Jahr 1500 angesetzt,- war christliche Religion keineswegs der Rechenschaft fähig. Das ist in aufgeklärten Zeiten anders. Doch für sie verlieren deshalb die religiösen Symbolisationssysteme keineswegs an Bedeutung. Sie sind nur von vielem entlastet, auch davon, unmittelbare Herrschafts- und Wissenssysteme zu sein.

Der Verweis auf die transzendente Dimension , die sich jeweils in Religionen manifestiert, grenzt den Bereich der Politik und ihres Aktionismus ein. Im besten Fall ist sie Abbild, nie Urbild. Was: wenn die Herrlichkeit der Herrschaft Gottes durch die Erniedrigung und Entäußerung hindurch gewonnen wird, wie christlicher Glaube es denkt? Was wenn das dauerhafte Überleben des Volkes Gottes durch die Zeit aus einer Gerechtigkeit und einer Gewissensbindung, der Bindung an die Heiligen Schriften und ihre Auslegung kommt, das auch im Exil nicht aufgekündigt ist? Und was schließlich, wenn wie im Buddhismus alles endliche Leben doch als Anhaften verstanden wird?

Es kommt hinzu, dass gerade in der Religion und ihren Lebensformungen neben das aktive das passive Moment tritt, die Ruhe der Vita contemplativa: ein unverlierbarer Gegenhalt. Es ist eine große Gefahr aller politischen Radikalisierung, dass sie diesen letzten Horizont nicht wahrnimmt. Sie hat daher auch keine Ressourcen, um mit eigener Schuld und Ungenügen umzugehen. Vielmehr verbeißt sie sich in die innerweltlichen Zielsetzungen. Selbst wenn Religion darin noch eine Rolle spielt, ist sie eben Funktion. Hier berühren sich die extreme Linke und die extreme Rechte.

Der Verlust an Schönheit und Transzendenz ist, wie sich leicht sehen lässt, ein Kennzeichen des totalitären Zeitalters. Ohne Sensibilität wirkt dieses höchst problematische Erbe aber weiter.

Zeitbruch

Krise und großer Stumpfsinn

Auf den letzten Seiten von Thomas Manns Epochenroman ‚Der Zauberberg' deutet sich die gravierende Epochenwende, die im Ausbruch des Ersten Weltkriegs explodieren sollte, mit Verwirrung, großer Gereiztheit, „spökenkiekerischer" Irrationalität und hochnervösen Verhaltensweisen an. Die Rede war schon davon, dass der Romancier die Atmosphäre in dieser absterbenden Welt von gestern als „großen Stumpfsinn" charakterisiert. Wenn man seismographisch die gegenwärtige öffentliche Stimmung, hysterische Reaktionen und Gegenreaktionen und den jähen Wechsel von manischen und depressiven Phasen beobachtet, liegt es nahe, diesen Begriff auch in gegenwartsbezogenen Diskursanalysen zur Geltung zu bringen.

Die offensichtliche Verwirrung dürfte ein Indiz dafür sein, dass eben jetzt und genau jetzt, und nicht 1989/90, auch nicht mit dem magischen Datum von 9-11 eine epochale Zäsur einsetzt. Dieser Umbruch findet aber noch keineswegs angemessene diagnostische Resonanz.

Die Irritation wird zum nachträglichen Symptom dafür, dass nach dem Ende des Kalten Krieges und auch nach dem 11. September alte westliche Abwehrmechanismen noch greifen konnten, die eingeschliffen und bekannt, aber längst nicht mehr auf der Höhe der Zeit waren. Gewiss war man auf das neue Gesicht des Terrors nicht vorbereitet. Doch strukturell fuhr man fort, die Welt in bipolaren Verhältnissen zu beschreiben. Bei Bedarf konnten diese gnostisch aufgeladen werden: Das Reich der Finsternis hier und das Reich des Lichtes dort. Das Spiel ‚Wir und die Anderen' schien ein letztes Mal zu funktionieren.

Die Repetitionsmechanik wiederholte sich im innerdeutschen Mikroskop: Bei allen orchideenhaft gepflegten Vorurteilen und massiven Unterschieden, was die Möglichkeit zu freiem Leben anging, waren die Mentalitäten im westlichen und östlichen Deutschland so verschieden nicht wie dies seit 25 Jahren suggeriert wird. Es bildete sich öffentlich-medial eine Konsensgesellschaft aus, deren Prägungen, wie Reinhart Maurer schon vor Jahrzehnten diagnostizierte, gleichermaßen von Jürgen Habermas und Helmut Kohl ausgingen.

Diese Konsensualität entließ ihre Kinder und Enkel.

In ihrer Version 2.0 strahlten sie nicht Weltbürgerlichkeit aus, auch wenn sie dies jederzeit betonten – und auch nicht einen Universalismus, dessen Anfang nach Kant ein über sich selbst aufgeklärter Patriotismus ist. Dominierend wurden vielmehr eine spießige Egalität und ein diskursiver Wattekokon, der bewegte und bewegende Fragen gar nicht erst zur Debatte kommen ließ. Die Legende vom Ende der Geschichte hielt sich lange, auch als sie durch neue internationale Brandherde faktisch widerlegt war. Man schlug die Boten, wie Samuel Huntington, die andeuteten, dass es auch anders sein könnte. Mit der Phraseologie von der „Bunten Republik Deutschland“ fand die Kokon-Republik noch einmal ihre anachronistische Fixierung. So brachte, gegen eine allgemeine Regel, der Frieden nach dem Kalten Krieg nicht Wahrheiten an den Tag, die sonst verborgen geblieben wären. Die Täuschung setzte sich fort.

Bestätigt sehen konnte sich ein Mainstream, der sich aus links-ökologischen Reservoiren speiste und eine eigene Konformität gewann. Man war selbst Institution. Was davon markant abwich, wurde „off records“ gestellt.

In an other voice – Oder Wenn Andersheit schmerzt

Es ist wenig überraschend, dass von hier her eine erschreckende geistige Differenzlosigkeit um sich griff. Und dies, obwohl in den postmodern angetönten Leitideen bis in Schul- und Erziehungspläne „Differenzsensibilität“ und „Inklusion“ aufs Panier geschrieben wurde. Die Folgen sind offensichtlich: Wir haben keine Matrix mehr, in der fern von Lobbyinteressen Sachdifferenzen ausgetragen werden. Deshalb manifestiert sich das alte Konsensgefühl so gerne gnostisch-manichäisch: Hier die Hellen, dort die Dunklen. Dahinter flackert die Ahnung auf, dass jener Konsens ein für alle Mal zerbrechen könnte.

In dem Augenblick, in dem in der Migrationsfrage Rechtstaatlichkeit und Grenzregime außer Kraft gesetzt wurden, ohne dass ein „Plan B“ und eine Befristung der Ausnahme definiert worden wären, war die One World greifbar. Millionen Menschen in Bewegung können nicht verdrängt werden. Die eigene Ratlosigkeit muss man sich angesichts dessen eingestehen. Eine Sedierung, die bei den außerordentlichen Alpträumen und Terroranschlägen, wie zuletzt in Paris im Januar und im Herbst 2015 noch gelang, scheint unmöglich. Der Mechanismus, auf die rhetorische Phrase, dass nichts mehr so sei wie zuvor, mit einer Fortsetzung des Status quo zu reagieren, funktionierte zwar bis auf Weiteres. Auch globale Finanzkrisen wurden noch nicht als Indizien der Weltkrise wahrgenommen. Die Menschenströme erinnern in Permanenz daran, dass auf unterschiedlichsten Ebenen dieser globalen Welt eine Krise durchgehend präsent ist.

Nirgendwo aber ist harte Analyse, Differenzierungsfähigkeit in Sicht – und auch nicht die praktische Urteilskraft eines Sensus Communis, die nach Erkenntnis der Lage das allgemeine Wohl unter prekären Bedingungen hätte definieren können. Hilfsbereitschaft war viel, in den Jahren 2015 und 2016, sie ist nicht gering zu achten, doch sie hatte es mit einem bestimmten Life Style zu tun und hielt oftmals dem Tageslicht nicht stand.

Es können chronologische Zufälle sein, vielleicht ist es aber auch die Wirkung einer wenig freundlichen, unsichtbaren Hand, dass nach gut zehn Jahren eine Akademikergeneration auf die Märkte drängt, die nur noch die Bologna-Universität kennengelernt hat und nicht mehr einsehen kann, was am reduzierten Bewusstsein überhaupt problematisch sein soll.

Die Kehrseite des großen Verschweigens besteht darin, dass giftschlangenartig Ressentiments aufbrechen, die niemals ad acta gelegt wurden. Erfreulich sind beide Seien nicht, und beide bieten sie kaum Aussicht, der veränderten Weltlage gewachsen zu sein.

Kulmination von Konflikten

Was für eine Zeit bricht auf? In jedem Fall eine Epoche, die einen irritierend widersprüchlichen Weltinnenraum generiert, aus dem es keine Fluchtwege mehr gibt: Technologisch und religiös, machtpolitisch und ethisch. Es ist eine Welt mit bedrohlichen Abgründen, denen gegenüber die innerdeutschen Verwerfungen wie Sandkastenspiele sich ausnehmen. Eine Welt, in der die „Furie des Verschwindens" rücksichtsloser grassiert als sie es in der Moderne tat. Sie gebiert Krise um Krise, ohne dass es eine Stabilisierung gibt. Damit bleiben auch die Regularitäten aus, an denen sich die Urteilskraft im Regelfall orientieren kann. *Die gespaltene One World* bringt Folgeerscheinungen hervor, die sie nicht mehr kontrollieren kann. Sie ist überall und nirgends. Deutlich wird damit auch, dass der Weltpartisan und -terrorist nicht extreme Sonderformen dieser Weltlage sind, sondern dass diese Typen zur Normalgestalt werden. Als anachronistisch erweisen sich so gut wie alle Haltungen, die man in eingeschliffenen politischen Reaktionsmustern gelernt hat: Der Pragmatismus, der in verschiedene Richtungen laviert und zur Not auf Sicht fährt; das Bausoldaten-Pathos: „Wir schaffen das", das sich ein Projekt setzt, ohne über dessen Nebenwirkungen unterrichtet zu sein; der diskurstheoretische, mal neuprotestantisch, mal jakobinisch hypermoralisch unterstrichene abstrakte Universalismus, der die „Einbeziehung des Anderen" erträumt. Aber auch eine realistische Machtpolitik der Hegung von Interessenssphären und der Definition von Einflussrayons ist nicht wirklich auf der Höhe dieser Zeit. Hegen nämlich lässt sich in der zerbrechenden Einen Welt nichts mehr.

Common sense – und der Bogen, der nicht brechen darf

Wiederzugewinnen wäre ein Common sense der unterscheidenden Urteilskraft. Wie Mark Schweda jüngst brillant gezeigt hat, war dies die eigentliche philosophische Intention von Joachim Ritter, die in seinem vielfältigen und sehr freien Schülerkreis doch nur fragmentiert aufgenommen worden ist. Joachim Ritter sah das Verhältnis des modernen Zeitbruchs zu Traditionen nicht als Zerstörung, auch wenn „die schrecklichen Kinder der Neuzeit" (Sloterdijk) das beabsichtigt haben mochten, sondern als „Entzweiung" (Hegel).

Konsensfähige Rezepturen wie der Zeitbruch mit jener entzweiten Urteilskraft zu „managen" oder zu „handelen" wäre, kann es nicht geben. Zuerst ist er als

Bruch zu erkennen, in dem so gut wie alle Diskurstechniken und Konsenspraktiken, die sich im Lauf der Zeit eingeschliffen haben, Makulatur geworden sind. Es ginge mithin darum, eine Weltgesellschaft zur Kenntnis zu nehmen, die so gar nicht den Einheitsvorstellungen und den Visionen vom säkularisierten Reich Gottes entspricht, die man mit jenem Topos verbunden hatte. Und weiter ginge es darum, diesseits von Ressentiment und Verleugnung eine eigene, gebrochene Identität zu gewinnen, deren höchste Maxime darin besteht zu verstehen, was geschieht. Mit dieser Frage hat Hegel einmal seine ‚Verfassungsschrift' eröffnet: dieses Requiem auf eine vergangene Weltlage und diese Prospektive auf das, was kommt. Dies wäre mehr als ein Strohhalm im Mahlstrom.

Warum das Ende der Geschichte nicht stattfindet und was das heißt

Ende der Geschichte? Ans Meer begnadigt sein

Man hat noch im Gedächtnis, wie nach Ende des Kalten Krieges und der bipolaren Konfrontation Francis Fukuyamas These vom „Ende der Geschichte“ Überzeugungskraft und medialen Raum gewann. Sie stammte aus der einseitigen aber höchst einflussreichen Hegeldeutung von Alexandre Kojève und sie war nicht kohärent. Kojève hat im Lauf seines Lebens einmal in Stalin, dann wieder in der UNO die Verwerfungen der Weltgeschichte und ihren Charakter als Weltgericht stillgestellt gesehen. Bei Fukuyama wurde das Dispositiv dann noch einmal anders besetzt: Liberalismus und Kapitalismus würden unaufhaltsam und flächendeckend des Antlitz der One World bestimmen. Eine alternative Option gebe es nicht. Mithin war Fukuyamas These nicht von der apokalyptischen, sondern der eschatologischen Art. Sie entwarf das Bild eines freundlichen Endes der Zeiten, das fast schon ins Reich Gottes hinüberreichte, und sie war von der Art staatsmännischer Redeweisen jener Zeit, wie die Mitte Europas sei entschärft und nur noch von Freunden „umzingelt“, Ost und West seien nurmehr geographische Begriffe. Für die Mitte Europas mochte dies eine Zeit lang gelten. Allerdings wurde sehr schnell deutlich, dass, ausgehend vom Nahen Osten, neue Konfliktpotentiale auf die Welt zukamen, die in der großen und freundlichen Tafel des Endes der Geschichte in keiner Weise vorgesehen waren. Wie der Irakkrieg, wie aber auch innerhalb Europas der Bosnienkonflikt zeigte, war die Nachkriegsordnung eine Betonmauer, die den Gang der Dinge stillstellte und die heißen Konflikte unsichtbar machte, die tatsächlich weiter schwelten.

Eine global vernetzte Welt ließ aber nicht erwarten, dass solche Mauern dauerhaften Bestand haben würden. Und, wenig überraschend, kam es genau so.

Man muss sich in den nachfolgenden Beben, mit 9-11 als erstem negativen Höhepunkt, dem weltweiten IS-Terror als zweiter Klimax, fragen, mit welchem geschichtlichen Paradigma die neue Lage zu vergleichen wäre. Letztlich wird man sich, je länger je mehr eingestehen müssen, dass es gar kein solches Paradigma gibt. Der unbegrenzte und fanatisch gläubige Terror ist zwar mit den Ideologemen des 20. Jahrhunderts aufgeladen, doch zum Nihilismus kommt ein religiöser Fanatismus, der sich in die Deutungsnischen des Islam eingenistet hat und mit ihm durchaus etwas zu tun hat.

Es ist trivial und doch überaus folgenreich, dass jeder Terror, der sich heute Bahn bricht, ein irreversibel globales Phänomen ist. Dies ist das mediale Novum, wobei die Globalisierung jede Handlung, jedes Reden und bildliche Kommunizieren über Handlungen betrifft. Nicht die konkreten politischen Optionen des

IS und die Bataillone, die hinter ihm stehen, sind eigentlich relevant, sondern die Schreckensbilder, die er produziert und die die Mentalitäten gerade auch in der westlichen Welt gründlich verändern. Hier stellt sich ein paralysiertes Grundgefühl ein, wie es die Kinder Berlins in Zeiten des Massenmörders Hamann befallen haben mag: „Warte nur ein Weilchen, bald kommt Hamann auch zu Dir. Mit dem kleinen Hackebeilchen...." Analogieschlüsse und Vergleiche können daher im Letzten nicht treffen. Damit sind mittelfristige und langfristige Prognosen und kluge Denkschriften, wie sie im Zeitalter von Metternich und Gentz aufkamen und wie sie Denker wie Raymond Aron bis in das Nuklearzeitalter retteten, kaum wiederholbar.

Auch die Geschichtsphilosophie scheint ausgespielt zu haben. Wo das Leben ein Vabanquespiel ist, hat es ein Denken auf die „longue durée" hin schwer. In dieser Magma gedeihen Verschwörungstheorien. Eine klare und prägnante Analyse gerät ins Hintertreffen.

Ein Vierteljahrhundert nach ihrer Formulierung scheint die Fukuyamasche These in der denkbar umfassendsten Weise falsifiziert zu sein. Sie ist buchstäblich von dem, was sie geleugnet hat, der unerwarteten Wiederkehr realer Geschichte dementiert und zertrümmert worden. Man kann nach den Gründen fragen. Wenn man indes auf lange anthropologische Sinnlinien ausgeht, ist das Scheitern nicht verwunderlich. Liegt es nicht in der menschlichen Natur, sich in Abgrenzung und Feindschaft überhaupt erst der eigenen Identität zu versichern? So beim Einzelnen, so bei Nationen und anderen übergeordneten Größen? Man mag auf das evolutionär eher verdeckte als überwundene Reptiliengehirn verweisen, auf die tiefenhermeneutische Einsicht des alten Freud vom Unbehagen in der Kultur, das von Zeit zu Zeit mutwillig und ohne zu wissen, was es tut, deren Firniss zerschlägt. Man mag mit René Girard auf universale ontische Grundmechanismen stoßen, wie den des Sündenbocks, den jede Kultur kennt oder mag man schlicht nach Beispielen einer dauerhaft befriedeten Ordnung suchen: Es gibt die überzeugende Vision einer befriedeten und geeinten Menschheit, aber nicht deren dauerhafte Realität. Das Ende der Geschichte, dessen prägnanteste Manifestation ein umfassender Friede ist, scheint in diesem umfassenden Blick eher ins Reich Gottes oder, wenn man daran nicht mehr glauben kann, in das transzendentale Reich der Vernunft zu gehören als in diese Wirklichkeit.

Gewiss, die anthropologische Einrede, im Blick auf den Menschen, wie er war und sein wird (J. Burckhardt), den Menschen als Opfer und Täter stießen spätestens seit der der Französischen Revolution auf den Widerspruch des ‚Projektes Aufklärung' und der Annahme eines Fortschritts im Bewusstsein der Freiheit (Hegel). Doch falsch sind sie nicht. Sie zeigen, dass nichts wirklich Neues unter der Sonne entstehen dürfte.

Hinzukommt, dass die reaktive menschliche Natur nicht nur der Bedürfnisstruktur entspringt. Die ließe sich zur Not vielleicht durch Bildung und Sublimation überwinden. Sie manifestiert sich erst recht, wenn es um größere Ziele geht, so, dass die großen Ideen in ihrer schwarzen und abschreckenden Tönung erscheinen. Saturierung und Ideologieübersättigung brachte auch das Ende des Kalten Krieges nicht mit sich. Ganz im Gegenteil. Die Mischungspotentiale vermehrten sich: religiöse und pseudoreligiöse Ressourcen, ökologische und kapitalistische Welterlösungsstrategien verbanden sich mit den alten Ingredienzien des 20. Jahrhunderts und entwickelten beträchtliche Mobilisierungskraft.

Die Vision eines ewigen Friedens, basierend auf einem „Föderalismus freier Staaten", Erasmus' von Rotterdam bewegende Klage des Friedens oder Augustins Friedenstafeln, die den Frieden als Grundton der Weltgeschichte namhaft machten, werden dadurch nicht außer Kraft gesetzt. Sie bleiben große kontrafaktische Bilder. Doch wir haben Grund zu zweifeln, dass sie je in ihrer Reinheit zutage treten werden und dass sie je unmittelbar realitätsmächtig werden könnten, so dass die Zeit erfüllt wäre.

History teaches men…

Eine skeptische Brechung aller Geschichtsphilosophie hat immer die Empirie auf ihrer Seite. Sie kann zunächst nur wiederholen, „that history teaches that history teaches nothing". Damit sollte den allzu großen Thesen Skepsis entgegenschlagen. An scharfem Nachdenken über das, was ist, kann und darf dieser Befund aber nicht hindern.

Was Timothy Snyder in seinem furiosen Werk ‚Black Earth' im Blick auf den Genozid des 20. Jahrhunderts belegen konnte, bestätigt sich: Es sind die Leerräume, und es ist das Fehlen oder Versagen staatlicher Strukturen und Ordnungsformen, die terroristische Aktionen allererst ermöglichen. Der IS, und aller Terror von Versklavung und Entmenschung konnte überhaupt nur im Feld der Staatslosigkeit und des Vakuums greifen. Damit hat sich der Terror, Folgephänomen des Partisanen, zu einem globalen Phantom ausgeweitet.

Anachronistisch harmlos nehmen sich heute die Vorstellungen der radikalisierten Zweige der Studentenbewegung nach 1968 aus, durch die „Stadtguerilla" den Partisanenkampf nach Mitteleuropa zu übertragen. Das Novum ist, dass der Schrecken überall und jederzeit aufbrechen kann. Er nimmt Bevölkerungen, aber auch Regierungen und übernationale Bündnisse in Geiselhaft. Dabei zeichnet sich das klassische Muster des Thrillers ab, dass der Schrecken durch keinen Sicherheitscordon mehr zu verdrängen ist. Anschläge auf Konzerten, an Versammlungsplätzen, auf Flughäfen und in U- und S-Bahnen gehören, sagt man, zum Leben. So wurde in den sechziger Jahren dekretiert, dass man mit der Bombe leben müsse. Sie war höchst bedrohlich. Doch ihr Bedrohungspotential führte zu der Liaison von „Furcht und Vernunft", die alles in allem tragfähig war. Terroranschläge auf Rockkonzerten und in U-Bahnstationen, wahllos aus dem Off, bringen ein anderes Lebensgefühl mit sich.

Damit differenziert sich die Fukuyamasche Vorstellung: Es mag faktisch so sein, dass es keine vernünftigen weltgestaltenden Gegenkonzepte zu seinem Plot gibt. Doch die Realitäten kümmern sich darum nicht weiter. Diese „Gleichzeitigkeit des Ungleichzeitigen" zerspaltet die Eine Welt.

Umgekehrt landet heute eine ungeliebte Wirklichkeit in der westlichen Welt an, die latent schon lange schwelte. Die Terroraktionen, die in die Zentren Europas transportiert werden, haben in Nahen und mittleren Osten längst massenhafte Massaker und Verelendung hervorgerufen. Die Flüchtlingsströme, die die westliche Welt durchdringend verändern, zeigen dies unwiderruflich. Sie münden, schlimmstenfalls, in ein Ende von Politik, die sich in Paradoxien zu verlieren droht. Die europäischen Krisen jagten einander in kurzer Zeit: Euro, Migrationsströme – wie Kinder vergaß man die Agenda von gestern. Eine Renationalisierung war der psychologische Folgeeffekt. Sie wird aber dauerhaft keine Gestaltungschancen haben. Ein Grand Design scheint nicht nur subjektiv, sondern auch objektiv unmöglich. Eine Welt von Großraumordnungen, von abschließbaren Interessenssphären, setzt Hegungsmöglichkeiten voraus, die offensichtlich nicht mehr gegeben sind. Die UN-Vision kollektiver Sicherheit, die mit Kants Traum vom ewigen Frieden einiges gemeinsam hat, muss permanent in die Schwarzen Löcher der Schurken- und Terrorstaaten stürzen, die ‚Staaten' allenfalls im metaphorischen Sinn, im Sinn eines diabolisch verzerrten Humors, sind. Wäre man zynisch, könnte man von einer Normalisierung sprechen. Europa widerfährt ein ähnliches Unsicherheitspotential wie es Staaten wie Indien oder Israel ständig erfasst.

Die One World zeigt also ihre gespaltene Doppelgesichtigkeit: Sie ist und bleibt Welt des High Tech, der Finanzströme, der, trotz Spaltungen und Verwerfungen, potentiellen Aufstiegschancen und -möglichkeiten, wie sie so zuvor nie existierten. Insofern hat Fukuyama durchaus klar in die Zukunft geblickt. Sie bleibt insofern kapitalistisch und liberal, was keineswegs bedeutet, dass sie nur einsprachig und monokulturell bleiben müsste. Doch darunter, lange nur als vages Rauschen wahrgenommen, äußern sich Fanatismen, Ideologien und Ressentiments von einer Atem beraubenden Mobilisierungsmacht.

Von ihnen her ist die One World von einer Magma von Hass und Destruktion erfüllt, die sich nicht balancieren lässt und weltbürgerkriegsartige Zustände zur realen Bedrohung macht. War der Weltbürgerkrieg des 20. Jahrhunderts noch bipolar manichäisch organisiert, so speist sich jener des 21. aus unübersehbaren Quellen. In jedem Fall wird darin der Anspruch auf Weltherrschaft und Vernichtung von allem erhoben, was sich in den Weg stellt. Wenn man in das „Herz der Finsternis" blickt, so helfen faktisch keine Rezepturen weiter, die durch alle Krisen des 20. Jahrhunderts getragen haben mögen. Helmut Schmidts in den 90er Jahren geäußerte Befürchtung, das neue Säkulum werde das alte an Schrecken weit übertreffen, hat heute einige Plausibilität.

Auch Fukuyamas These war, unübersehbar, das Ergebnis von Geschichtsphilosophie. Odo Marquard deutete diese Disziplin zunächst plausibel als Verlagerung der Theodizeefrage in einen Entwicklungsplan, der dem Widerständigen, Bösen und Zurückgebliebenen eine Ordnung zuerkennt. Natürlich war die Heilsgeschichte das Vorbild. Dabei wurden verschiedene Modelle bemüht: lineare Fortschrittsgenesen wie bei August Comte, dialektische Konzeptionen, wie bevorzugt in der deutschen Ideengeschichte, mit einem idealen und beruhigten Ausgangszustand, darauffolgenden Erschütterungen und Entzweiungen und einem geklärten Idealzustand am Ende. Der Sündenfall, und wenns's sein musste, auch das „Golgatha der Individuen“ wurden in dieses umfassende Konzept eingetragen und dadurch „versöhnt“. Was immer dies für die Rechtfertigung der realen Scheußlichkeiten bedeuten konnte, Rück- und Vorschein des Paradieses lenkten den Blick auf das Hic et nunc. Es ist eine, freilich blutig bezahlte, Banalität, dass die totalitären ideologischen Systeme des 20. Jahrhunderts auf solchen geschichtsphilosophischen Fundamenten errichtet waren: Nach vorne gerichtet, so hat Walter Benjamin zutreffend gesehen, während im Hintergrund die Leichenberge wachsen.

Fukuyama hatte eine Hegelsche Geschichtsphilosophie in liberaler Absicht etabliert, eine, die nicht Leid und Tod auf mittlere Reichweite in Kauf nehmen musste. Wie paradox dieses Ziel war, blieb ihm selbst wohl unentdeckt. Doch der Weltlauf nahm wieder einmal eine andere Richtung.

Spannung kommt ins Spiel, wo die Geschichtsphilosophien brüchig werden. Fukuyama zweifelte erst in einigem Abstand am Design seiner These. Sein Lehrmeister Kojève musste zwar die Adressen des Endpunkts immer wieder neu zuschreiben. Doch an der Unveränderbarkeit seiner These im Grundsätzlichen änderte er nichts. Hegel immerhin gestand noch zu, dass der ‚Weltgeist‘ weiterwandern könne, in den richtigen Westen, das Amerika, das es, wie der Zeitgenosse, der alte Goethe, räsonierte, besser habe, weil es ohne Burgen und Schlösser sei. Und Walter Benjamin misstraute dem ‚Grand récit‘ des Sieges der Vernunft so sehr, dass er sich stattdessen zum Sachwalter des Trauerns machte.

Die heutige Zeit verlangt zunächst die schmerzhafte Einsicht, dass Geschichte sich fortsetzt und auf Klaviaturen spielt, die die westliche Welt nicht auf der Agenda hatte. Dennoch bieten ihre Ressourcen Rechtsstaatlichkeit, Liberalität, Patriotismus und Universalismus ein Vademecum der Zukunft, grundiert von schönen und unerschöpflichen Ressourcen aus Kunst und Religion, die heute auch interkulturell fassbar werden.

Darin liegt eine Chance, ernüchtert und geläutert, klarsichtig und im besten Sinn ent-täuscht, also von den Täuschungen gereinigt.

Historikerstreit. Das verkürzte Gedächtnis

Der Historikerstreit der ausgehenden achtziger Jahre, beginnend im Jahr meines Studienanfangs 1987, bezeichnet für mich eine wesentliche Demarkationslinie. Zugleich war er in meiner Wahrnehmung als junger Student die erste große einschlägige Auseinandersetzung. So wie Weltpolitik in die kleine Welt mit dem Terroranschlag auf die Israelischen Olympioniken 1972 einbrach und noch einmal mit der Entführung und Ermordung Hanns Martin Schleyers 1977, so wirkte sich auch die Debattenlage von 1987 nachhaltig aus. Dies konkretisierte sich darin weiter, dass ich bei zweien der Exponenten der Debatte später studierte: Michael Stürmer und Jürgen Habermas.

Historiker im engeren Zunftsinn haben bedauert, dass es bei jener Kontroverse nicht um klar messbare historisch wissenschaftliche Fragestellungen ging und dass ihre Exponenten noch nicht einmal hauptsächlich Historiker waren. Doch gerade darin lag vierzig Jahre nach Kriegsende und angesichts der geschichtsstiftenden Politik der frühen Jahre der Regierung Kohl das Signifikante. Bezeichnend ist auch, dass in den Strom des Historikerstreits revisionistische Positionen, die auf Plädoyers für Rückgabe der Ostgebiete abgezielt hätten, längst keinen Eingang mehr fanden.

Bei Jahrestagen fällt es seither zunehmend schwer, die Positionen des Historikerstreits noch erkennen zu können. Die seinerzeit tiefreichenden Differenzen zwischen Stürmer und Habermas waren doch von einem Grundkonsens in der Bejahung der freiheitlich-demokratischen Grundordnung geprägt. Wie Erinnerung zu stiften sei, ob es überhaupt des materialen Gedächtnisses bedürfe oder nur einer verfassungspatriotischen eher reflexiven und damit a-historischen Identität, dies war neben den skandalisierbaren Aussagen im Einzelnen vor allem fraglich. Dass Hillgruber und Klaus Hildebrand mit in den Sog gerieten, hat eher epiphänomenalen Charakter. Hillgruber war einer Linken, die entlarven wollte, schon durch seine Wirkung und Funktion als Militärhistoriker suspekt. Hildebrand hatte sich denkbar weit von dem dominierenden Fokus einer soziologisch sozialwissenschaftlichen Geschichtsschreibung entfernt, ein Diplomatiehistoriker im klassischen Sinn. Die Fokussierung auf die großen Mächte allein schon schien dem linken Milieu suspekt. Und selbstverständlich wird man auch die Profilierungsabsichten bestimmter Schulen, die über solche Debatten wirksam werden, nicht unterschätzen dürfen. „Terribles simplifications“ gab es genügend. Was und wer nicht einem bestimmten Raster von Geschichtsverständnis folgte, konnte leicht in politische Verdächtigungen geraten.

Doch der eigentliche Fokus, die Frage nach der Möglichkeit und Legitimation eines Vergleichs zwischen Nationalsozialismus und Kommunismus, Stalinismus verlief tatsächlich nicht innerhalb der historischen Zunft, sondern zwischen Habermas und Ernst Nolte. Nolte hatte in den sechziger Jahren zunächst eine weitreichende Genealogie des Faschismus vorgelegt, und sich erst dann der anderen Seite zugewandt. Nicht dem Habitus nach, aber bezogen auf die Ergebnisse seiner Forschungen hatte Nolte eine Fragestellung verfolgt, die eher der Linken als der konservativen Seite nahekam.

Nun konstatierte er, der von Hause aus eher phänomenologischer Philosoph denn Historiker war, einen kausalen Nexus, bei dem der Bolschewismus das ursprünglichere Phänomen sei. Nolte hielt in den elaborierten Versionen seiner These auch fest, dass der Nationalismus das furchtbarere Phänomen gewesen sei. Eine Vergleichsperspektive suchte er aus Hitlers Reaktionen auf die bolschewistische Revolution von 1917 zu gewinnen. In der Folgezeit ging Nolte von diesem Ansatz her immer weiter in der Berührung mit revisionistischen Theorien und reklamierte sogar eine Art Gerechtigkeit für Hitler. Habermas hat diese Tendenz seinerzeit schon erwittert und mit Akkuratesse unter dem Skalpell betrachtet. Es ging dabei nicht zuletzt um die Frage der normativen Fundamente der damaligen Bundesrepublik: Auf Universalismus und klare Absagen an die faschistische Vergangenheit begründet, oder auf historische Genealogien.

Mit Nolte wäre ein Rest Legitimation der Hitlerschen antibolschewistischen Kernideologie zu retten gewesen. Wo endete dies? Für Nolte als Analytiker gewiss nicht beim Antisemitismus, auch wenn er sich später gelegentlich seiner längst verstorbenen jüdischen Freunde, Ernst Fränkel oder Richard Löwenthal erinnerte und sich in einer Art Selbstrevision fragte, was sie dazu sagen würden. Ihre Einwände und Kritik könnten ihn selbst zu einer Korrektur veranlassen. Geschehen ist dies bis zu Noltes Tod nicht. Die Einwände blieben fiktiv.

Nicht und in keiner Weise darf Grauen quantifiziert, dürfen Vergleichsperspektiven in dieser Weise gewonnen werden dürfen. Es ist schlechterdings widerlich, wenn die Toten der Konzentrationslager gegen Bombenopfer oder abgetriebene Kinder, ungeborenes Leben, verrechnet werden, so schrecklich und skandalös auch diese Phänomene sind. In dieser wesentlichen Hinsicht bleibt die Habermas'sche Rede von der Unvergleichlichkeit der NS-Verbrechen wahr. Dass der Historiker, um zu erkennen, und um gerade das Unvergleichliche zu erfassen, auch vergleichen muss, ist davon unbenommen. Der Historiker wird zwar auch jeweils die Zeit, die er untersucht, immanent und aus ihrem Bewegungsfluss erfassen müssen. Michael Stürmer wies während des Historikerstreits darauf hin. Deshalb ist die Warnung vor einer eo ipso greifenden Post-Auschwitz-Perspektive berechtigt. Er wird aber in all dem auch nicht dauerhaft vom Ausgang absehen können, von dem Worstwards too, der Richtung auf Schrecklichstes, die sich der jüngeren Geschichte eingeschrieben hat. Nur wer diese intellektuelle Redlichkeit aufbringt, darf Konservatives zu retten suchen.

Epilog: Norma – Das Maß

Wenn im Ethikunterricht von Normen die Rede ist, folgen die Werte auf den Fuß. Es ist ein abstraktes Begründungsgeschäft, das dann in Abwägungen Angewandter Ethik weitergeführt wird. Der Sex Appeal ist gering, die Abnutzungswirkung groß.

Der lateinische Begriff Norma bedeutet eigentlich Maß. Man ist damit also im selben Bereich wie in der aristotelischen Mesotes. Eine solche lebendige Normativität, einen lebendigen Kanon braucht, so die These, Politik und Öffentlichkeit gerade in einer pluralistischen und weltweit verzahnten Öffentlichkeit. Sie sollte direkt und indirekt sehr viel stärker in Schul- und Universitätsbildung präsent sein. Der Schlaf der Vernunft bringt sonst, mit Goya, Ungeheuer hervor. Man hat es hier mit einem Vademecum zu tun, das keineswegs jeder teilen muss, das aber eine Art Kern des verbindlich Bewahrenswerten bleibt. Es ist niemals nur in den Grenzen einer Nationalität fassbar. Der Nationalstaat der Neuzeit ist ein ambivalentes Gebilde: Er ist, soviel bleibt richtig, der wesentlichste Garant für Rechtstaatlichkeit und Gewaltenteilung gewesen. Doch er ist zugleich ein Konstrukt, das ethnische und kulturelle Bindungen nur bedingt abbildet.

1. Nicht von nationalen, sondern nationellen Identitäten und Prägungen ist daher auszugehen, in Anlehnung an eine Begrifflichkeit, die im frühen 18. Jahrhundert aufkam. Sie sind eben gerade nicht ethnisch „identitär“, sondern sie leben aus dem Strom von Begegnungen, Assimilationen, aber auch Verfremdungen. Dieses andere Identitätskonzept hält bei Zuckmayer ‚des Teufels General‘ , orientiert am Rheinstrom, den borniert überzeugten NS-Chargen vor. Auch Europas Identität ist, wie mit Rémi Brague schon zu erkennen war, wesentlich exzentrisch. Sie fließt aus vielen Quellen zusammen und formt damit ein erstes Paradigma von Interkulturalität. Verlangt ist also ein perspektivischer Blick.[1] Ihn zu gewinnen, heißt, das Bewahrenswerte der eigenen Traditionen in dem neuen Licht der gegenwärtigen Kulturbegegnungen und -entgegnungen zu sehen, die eigene in der anderen Stimme mitschwingen zu hören. Man sollte dabei gerade nicht gebannt auf die drohenden „Clashs of Civilization“ starren, sondern Kritik und Krise zusammensehen. Die Krise verlangt auch eine Kritik der eigenen Überlieferungen und ihre Öffnung auf andere, ohne dass sie sich selbst preisgibt. Europas vielstimmige Identität hat mithin eine Brückenbedeutung. Sein Einigungsprozess nach 1945 signalisiert dies bei aller heutigen Krisenhaftigkeit bis ins Institutionelle – und die Doppelstruktur der nationalstaatlichen Bürgerschaft mit der Bürgerschaft in einem übergeordneten, eben europäischen Gemeinwesen, das aber nicht National-

---

[1] Vgl. dazu H. Seubert, Weltphilosophie. Ein Entwurf. Baden-Baden 2016.

staat ist, kann daher durchaus auch im weltbürgerlichen Sinn paradigmatische Funktionen haben. Auf diese Parameter der ‚Verfassung Europas' wies Jürgen Habermas 2011 zu Recht hin.

2. Politik ist heute ganz offensichtlich ein komplexes und nicht mehr auf langfristige Reform- und Utopieziele ausgerichtetes Unternehmen. Sie ist in institutionellen und weltweiten Verflechtungen organisiert. Unabhängig kann sie weder im nationalen noch im europäischen Sinn sein. Transnationale ökonomische Prozesse und Investments sind, trivialerweise, von keiner einzelnen Regierung mehr einzuhegen. Auch die magische Rolle, die dem Staat als Schiedsrichter (arbiter) seit dem 19. Jahrhundert zugewiesen wurde, machtvoll noch einmal in der Hegelschen Rechtsphilosophie, ist nicht mehr überzeugend. Augenfällig ist, dass in den massiven Veränderungsprozessen der letzten beiden Jahrzehnte langfristige Bündnisse an Bindekraft verlieren. Dies macht die Weltlage unsicher. Die partielle Stabilisierung eines Status quo, eines Grundbestandes von Freiheit und Sicherheit,[2] ist angesichts von Terrorkataklysmen mitunter das Äußerste, was zu erreichen ist.

In all dem bedarf es aber einer Neutarierung von Bürgerlichkeit, einer Rekonstruktion der ‚politike koinonia', die über sich selbst aufgeklärt und in Wahrheit partizipationsfähig ist. Dass dies erst die Nutzung von neuen Kommunikationstechnologien in eine Richtung bringt, die von Verhetzung und wutbürgerlichen Exzessen befreit, ist offensichtlich. Eine solche Bürgerlichkeit muss harte und harsche Debatten ertragen können. Sie darf aber niemals Grenzen des Ethos verletzen, niemals in ein für alle Mal vergiftete und unterminierte Bereiche zurückgehen. Sie sollte sich, viel stärker als das in den letzten fünf Jahrzehnten von den normativen Theorien, etwa bei Habermas *und* Luhmann und der Systemtheorie berücksichtigt worden ist, auch auf das Spannungsfeld von Antike und Moderne, die Querelle des anciens et des modernes, beziehen. Die Paradigmen, die man heute heranziehen wird, werden nicht nur europäisch sein können, sondern aus verschiedenen Kulturen schöpfen. So wie eine Anything goes und Multikulti-Pseudotoleranz schädlich ist, so ist auch eine Verbarrikadierung im Identitären.

Zu den großen weltökonomischen Verwerfungen kam es auch, weil Wirtschaft kaum mehr in makroökonomischen Zusammenhängen gesehen und weil sie vom Bonum commune getrennt wird. Dies hat mit der weltökonomischen Preisgabe des „Stehenden und Ständigen" zu tun, wie sie für einen weit zurückliegenden Aggregatzustand Karl Marx analysierte. Heutige Mikroökonomie erkennt dies kaum. Sie geht anthropologisch mit Hobbes vom Menschen als Raubtier aus, von endloser Gier, ohne diese Felder überhaupt zu befragen und projiziert darauf mathematische Modelle. Doch Ökonomie ist, wie

2 Dazu Seubert, Gesicherte Freiheiten. Eine politische Philosophie für das 21. Jahrhundert. Baden-Baden 2015.

heute neu zu lernen bleibt, selbst eine bürgerliche Angelegenheit, auch wenn sie kaum mehr dienenden Charakter wie bei Aristoteles haben wird.

3. Vielmehr als in einem nur pragmatisch technokratischen Umfeld ist die Weltbürgerlichkeit in den Tiefensphären der Kulturen verankert, vor allem in Kunst und Religion. Künste verflüssigen Ideen und geben bleibende Bilder oder Charaktere. Sie gehören in ein Weltgedächtnis. Viel stärker sollten sie daher in den Kanon einer humanen Bildung einbezogen werden. Kein „Fuck u Göthe", sondern Selbstdeutung und -erkenntnis in diesen Ktemata eis aei. Auch Kunst und Natur gehören in diesen zu bewahrenden Lebenszusammenhang. Sie bilden eine eng zusammenhängende Kohärenz, einen Lebenszusammenhang, der einer technomorph funktionalen Welt sich entgegensetzt. Das Sensorium für diesen Zusammenhang wäre viel stärker in Bildung und Kultur zu verankern.
4. Kunst und Religion hängen, auch wenn man nicht dem romantischen Bild einer „Kunstreligion" folgen will, eng miteinander zusammen. Nicht zuletzt dort, wo es um Verständigung geht. Im Bild oder im Wort wird das Undarstellbare gezeigt. Zur Macht des Schönen muss man, nach Platon, fliehen, wenn man das Gute selbst erfassen oder von ihm erfasst sein will. Navid Kermani, der Friedenspreisträger des deutschen Buchhandels 2015, hat in einer Reihe von Essays, diese Verflechtung zwischen Islam und Christentum gezeigt: Nicht in einem simplifizierten Allesverstehen, das letztlich nichts versteht, wohl aber in einem unterscheidenden und beziehenden Konnex. Die Frage nach Gott in ihren verschiedenen Ausprägungen gibt den „Schritten über uns hinaus" ihren letzten Horizont. Am Anfang von Platons ‚Nomoi' steht nicht ohne Grund die Sequenz: „Man müsste aber, wenn man den Staat nach einer solchen Macht benennen soll, ihn nach dem Namen des Gottes benennen, der in Wahrheit über die herrscht, welche die rechte Vernunft besitzen." Kleinias fragt: „Wer ist dieser Gott?".

Religionen können zu Vernunftzerstörern werden, sie können hetzen und zu Pogromen rufen. Nichts ist gegenwärtiger offensichtlicher. Doch zugleich liegt in der Gottesperspektive jüdisch und christlich der Blick auf den Ebenbildlichkeitscharakter des Menschen. Seine Größe und seine Endlichkeit verbinden sich hier. Dies findet zumindest in dcn fernöstlichen Religionen eine Resonanz in dem ins göttliche Eine eingehenden Bewusstsein.

Auch der Agnostiker und Atheist, die auf der Ebene der in Verfassungsstaaten verbürgten Religionsfreiheit auch die Freiheit haben, keiner Religion anzugehören, können sich dieser Dimension aussetzen.

Damit sind Sphären benannt, die früher einmal, als die Philosophie noch spekulativ war, als Sphären absoluten Geistes galten. Wenn man an sie rührt, in strenger Sachlichkeit, greift man nicht über die Conditio humana hinweg, die immer eine Kondition in der Endlichkeit sein wird. Sie spannt aber die Flügel in ein eigentliches Humanum aus, das auch dazu befähigt, den Forderungen des Tages standzuhalten – nicht zuletzt in gefährdend gefährlichen Zeiten. Aufgegeben ist damit eine Aufklärung, die ihre eigenen dunklen Flecken nicht übersieht, die vor dem Schrecklichen der Regressionen und Völkermorde aber nicht kapituliert und auf einen vertiefenden, Transzendenz nicht ausblendenden Begriff des Menschlichen trifft. Ein Zynismus, der in reinen Destruktions- und Dekonstruktionsprogrammen kodiert ist, kann dieser Dimension niemals gerecht werden.

Dieses hier nur anzudeutende Humanum verweist auf eine Sphäre jenseits der politischen Koordinaten von ‚rechts‘ und ‚links‘, die sich im 20. Jahrhundert noch einmal ins äußerste zuspitzen, am 21. jedoch Leck schlagen müssen, selbst wenn sie noch einmal schlimmsten Schaden anrichten. .

Eine neue Rechte sieht dies anders. Sie kann deshalb keine vernünftige und moralisch zu verantwortende Position sein.

Anhang

Hilton Talk, 11.05.2016
Ende des Abendlands? Deutschland zwischen Christentum und Islam

Gespräch mit Prof. Dr. Harald Seubert
Professor für Philosophie und Religionswissenschaft

MEDIEN-MONITOR: Herr Prof. Seubert, lassen Sie uns über die Gemeinsamkeiten der beiden großen Weltreligionen sprechen. Was haben Christentum und Islam gemeinsam?

SEUBERT: Beide sind zunächst einmal monotheistische Religionen, also Religionen die an einen Gott glauben. Deshalb werden oft Fragen der Art gestellt, ob schon der Monotheismus eine besondere Beziehung zur Gewalt hätte und sich darin von fernöstlichen Religionen wie dem Buddhismus unterscheiden würde. Der renommierte Ägyptologe Jan Assmann argumentierte in diese Richtung, er revidierte diese unausgegorene These aber später selbst. Zum zweiten sind es Buchreligionen die ihre Offenbarung in besondere Weise auf eine heilige Schrift zurückführen. Und sie sind nicht zuletzt in unterschiedlicher Weise mit dem Judentum verbunden, welches man als dritte zentrale und Ausgangsgröße nennen müsste. Natürlich findet man im Koran Passagen, die dezidiert auf das Christentum Bezug nehmen. Jesus Christus kommt als Prophet Isa im Koran vor: er ist Muhammad unterstellt, doch ist er als der Prophet von besonderer Bedeutung, der das Herz Gottes aufschließt und auf dem am Ende der Zeit besonderes Gewicht liegen wird. Noch bewegender ist die Affinität, wenn man in die Mystik geht. In der Mystik begegnen sich die Religionen sehr unmittelbar. Wenn Sie mystische Texte, die von der Versenkung der Seele in Gott reden, nehmen oder Texte der Mystik des christlichen Mittelalters, dann ist man in der Gotteserfahrung in einer fast erotischen Verschmelzung sehr nahe verbunden. Zeugnisse von Rumi einerseits und Meister Eckhart andererseits: Hier ergibt sich eine regelrechte „Erotik des Gebetes" , wie Christoph Quarch das genannt hat. Man spricht auch teilweise von einer abrahamitischen Ökumene, weil natürlich Abraham Stammvater aller drei Religionen ist. Da ist die Frage welche Rolle Abraham jeweils spielt. Er ist im Islam letztlich der Ur-Muslim der die Weisung am Anfang empfangen hat. Juden und Christen seien von ihr abgewichen. Sie erkennen hier die gar nicht postmodern-konsensuale Ausschließlichkeit von Religion. Denn Juden und Christen werden dem widersprechen. Deshalb halte ich diesen Ökumenebegriff für nur bedingt belastbar. Man hat in einer solchen Offenbarungsreligion auch immer eine andere Geschichte als in dem evolutionären Aufeinanderfolgen der Religionen. Jeweilige Religionen betrachten aus ihrer Sicht diese Geschichte, und der Koran lehrt letztlich, er selbst sei die zentrale Offenbarung, die dann durch Juden und Christen wieder verdunkelt worden ist. Deshalb sollte man die abrahamitische Ökumene bei allem Faszinosum nicht überdehnen. Es ist immer eine Frage, wo und in wieweit eine solche Berufung berechtigt ist.

MEDIEN-MONITOR: Was unterscheidet Christentum und Islam?

SEUBERT: Die Religionswissenschaftler und andere einschlägige Experten würden sagen, dass diese Frage gar nicht entscheidbar sei. Denn es finden sich so viele „Christentümer" und so viele Formen des Islams. Das ist natürlich richtig! Es ist alles sehr kompliziert, und immer noch komplizierter. Diese wissenschaftliche Aussage stimmt in jedem Fall. Aber man muss auch mal versuchen die Kuh bei den Hörnern zu fassen. Ich würde sagen, der christliche Glaube, wenn man ihn von seiner biblischen Bezeugung nimmt, setzt zentral den Glauben voraus voraus, dass Gott Mensch wird. Das ist eine ganz zentrale Botschaft und es ist damit eine Religion der Liebe. In vielen Erscheinungsformen des Christentums ist das nicht immer sichtbar, sowohl in der Vergangenheit wie auch in der Gegenwart. Aber es ist letztendlich der Grundgedanke. Es ist auch der Gedanke, dass Gott selber sich um den Menschen kümmert und dem Menschen naherückt. Das Zentrum des Alten und Neuen Testaments, übrigens auch schon im Judentum, ist das Doppelgebot der Liebe: Liebe Gott von ganzem Herzen und deinen Nächsten wie dich selbst. Man muss wahrlich nicht christlichen Glauben groß machen wollen, indem man das Judentum zu einer bloßen Gesetzesreligion verkleinert. Dies eben nimmt Jesus Christus in seine Lehre auf, mit Symbolen die teilweise schwer zu verstehen sind. Das Kreuz, das Opfer, die Überwindung des Todes, einer gewissen Anerkenntnis des Schmerzes auch der Schuld, mit der man dann durchdringt in ein neues Leben. Man könnte sagen, dass er diesem Doppelgebot die Personifikation gibt. Deshalb glauben Christen, dass er die Erfüllung der Verheißung des alttestamentlichen Bundes ist.

Der islamische Glaube ist sehr viel stärker auf die Macht und Hoheit Allahs bezogen, seine unwandelbare herrscherliche Souveränität. Allah ist Ursache von allem und auch ein Gott, der nicht ohne Weiteres dem Menschen fassbar ist. Also ist er letztlich ein entzogener Gott, worin besondere Affinitäten zur Mystik und negativen Theologie liegen, und zugleich ein Gott der dem Menschen gebietet und auch den Menschen als Mitarbeiter seines Werkes fordert. Barmherzigkeit spielt auch im Islam eine große Rolle. Doch zentral ist dabei die Unterscheidung zwischen den Gläubigen und den Nichtgläubigen. Die Schriftbesitzer, Juden und Christen, nehmen eine Zwischenposition ein. Es gibt dabei Züge des Christentums, die gewissen Richtungen des Islams zu anstößig sind. Beispielsweise ist die Vorstellung „Gott selber starb am Kreuz" für einen gläubigen Muslim Blasphemie, was man immanent gut verstehen kann. Auch die Darstellung Gottes im Bild, und sei es das Bild Christi, ist im Islam nicht ohne weiteres hinnehmbar. Hier herrscht ein striktes Bilderverbot, das nur kalligraphisch aufgebrochen werden kann. Gerade in diesen tiefen Dimensionen müssen wir eigentlich das Gespräch suchen.

MEDIEN-MONITOR: Wo sehen Sie die Unterschiede zwischen den Propheten Jesus und Mohammed?

SEUBERT: Bei Nacht sind alle Katzen grau. In einer säkularen Welt, wie wir sie im Westen vielerorts haben, wenn auch mit Sinndefiziten und transzendenten Suchbewegungen ist auch dieses zentrale Motiv dass Jesus der Sohn Gottes ist, gar nicht mehr verständlich. Das ist aber nun einmal, in aller Alterität, eine zentrale christliche Botschaft. Er ist sicher ein vorbildlicher Mensch, er bringt ein neues Ethos, er ist Lehrer und Philosoph, aber er ist nach diesem mysterienhaften Glauben wahrer Gott und wahrer Mensch, schon von Anbeginn der Zeiten beim allmächtigen Gott. Mohammed ist der Bevollmächtigte Allahs und der Prophet. Die Rolle dieses Inkarniertwerdens in der Offenbarung kommt im Islam eher dem Koran, dem heiligen Buch zu, als dem Propheten – bei aller Hochstellung und exemplarischen Bedeutung von Muhammad. Das ist eine Grunddifferenz. Man sollte also auch nicht immer nur Textstellen miteinander vergleichen sondern vielmehr die Strukturen versuchen zu ermitteln.

MEDIEN-MONITOR: Wo sind die wesentlichen Unterschiede in diesen Strukturen?

SEUBERT: Die sehe ich in der Tat in der Trinität, im dreieinigen Gott und in der Vorstellung Gott kann Mensch werden und leiden, die christliches Bekennt nis seit dem 1. Jahrhundert konstituiert. Auch im Verhältnis von Schuld und Ethik zueinander. Der Islam hat eine sehr eindrucksvolle Orthopraxie, also eine sehr eindrucksvolle Ethik und Handlungstheorie. Das ist durchaus auch für den Westen bewegend. Er hat eine sehr viel stärkere Verantwortlichkeit des Menschen, aber zugleich eine Entzogenheit Gottes. Da sehe ich die wesentlichen Unterschiede.

Nochmals muss man das Judentum mit ins Spiel bringen: Der Abfall des Menschen, dem das Gesetz gegeben, der Bund Gottes nie gekündigt ist, davon sprechen die Propheten – und diese Dimension nimmt der christliche Glaube dann zentral auf. Sie findet im Islam so keine Entsprechung.

MEDIEN-MONITOR: Für welche Werte steht das christliche Abendland?

SEUBERT: Ich möchte zunächst darauf hinweisen, dass das Abendland nicht nur christlich ist. Die Formulierung „erebs, erebos“ vom Abend her, kommt schon bei den Griechen sehr früh auf. Sie begegnet bei den Dichtern, Hesiod, der frühen Griechen, dann bei Heraklit lange vor Platon. Wenn man vom Abendland redet muss man immer komplementär vom Morgenland reden. Abend und Morgen, das entspricht einander wie Mann und Frau oder wie Ost und West. Es sind

Komplementärbegriffe, die erst aus- und gegeneinander ihren Sinn erhalten: Pros allelas, wie Platon sagt. Dieses Abendland ist eine Selbstdefinition der Griechen. Im Kampf mit den Persern und anderen Großreichen, aber auch in der Bewunderung der Anderen gewinnen sie ihre Identität. Es ist tatsächlich immer Anziehung und Abstoßung gleichermaßen. Das Abendland ist das Land des „logos", des Denkens, auch das Terrain, in dem zuerst die Demokratie aufkam; sehr gestört in ihrer Realität im alten Athen, weit von der Idee und Idealisierung entfernt, aber in dieser Idee eben doch bedeutend. Die Trennung von Religion und Philosophie ist ein ganz wichtiger Punkt. Dazu kommt, dass sich die Frage nach dem Wesen der Welt und damit die Philosophie und, ihr folgend, die Wissenschaften von den religiösen Kulten und Riten emanzipierten. Dann ergeben sich Zuströme wie das römische Reich, das Administrative und das Recht, das mit Rom kodifiziert wurde. Und es kommt als Novum das christliche Moment hinzu. Die Liebesreligion und genauer noch: die Verbindung von Wahrheit und Liebe. Etwas ganz Herausforderndes. Das haben die christlichen Kirchen bis heute kaum realisiert. Der große Münchner Religionsphilosoph und Theologe Eugen Biser, der 2014 verstorben ist, sprach davon, dass wir eigentlich immer noch vor den Toren der Kathedrale des Christentums stehen und es Zeit werde, dass wir reingehen. Er spricht dabei von einer neuen Theologie. Ich glaube, dass Christentum und Islam sicherlich verbinden mag, dass beide noch nicht gänzlich erschlossen sind. Das mag bei einer 2000-jährigen Geschichte etwas paradox klingen. Aber es ist letztlich in dieser Zumutung einer Liebesreligion wirklich auch etwas ganz Neues. Diese Werte lassen sich dann fortschreiben auf Toleranz und Freiheit. Der Abendlandbegriff ist lange Zeit etwas aus der Mode gekommen. Es war eine große Vorstellung unmittelbar nach 1945. Auch in der Folge des deutsch-französischen Karolingerreichs, De Gaulle und Adenauer gründeten die europäische Gemeinschaft auch in diesem karolingischen Geist. Natürlich berief man sich in den fünfziger Jahren auf das Abendland gegenüber dem real oder fiktiv drohenden Bolschewismus. Ernsthafter und gewichtiger war die Vorstellung, dass die Rückkehr zum Abendland vielleicht eine Möglichkeit sei, aus der Katastrophe des 20. Jahrhunderts, vor allem der Hitlerschen und auch der anderen totalitären, sich zu retten. Ich weiß schon: Heute kommt der „Abandlandsbegriff" teilweise auch in Demonstrationen wieder. Der Abendlandbegriff ist viel zu wichtig um ihn Leuten wie der Pegida zu überlassen, aber er ist auch zu brennend um ihn einfach zu ignorieren. Er ist eigentlich etwas sehr Neues in diesem Zusammenfluss von griechischer Antike, jüdisch-christlicher Linie und letztlich auch den Traditionen der Moderne und der Aufklärung. Und er enthält einen Verzicht: Der Abend ist müde, wenn er nicht dem Morgen, dem Orient, entgegensieht!

MEDIEN-MONITOR: Welche historischen und kulturellen Veränderungen prägen die deutsche Gesellschaft bis zum heutigen Tag?

SEUBERT: Deutschland ist ein verspäteter Nationalstaat. Die nationale Begründung erfolgte wegen der extremen Mittellage (M. Stürmer) relativ spät. Es hatte auch Schwierigkeiten mit der nationalen Einigung, weil sie die tektonischen Platten Europas durcheinanderzuwirbeln drohte. Es kam nicht durch eine Freiheitsbewegung zur nationalen Einigung, wie 1848 noch denkbar, sondern durch Bismarck in einer Revolution von oben. Deswegen wurde dann auch das Nationale irgendwann besonders fordernd und auch böse. Nach dem Exzess der NS-Herrschaft musste es nach 1945 mit äußerster Vorsicht behandelt und eher gemieden werden. Deutschland ist eigentlich von Europa gar nicht zu trennen, und zu Recht berief man sich nach 1945, ausgehend u.a. von Dikta von Thomas Mann, auf das „europäische Deutschland" anstelle eines „deutschen Europa". Und trotzdem ist da ein ganz besonderer Akzent. Es fällt auf, dass die Gottesfrage in der deutschen Ideen- und Realgeschichte besonders wichtig ist. Es ist eine Art metphysischer Neigung. Wenn man von dieser Identität spricht, spielt die Reformation eine ganz große Rolle. Eine Bewegung in der Muttersprache des Evangeliums neu zu entdecken, das Christsein freizulegen von allen Schichten des Ritus und der machthaften Verkrustung der lateinischen Kirche. Dabei ist ganz wichtig, dass die deutsche Sprache eben nicht eine Folgesprache des Lateinischen ist. Es musste deshalb zur Literatur,- Philosophie-Glaubenssprache erst erwachen. Dabei spielte die Reformation und die Frage nach der Unmittelbarkeit des Menschen zu Gott, der zu ihm redet, im Sprachereignis, als das Luther selbst auftrat, eine große Rolle. Die Reformation war sicherlich in diesem Sinne auch eine Freiheitsbewegung. Die Auffassung der Reformatoren ist ja, dass es keiner Zwischeninstanzen und Heiligen bedarf, sondern dass das Wort und der Glaube allein genügen. Und dann ist es eine Kultur, die sehr stark geprägt ist durch Musik und Philosophie. Eine Kultur, die in den stärksten Momenten nicht machtstaatlich oder ökonomisch reüssiert hat. Da war sie lange den Engländern unterlegen, aber dass sie „im Luftreich des Geistes", wie Heinrich Heine sagt, sehr stark gewesen ist. Nun gut, die ökonomischen Erfolge kamen in der Gründerzeit; eine Erfolgsgeschichte des „made in Germany", der Machtstaat eher ein Weg in die Katastrophe, wo Maß und Klugheit verloren gingen.

Die philosophische Dimension beginnt mit einem Weltdenker wie Leibniz und geht bei Kant weiter. Die Grenzen der Vernunft zu bestimmen und dadurch eine ganz eigene Nuance der Aufklärung zu setzen, ein Eigenakzent in Europa, der immer auch die Metaebene, die Aufklärung über die Aufklärung mitdenkt. So werden in dieser deutschen Sprache an der Universität Halle erstmals Vorlesungen gehalten. Und dann dieser große deutsche Idealismus, oder wie man mit Dieter Henrich viel treffender sagen kann: „die klassische deutsche Philosophie, die heute zu wenig präsent ist, und die tatsächlich höchste Anforderungen an den Begriff stellte und den Anspruch hatte, die ganze Realität in Begriffen zu erfassen. Auch das wundervolle Band der Romantik: Lyrisch, reflexiv, musikalisch. Die Nationwerdung in der politischen Sphäre dagegen war ein mühsamer Prozess eng verbunden mit der Freiheitsbewegung. Wenn man an die Revolution von 1848 denkt, so zeichnete sich, wie gesagt, eine Nationwerdung von unten ab, die Freiheit und Einheit miteinander zu verbinden suchte. Diese Linie ist dann nicht fortgeführt worden. Die bismarcksche Reichsgründung und die tatsächliche Nationwerdung von Oben lösten diesen demokratisch-republikanischen Ansatz nicht ein. Doch Bismarck war klug, skeptisch, zweifelnd. Er stellte sich die Frage, passte dieses Deutschland als National- und Flächenstaat überhaupt in das europäische Machtgefüge?. Ich würde sagen, auch wenn es etwas unpopulär ist, Preußen gehört in diese Tradition und in die überzeugenderen Prägungen deutscher Geschichte wesentlich hinein. Es war ein Staat aus dem Nichts heraus auf Brandenburger Sand gesetzt, mit bestimmten Pflichterwartungen, ganz bestimmten Rationalitäten, der nicht aus einer einheitlichen Ethnie kam, sondern explizit ein Zuwanderungsstaat war, ein „Rationalstaat" und kein Nationalstaat, so die Beschreibung von Sebastian Haffner. Wenn man die Prägungen bis heute betrachtet, ist natürlich die Überdehnung, die revanchistische hasserfüllte Überzeichnung des Nationalen eine tiefe Hypothek und Erblast der deutschen Geschichte. Auf Ihre Frage, Herr Märzhäuser, nach den tiefen Prägungen und Zäsuren kann und darf man natürlich nicht von der Shoah schweigen, einem wirklichen Trauma und einer Paralyse der Deutschen bis heute. Es ist eine große Aufgabe der nachfolgenden Generationen, dass sie in Freiheit ihren Weg gehen und nicht einfach nur einen Schlussstrich ziehen, was sie nie tun können und tun dürfen!, aber dass sie auch aus dieser Paralyse heraustreten können und dadurch, wie Willy Brandt sagte, „ein Volk von guten Nachbarn" werden. Die Geschichte von „Hitlers willigen Vollstreckern" (Goldhagen) prägt bewusst aber auch unbewusst unseren Habitus und das kommt reflexhaft immer wieder, im Selbstbild und in den Ansichten der anderen. Deshalb sind den Deutschen in besonderer Weise Takt und Maß abgefordert, aber kein neuer Opportunismus, wohin er auch immer gehe.

MEDIEN-MONITOR: Sollten wir nicht viel stärker das Christliche im Abendland als das christliche Abendland herausstellen?

SEUBERT: Ja, wenn Sie damit diese christliche Religion als Liebesreligion und ihre kulturelle Prägekraft meinen. Das ist ja für viele eine unglaubliche Zumutung. Liebe existiert zumeist eigentlich ja zwischen zwei Menschen. Im idealen Fall wird sie frei gewählt und hält auch ein ganzes Leben, und es ist zugleich unsre tiefste Sehnsucht, dass dies einmal geschehe. Wie kann eine Religion auf Liebe gegründet sein? Ich würde auch sagen, das Abendland als Kultureinheit, als Erbschaftszusammenhang, als Zusammenhang von Denkweisen, Kunst, Traditionen, als Kanon bleibt wichtig. Ich würde im Blick auf Ihre Frage deshalb nicht „Entweder-Oder" sagen, sondern ich würde lieber von notwendigen Komplementaritäten sprechen.- Der Besitz der Abendlandskultur muss immer wieder flüssig werden und muss auch immer wieder gelebt werden. Und wir müssen auch wissen, dass das Abendland durchaus noch Zukunftsfähigkeit erweisen kann.

MEDIEN-MONITOR: Sowohl Bibel als auch Koran besitzen Passagen, die wir heutzutage als durchaus brutal und nicht zeitgemäß ansehen. Welche Rolle spielt die Auslegung der Schriften im Christentum und im Islam?

SEUBERT: Das Christentum hat natürlich eine lange Theologie- und damit Hermeneutikgeschichte. Im Christentum begann das schon bei den Kirchenvätern, wo man sich fragte, mit welcher Berechtigung das Christentum eigentlich das Alte Testament erbt. Dann gibt es die Hermeneutik der Reformatoren, die sagen, allein das Wort und letztlich der biblische Wortlaut ist selbsterklärend. Es gebe eine „Einheit“ und „Klarheit“ der Schrift, die aus sich selbst verständlich sei. Der einzelne Christ gewinnt damit eine so nie erfahrene Mündigkeit. Dies erfordert allerdings, dass die Bibel in sich eine Mitte hat und dass man von der Mitte her diese anstößigen Stellen verstehen muss. Sie können bildlich oder symbolisch gedeutet werden oder auch wörtlich. Aber sie müssen hermeneutisch auf das Zentrum bezogen sein, was dann bedeutet, dass nicht alle Wahrheiten auf einer Ebene liegen, sondern dass es Hierarchien der Wahrheit gibt. Und dann kommt der große Schub der Aufklärungstheologie, die rational und historisch-kritisch die Texte befragt. Man muss zudem sagen, dass das katholische Lehramt noch einmal eine andere Tradition entwickelt hat, weil ihm zufolge zur Schrift die Traditionsbildung und das päpstliche Lehramt gehört, die viele Veränderungen aufzunehmen erlauben.

Dann das Aufklärungsmotiv, wo Lessing und zunächst der „Fragmentist“ Reimarus mit Mitteln der Vernunft und der Geschichte fragen: : „Kann das so gewesen sein? Ist die Bibel wirklich ein Zeugnis des realen Geschehens?“ Man geht dann historisch und auch kritisch an diese Texte. Man fragt was ihr bleibender Besitz ist, auch im Sinn einer „rettenden Kritik“, wie Walter Benjamin das nannte. Aber sie haben eine andere Gewichtung als für einen unmittelbaren naiven Glauben, für den sie geradezu das Befreiungswort 200 bis 300 Jahre zuvor waren. Heute ist die christliche Theologie wieder gefordert über das historische und religionsgeschichtliche Ernüchterungs-und Entzauberungspotential hinaus dieses Glaubenslicht wahrzunehmen. Das vielleicht gelungenste Werk, das ich dazu aus jüngerer Zeit kenne, ist das dreibändige Jesus-Werk von Benedikt XVI., der dieses Mysterium wirklich über die historischen Abstände hinweg neu zum Sprechen bringt.

Nun zu Koran und Islam. Auch der Islam hat selbstverständlich im Lauf seiner Geschichte viele verschiedene Strömungen hervorgebracht. Die Sunniten und die Schiiten sind ganz unterschiedlich gegründet, vor allem in der Nachfolge- und Autoritätenfrage. Die koranische Autorität ist aber beiden, hier und dort gegeben. Man kann nun unter Bezug auf das hermeneutische Problem mit einer gewissen Vereinfachung sagen, dass die Verstehenslehre über Jahrhunderte hinweg autoritativ gelöst wurde. Der Koran ist das bindende Diktat Gottes. Er ist die Manifestation Allahs. Er ist deshalb selber der Verehrung würdig und fähig, fast wie eine Gottheit. Immerhin gab es im Islam im Mittelalter ein Eigenrecht der Vernunft und der Schulen, die eine rationale Rekonstruktion der Offenbarung forderten. Sie standen in enger Verbindung mit den antiken Philosophenschulen und mit jüdischen und auch christlichen Denkern. Heute setzen Debatten ein, die teilweise diese christlichen Hermeneutiken auch im Islam fruchtbar machen. Diese Debatten entwickeln sich vor allem im Westen. Es gibt Theologen und muslimische Islamforscher wie Herrn Khorchide oder Herrn Kermani, der das auch mit einer sehr großen literarischen Sensibilität tut, die ganz anders in das Wort des Koran hineinleuchten und etwa auch seine ästhetischen Qualitäten zeigen. Hochachtung aber kein Dogmatismus herrscht da vor, und es ist aller Grund, dass wir dem mit „ungläubigem Staunen" begegnen. Heute entwickelt sich eine sehr starke fokussierte innerislamische Debatte, die ausgerechnet im Iran ihr intellektuelles Zentrum hat und die in bewundernswerter Weise Weltphilosophie von Kant über Hegel und Heidegger rezipiert und über Religion und Vernunft, Autorität und Moderne reflektiert. Dies entzündet sich auch im Blick auf die Abgrenzung von den scheußlichen gewalttätigen Formen des Islamismus. Ich denke wenn man ein Tiefengespräch der Religionen sucht und das halte ich in der gegenwärtigen Lage für unerlässlich, dann sollte dies nicht nur die Sicherheitsfrage, sondern auch die Humanitätsfrage umfassen. Die vielberufenen Menschen auf den Straßen betrifft diese Form von Interkulturalität zunächst einmal scheinbar wenig. Doch das, was gedacht wird, wirkt zurück. Dann können beide voneinander profitieren. Beide könnten sich aber auch in die falschen Fanatismen jagen lassen und in eine Religionsfalle geraten. Das halte ich bei der gegenwärtigen Lage auch nicht für ausgeschlossen.

MEDIEN-MONITOR: Hat der Islam ein Gewaltproblem?

SEUBERT: Ich würde hier wieder differenzieren wollen. Es ist völlig klar, dass der Satz „Islamismus hat nichts mit dem Islam zu tun" oder auch „die schrecklichen Gewalttaten haben nichts mit dem Koran oder Überlieferungskulturen der Scharia und der Hadithe zu tun" eine Augenwischerei ist. Es ist ein westlicher Kokon, in den wir uns lange eingewiegt haben. Es hat sehr wohl etwas miteinander zu tun. Nur man muss dann fragen, wie dieser Zusammenhang zu verstehen und vielleicht auch zu lösen ist. Der Islam muss nicht notwendiger Weise zu einer Gewaltreligion werden. Die starke Fokussierung auf den einen Gott bringt natürlich, wenn man sich in seiner Hermeneutik nicht von außen betrachten kann, eine Grundgefährdung der Gewalt mit sich und es wird eine große Aufgabe sein dieses Problem auch in innerislamischen Debatten zu bedenken, zu erwägen und dann auch zu handeln. Hier sehe ich aber im Sinn meiner Antwort auf Ihre letzte Frage durchaus Ansätze. Aber natürlich kann auch eine Nation wie die deutsche, oder eine Religion wie das Christentum zu einem Gewaltpotential werden. Wir kennen diese Entfaltungen in den Kreuzzügen aber auch lange darüber hinaus. Entscheidend ist grundsätzlich, dass Religionen sich einerseits aus dem Außenblick anzusehen ertragen lernen, dass sie andrerseits in ihren großen Traditionen die Spannung von Religion und Vernunft austragen – und sich schließlich nicht von politischen Fanatikern funktionalisieren und gegeneinander hetzen lassen.

Und: Das gar nicht zu verhandelnde Proprium ist die Existenz und der unbeschadete Schutz Israels. Das Verhältnis zu Israel wird für alle islamischen Gruppen zu einem Prüfstein werden, wie übrigens auch für deutsche Europäer aller Richtungen. Hier und bei einer Auschwitz und Holocaust-Lüger welcher Art immer muss jedwede Debatte enden.

MEDIEN-MONITOR: Erleben wir zurzeit einen Kulturkampf der Religionen?

SEUBERT: Diese Frage spielt natürlich auf den „Clash of Civilisations" Samuel Huntingtons, seine Diagnose nach dem Ende des Ost-West-Konfliktes an. Huntington hat nicht dazu aufgerufen, sondern die Gefährdung benannt und analysiert – und man hat den Propheten geprügelt für die Prophetie. Es war aber auch damals schon für nicht sehr weit denkende Geister klar zu sehen, dass nicht der ewige Frieden auf Erden ausbricht und auch nicht das Ende der Geschichte, das damals in einer Gegentheorie Francis Fukuyama ausrief. Als Gefahr und Tendenz ist ein solcher Kulturkampf realistischer geworden und die Huntington-These hat eine gewisse Bedeutung und Plausibilität behalten, vielleicht sogar seither noch gewonnen. Ich sehe freilich nicht in erster Linie, dass eine islamisch-christliche Konfrontation eintreten würde, sondern eher Konfrontierung dieses gewalttätigen Islamismus zu einer säkularistischen Gesellschaft, die oftmals gar nicht weiß, wofür sie steht. Ich finde es schon etwas bedenklich, wenn man „Je suis Charlie" aber auch andere Identifizierungen ausspricht. Die sind nett und gut gemeint, aber was sind denn unsere Werte? Was ist denn unsere Kulturachtung, so grässlich und verachtenswert diese Anschläge sind: Man muss etwas anderes zu bieten haben als nur Libertinage und Satire?Es geht darum, den Kulturkampf zu vermeiden. Dies wird weder durch Weichspülerei noch durch Hetze möglich sein, sondern durch Konturgewinnung und Offenheit. Nicht hinnehmbar sind verrohende Parolen unserer gegenwärtigen politischen Debatte, die „den Islam" rundweg für eine „totalitäre Ideologie erklären.

MEDIEN-MONITOR: Was sind die wesentlichen Werte?

SEUBERT: Da kämen wir wieder zu der Frage, aus welchen Wurzeln wir letztlich leben und wie wir sie aktualisieren können. Es ist sicher die Toleranz. Es ist sicher die Freiheit, die nach Kant und später Rosa Luxemburg auch die Freiheit des Anderen ist. Operativ ist es auch die Gewaltenteilung eines freiheitlichen Gemeinwesens. Aber es ist auch die Erlaubnis, Debatten zu führen, nach Wahrheit zu suchen, die nicht schon kodifiziert ist. Und es ist letztlich die Verpflichtung, dass es Werte und Dimensionen gibt, die über uns hinausgehen. Jene

Transzendenzoffenheit muss man selbst nicht teilen, man muss sie aber zugestehen und notfalls für ihren Erhalt eintreten, wie für die Freiheit des Anderen. Deswegen können wir auch ein Volk guter Nachbarn werden. Deswegen können wir auch über unsere Begrenzungen hinaussehen.

MEDIEN-MONITOR: War es denn überhaupt jemals möglich eine Gesellschaft von einem Kulturkreis in einen anderen zu integrieren?

SEUBERT: Das ist eine sehr gute und zugleich sehr schwierige Frage. Ihre Beantwortung würde eine weltgeschichtliche Betrachtung benötigen, die ich Ihnen hier nicht bieten kann. Dass so etwas geschieht, ist unwahrscheinlich, aber nicht ganz unmöglich. Es gibt sicher Beispiele wenn man an die urchristlichen Gemeinschaften in Nord- und Nordostafrika denkt, eine Wiege des Christseins der ersten Jahrhunderte, die stark durch die islamische Expansion mit Feuer und Schwert zurückgedrängt worden sind. Das könnte man sicher thematisieren. Daneben gibt es auch wunderbare Beispiele des islamisch-christlich-jüdischen Zusammenlebens, etwa in Südspanien im hohen Mittelalter. Man könnte auch sagen, die Germanen seien so christianisiert worden, dass sie gar nicht mehr als Germanen sichtbar sind. Das Bedauern darüber hält sich bei mir in Grenzen. Aber die völlige Transformation ist doch eher eine extreme Ausnahme und wird nur durch weitreichende Gewaltakte möglich sein. Eher ist es so, dass Religionen – und auch Einzelkulturen – durch Migrationen selber verwandelt werden, aber auch verwandeln. Denken Sie an den Buddhismus, der seinen Weg von Indien über China nach Japan nimmt. Dort herrscht eine ganz andere Form des Buddhismus, dass man nicht ohne weiteres identifizieren kann was die Gemeinsamkeiten sind. Wenn man an ein Szenario denkt wie es Michel Houellebecq literarisch virtuos in seinem Roman „Die Unterwerfung" (2015) aufgestellt hat, hat es welthistorisch keine Vorläufer. Aber wir leben in einer Zeit, die überhaupt welthistorisch ohne Vorläufer ist, in einer Zeit globaler Interaktionen und technologischer Mittel die ganz neu sind. Ich halte das Szenario für nicht ganz absurd, ich halte auch die etwas nonchalante Rede „eiese Islamisierungsfurcht sei ganz gegenstandslos" für zu naiv. Es geht auch nicht nur um die „Islamisierung", sondern auch um eine Art der Wahnparalyse und politischer Verrohung, die heute einsetzen kann. Wenn Sie mir noch einen kurzen Hinweis auf ein Theaterstück der sechziger Jahre erlauben, Ionescous „Die Nashörner" eine Parabel auf den Faschismus und Nationalsozialismus, wo in einer kleinen französischen Stadt in der man Brioche isst und Schnaps trinkt und es sich gut gehen lässt, Nashörner eindringen. Zunächst scheint das völlig absurd, Nashörner werden keine Funktionen und keine Optionen auf Macht haben in dieser Stadt. Aber es werden immer mehr. Sie werden bewundert und es kann dann sein, dass am Ende nur noch einer gegen diese Nashörner auftritt. Es ist also schon ein ähnliches Szenario, das von verschiedenen Seien heute auftreten könnte. Unwahrscheinlich aber eine Selbstunterscheidung ist nötig, damit man nicht in solche Fallen gerät.

MEDIEN-MONITOR: Weiß der Durchschnittsbürger in Europa überhaupt noch über sein kulturelles Erbe Bescheid?

SEUBERT: Zu wenig. Vielleicht auch in Deutschland weniger als in den romanischen Nationen. Dies hat wiederum mit dem Kulturbruch von 1933-45 zu tun, und damit, möglichst entlastet als junge Weltbürger wie alle anderen durch die Welt zu gehen. Doch ich meine, dass eine neue und durch die Katastrophe hindurchgefädelte Aneignung des eigenen Erbes erforderlich wäre. Ich sehe schon wenn ich in Frankreich oder Süditalien bin, dass die eigenen Literaturwerke da selbstständiger eine Rolle spielen als bei den Deutschen. Grimmelshausens „Simplicisimus" – eines der frühen Literaturwerke – müssen Sie heute schon übersetzen. Das kann man heute nicht mehr ohne weiteres lesen. In ein paar Jahren müssen wir vielleicht auch Lessing oder Goethe übersetzen. Also wir wissen zu wenig und vermitteln Schülern viel zu wenig von diesem Schatz, diesem Thesaurus. Ich glaube auch die Bologna-Universität und das gegenwärtige Schulsystem tragen nicht dazu bei, dass das besser wird. Ich würde da auch die Forderung nach Mündigkeit nicht nur verbal vor mir hertragen. Es gibt eine pragmatische Bildung, eine technische Bildung, die auch wichtig sind, unbestritten! Aber man sollte darüber hinaus in die tiefen Dimensionen gehen, in die Selbstkenntnis, die nun einmal aus Kunst, Philosophie und Religion kommt. Die Selbstachtung der Kultur kann es nur geben, wenn man das Eigene und Andere kennt. Da tun wir uns derzeit etwas schwer. Denn das Andere und den Anderen zu verstehen, kann eigentlich nur gelingen, wenn ich mich auch selber verstehe und dann an die Gegenküsten blicke und mit dem Anderen in ein Gespräch trete. Wenn ich selber ein Luftballon bin, der irgendwo im Nirwana der Bedürfnisbefriedigung schwebt, dann kann ich letztlich auch den Anderen nicht verstehen.

MEDIEN-MONITOR: Passt der Islam zu den demokratischen Werten?

SEUBERT: Der Traum vom Kalifat, der sehr viel weiter reicht als der gewalttätige Islamismus, hat letztlich eine Einheit von Religion und Politik zur Voraussetzung. Auch Mohammed war bekanntlich nicht nur Religionsstifter, sondern er war Feldherr und Politiker. Christus war das nicht. Er spricht zwar von Feuer und Schwert. Aber meint dabei eher eine geistige Unterscheidung, was dann immer wieder falsch gedeutet worden ist. Auch die alttestamentlichen Propheten waren es nicht, Moses und Aaron vereinigten diese Mächte hingegen sehr wohl. Es gibt einen Euroislam der von Tariq Ramadan und anderen vertreten wird und irgendwo zwischen den Welten steht. Weder im Westen noch in den eigenen Ländern wird er akzeptiert. Auch wenn mir die Optionen des Eroislam längst nicht alle einleuchten, bedarf es solcher Vermittler. Eine wundervolle Zeile von Gottfried Benn fällt mir hier auf: „Leben ist Brücken schlagen, über Ströme, die vergehn". Diese Kompatibilität zu gewinnen, ist also eine der größten Aufgaben, die man heute ausdenken kann, und das verlangt auch Trennung und Unterscheidung. Es verlangt nicht ein Gleichlaufen der Zukunftsgeschichte mit der westlichen Geschichte, aber Trennungen zu erwägen zwischen Religion und Politik und auch zwischen Philosophie und Wissenschaft von Religion. Wir sollten nicht eine Feinderklärung abgeben, aber wir sollten die Differenzen und auch die Problemlagen sehen.

MEDIEN-MONITOR: Wie sollte sich unsere westliche Gesellschaft gegenüber fundamental-islamischen Strömungen verhalten?

SEUBERT: Wenn der Fundamentalismus ein Fundamentalismus von Überzeugungen oder Glaubensweisen bleibt, dann muss man sicher Achtung vor der Religionsfreiheit in einem sehr weiten Sinne haben. Religionsfreiheit in einem weiten Sinne heißt ja auch, die Freiheit des Religionslosen zu achten.

Wenn die Überzeugungen Taten, vielleicht gar Terrorhandlungen oder deren Vorbereitung werden, gibt es die Wege des Rechtstaates. Der Rechtstaat muss die Fähigkeit haben und faktisch ausüben, seine Gesetze zu realisieren. Es darf keine No-Go-Areas geben. Er muss das durchsetzen, was in seinen Gesetzen steht. Positives ist in der Förderung eines staatlichen Islamunterrichtes zu sehen. Es sollte den Hasspredigern in unzugänglichen Innenhofmoscheen schon mit der Rechtsstaatlichkeit begegnet werden. Umgekehrt braucht es Angebote im positiven Sinne, gegenseitige Einladungen an die jeweiligen Gebets- und Kultstätten, und es braucht letztlich eine religionsgesetzliche Anerkenntnis in den Grenzen der Religionsfreiheit. Jemand kann ja auch nicht als christlicher Fundamentalist Hassbotschaften ausgeben. Der Rechtstaat ist der Schlüssel des Ganzen, der erst eine freie Bürger- und Zivilgesellschaft mit ihren Debatten ermöglicht. Und die Demokratie ist letztlich nur als Rechtstaat handlungs- und lebensfähig. Deswegen sollten wir – ehe man Rechtsregeln außer Kraft setzt, weil vielleicht diese nicht mehr den Anforderungen entsprechen – darüber nachdenken, wie man sie weiterentwickelt und wie man sie anpasst. Dies ist meine ich, die zwingende Lektion aus dem September 2015.

MEDIEN-MONITOR: Gerät der Westen oder Deutschland immer mehr in Gefahr, indem wir uns immer weiter vom Christentum verabschieden?

SEUBERT: Es ist natürlich nicht so, dass jeder ein gläubiger Christ sein oder werden müsste. Das jüdische Ferment halte ich überdies hier auch für zentral. Doch ein Gottesbezug in der EU-Verfassung, der abgelehnt wurde, hätte gerade nicht besiegelt, dass Europa ein Christenclub sei. Mit gutem Recht gibt es auch die „religiös Unmusikalischen“ wie Weber und Habermas gesagt haben. Allen Respekt dafür. Rémi Brague hat jüngst betont, dass die „christliche Fundierung“ Europas gerade nicht bedeutet, dass es nur und ausschließlich christlich gewesen sei. Aber dieses christliche Element ist doch eine Matrix, die man zumindest begreifen müsste und aus der auch wirklich sehr vieles hervorgeht. Es gäbe Gewaltenteilung und Aufklärung ohne bestimmte Lehren des Christentums so nicht. Nun muss man ja sagen, die Aufklärung hat sehr viel mit einer Umformung des

Christlichen zu tun. Deshalb kann im Licht der Kantischen Philosophie auch gezeigt werden, dass man die christliche Prägung als eine gewisse Grundkultur und ganz wesentliche Lehre und Identität auch mitnimmt – auch wenn man nicht daran glaubt. Es gibt das schöne Wort von Horkheimer, der sagt, „ich glaube nicht an Gott, aber ich hoffe auf ihn." So eine Dimension tut einer Kultur gut. Kulturen sind in ihrer Tiefe voll von sakralen Elementen. Und wenn ich diese Dimension auch an einer anderen Religion wahrnehmen kann, muss ich sie auch an meiner eigenen wahrnehmen. Navid Kermani hat ein sehr schönes Buch geschrieben „Ungläubiges Staunen" in dem er als Muslim die christliche Kunst betrachtet. Teilweise wirklich wider Willen, weil er über ein Bilderverbot hinausgehen muss. Auf dieser Ebene sind Debatten fruchtbar. Sie können einen Bewusstseinswandel und eine –vertiefung in Bewegung bringen, Bedingung für einen umfassenderen Frieden.

MEDIEN-MONITOR: Sehen Sie der Zukunft optimistisch entgegen? Werden wir unsere Werte verteidigen können und wenn ja wie?

SEUBERT: Wir werden sie nicht nur verteidigen können, wir müssen sie auch im Dialog bewähren Ich bin ehrlich gesagt, was die Zukunftsperspektiven betrifft, sehr ambivalent. Es gibt großartige Chancen und Möglichkeiten. Diese liegen in einer Weltgesellschaft und einem Friedensprojekt, wie es die EU auch ist. Sie liegen auch in den technologischen Möglichkeiten. Aber es gibt auch große Bedrohungen und Selbstschwächungen, auch eine gewisse Gleichgültigkeit. Wir stehen durchaus an einem Scheidepunkt und ich könnte in die apokalyptische aber auch lichtvolle Zukunft blicken. Dass wir nach der schrecklichen Mitte des 20. Jahrhunderts, der relativen Befriedung nach 1950 im Schatten der nihilistischen Nuklearwaffen und der drohenden wechselseitigen Auslöschung heute an dieser Weggabelung stehen, darin liegt auch gerade unsere Freiheit. Ich bin aber grundsätzlich ein sehr optimistischer, lebensfroher und bajuwarischer Mensch, insofern überwiegt sicher der Optimismus, weil ich auch an diese menschliche Freiheit glaube.

MEDIEN-MONITOR: Ein wichtiger Aspekt ihrer Lehre ist „fides et ratio", also Glaube und Vernunft. Wie steht es um die Vernunft des Islam?

SEUBERT: Ich halte es für ganz faszinierend, wie so ein Strom durch dieses Denken und Glauben geht und wie Religion und Vernunft zusammenhängen. Man kann sagen, dass Philosophie eigentlich immer und von ihren europäischen Anfängen an Religionskritik gewesen ist, aber durch die Kritik hindurch auch Aneignung dieser tieferen Dimension der Religion. Im Christentum tiefer als die Theologie. Die größten christlichen Denker, die wir heute verehren, waren vom Scheiterhaufen bedroht und auf die greifen wir heute zurück, nicht auf die Dogmatiker. Dieses Feld von Kritik und tieferer Aneignung fasziniert mich in der Tat sehr. Übrigens nicht nur im christlichen Abendland, sondern auch in anderen Weltreligionen. Ich sehe das auch im Hinduismus und Buddhismus, allerdings so, dass die Philosophie viel stärker innerhalb der Religionspraxis, etwa des Joga, der auf verschiedenen Ebenen des Menschseins manifest ist, verankert war. Man wird ganz sicher sagen können, dass der Islam hier eine ganz große Zeit hatte und einen großen Beitrag im Hochmittelalter leistete, mit großen Denkern, mit dem Versuch, die Philosophie der Griechen und den Koran in Übereinstimmung zu bringen, bei einem letztlich offenen Spiel, wer den Ausschlag gibt. Dies verband sich zugleich mit einer großartigen wissenschaftlichen Innovation wie Medizin oder Mathematik. Diese Linie ist auch nie verstummt. Sie ist allerdings auch nie zum Mainstream geworden. Sie wurde teilweise bitter unterdrückt und gefährdet. Es gibt im 19. und 20. Jahrhundert dezidiert islamische Denker und Wissenschaftler die daran wieder anknüpfen. Mein Freund Hamid Reza Yousefi, wie ich 1967 geboren, mit dem ich sehr viel interkulturell gearbeitet habe, ist Iraner, Muslim und zugleich überzeugter Fortsetzer dieser arabischen rationalen Philosophie. Er sagt auch, wir wollen uns nicht nur als Muslime kodifizieren lassen. Es gibt eine arabische Philosophie die viel weiter reicht. Da ist etwas, das muss man nicht von Null auf erfinden und wir müssen das auch nicht oktroyieren. Aber das muss wieder gestärkt und entdeckt werden. Ich sehe dazu eigentlich gute Chancen.

MEDIEN-MONITOR: Über den Islam wird oft gesagt, dass dieser im Gegensatz zum Christentum keine Aufklärung erfahren hat. Teilen Sie diese Auffassung?

SEUBERT: Das Hochmittelalter war ganz sicher eine islamische Aufklärung mit allen Strömungen die da vorkamen. Wir hätten ja die Überlieferungen über Aristoteles und Platon gar nicht, jedenfalls nicht in dieser Gestalt, wenn die nicht über die arabischen Translationswege über Spanien wieder zu uns gekommen wären. Das ist Aufklärung und zugleich Bewahrung. Die islamische Welt in all ihren Dimensionen hat Erneuerungen durchaus erfahren. Aber sie hat nicht die klassische europäische Aufklärung des 18. Jahrhunderts erfahren. Da würde ich aber auch etwas vor einem „Aufklärungsimperialismus“ warnen. Denn diese Form von Aufklärung – übrigens auch die Renaissance – gab es in Ostpolen oder in Russland nicht. Trotzdem sind das Gebiete, die umstrittig zum Abendland gehören. Also die Aufklärung ist nicht das Maß aller Dinge. Wenn wir unsere Werte und Menschenwürde nur aus der Aufklärung ableiten und unsere ganze Bildung nur auf diese zwei Jahrhunderte begrenzen würden, dann wären wir relativ arm dran. Denn die Aufklärung kennt auch ihren Reduktionismus, ihre „Dialektik“ (Horkheimer, Adorno), die darin sich zeigt, dass die Bannkraft der Vernunft auch Nacht und Ungeheuer gebären kann. Der Islam muss nicht den Weg Europas wiederholen. Aber er muss in seinen verschiedenen Strömungen und in seiner Pluralität diese Erfahrungen einer Humanität, die über die Unterscheidungen von Gläubigen und Ungläubigen hinausgeht, und mit einer kritischen Außenperspektive auf die Religion, in seinen inneren Debatten in irgendeiner Weise einlösen. Das ist geradezu ein Überlebensimperativ für die Menschheit der Zukunft.

MEDIEN-MONITOR: Müsste eine Reformbewegung nicht verstärkt von friedlichen Moslems und deren Verbänden ausgehen?

SEUBERT: Nicht nur in Europa, sondern gerade auch in der arabischen Welt gibt es, soweit ich dies zu sehen vermag, Kräfte die teilweise schon viel weiter sind als die Debatten der Verbände in Deutschland und in Europa. Es ist aber natürlich umgekehrt klar, dass wir diesen Kräften ein Forum geben und Unterstützung gegen feindliche Angriffe aus dem eigenen Lager bieten müssen und dass sehr viel stärker zu differenzieren ist. Probleme sind zu benennen, wie in einer intensiven Zweierbeziehung, sonst geht man daran zugrunde. Man hat lange Zeit diesen Kokon des „Wohlfühl-Deutschland" gehabt und diese Fragen gar nicht an uns rankommen lassen. Es wurde gesagt, der Islam gehört zu Deutschland. Das ist philosophisch gesehen eine völlige Unterbestimmung. Dabei ist gar nichts gesagt. Wir müssen differenzieren und wir müssen auch die differenzierten Stimmen des Islam wahrnehmen. Und die gibt es wirklich in hohem Maß. Nochmals: Die scharfkantige Abgrenzung gegenüber Gewalttätigkeiten und die Anerkenntnis Israels sind zwei zentrale Kriterien.

MEDIEN-MONITOR: Was ist die größte Herausforderung des Islams?

SEUBERT: In der Tat die Stimmen der Vernunft, des Maßes und des Ausgleichs weltweit zu stärken und eine klare Grenzlinie zu ziehen gegenüber diesen schrecklichen Gewalttätern. Darüber hinaus in einer wohlverstandenen Eigen ständigkeit und in der Überzeugung eine heiße Religion zu bleiben, aber eben nicht mit Blutvergießen und Gewalt, sondern für Christen in Liebe und Gewissenhaftigkeit, auch so, dass der christliche Glaube nicht indifferent in Zeitgeistmoralismus untergeht. Und umgekehrt besteht die Herausforderung der westlichen Kulturen an die muslimische Welt darin, mit einem Rechtsstandpunkt und einem klareren ethischen und kulturellen Selbstwissen wer wir sind, in ein Gespräch zu treten. Es wird auch eine Herausforderung sein, das, was bedrohlich ist, einzudämmen – notfalls auch mit polizeilichen und sonstigen Maßnahmen – aber wir müssen auch die Chance ergreifen, unsere eigenen Wertefundamente wieder zu definieren.

MEDIEN-MONITOR: Herr Professor Seubert, vielen Dank für das Gespräch.

Das Gespräch mit Prof. Dr. Harald Seubert führte Michael Märzheuser beim Hilton Talk am 11. Mai 2016 in München.

Personenregister

Sachregister

Zeitfracht Medien GmbH
Ferdinand-Jühlke-Straße 7
99095 Erfurt, Deutschland
produktsicherheit@kolibri360.de